2015—2016
上海科技金融发展报告

主　编　储敏伟
副主编　陈文君　鄢德春　朱文龙

中国财经出版传媒集团
中国财政经济出版社

图书在版编目（CIP）数据

2015—2016 上海科技金融发展报告/储敏伟主编．—北京：中国财政经济出版社，2016.12

ISBN 978 - 7 - 5095 - 7237 - 5

Ⅰ.①2… Ⅱ.①储… Ⅲ.①科学技术 - 金融 - 研究报告 - 上海 - 2015 - 2016 Ⅳ.①F832.751

中国版本图书馆 CIP 数据核字（2016）第 325522 号

责任编辑：吕小军　　　　责任校对：张　凡

封面设计：思梵星尚

中国财政经济出版社 出版

URL：http：//www.cfeph.cn

E - mail：cfeph @ cfeph.cn

社址：北京市海淀区阜成路甲 28 号　邮政编码：100142

营销中心电话：88190406　北京财经书店电话：64033436　84041336

北京京华虎彩印刷有限公司印刷　各地新华书店经销

787 × 1092 毫米　16 开　19.25 印张　310 000 字

2017 年 1 月第 1 版　2017 年 1 月北京第 1 次印刷

定价：40.00 元

ISBN 978 - 7 - 5095 - 7237 - 5/F · 5800

（图书出现印装问题，本社负责调换）

本社质量投诉电话：010 - 88190744

打击盗版举报热线：010 - 88190492，QQ：634579818

2015—2016 上海科技金融发展报告
编　委　会

编 写 说 明

本报告由上海科技金融研究院组织编写，上海市科创中心与杨浦区金融办支持协助编写。

2015 年是上海科技创新与科技金融发展的重要阶段。这一年直至 2016 年上半年，在国内外经济转型与艰难复苏中，借助互联网的迅速渗透与新金融的快速发展，中华大地科技创新与科技金融蓬勃发展、方兴未艾。上海在前几年率先实施“创新驱动、转型发展”战略的基础上，2015 年按照中央提出的战略目标，吹响了创建具有全球影响力的科创中心城市的进军号，开始全面实施上海科创中心发展战略，由此强劲带动了科技金融在全市的大发展，促进了上海科技金融的体制机制、组织机构、扶持政策、服务平台、信用制度、信贷产品和风险投资、股权融资、债权融资、科技保险等各方面、各领域、多种模式的创新发展。本报告重点描述分析近两年来上海科技金融发展的重大背景、重大变革、重要创新、重要产品与重要事件。通过各方面的描述分析，力图跟踪、梳理、探索上海科技金融发展的主要脉络、主要成果及其背后所反映的上海科技金融发展动力、发展需求与发展趋势。

因本报告组织编写起步时间较晚，报告所采用的数据资料又大多延续到 2016 年上半年甚至第三季度，鉴此，本报告由原年度报告延展为 2015—2016 年的跨年度报告。

本报告编写人员以上海科技金融研究院研究人员与上海金融学院（现改名为上海立信会计金融学院）教师为主。参与本报告初稿编写人员及分工如下：第一章储敏伟、白思达、罗升华；第二章华蓉晖；第三章贾德铮；第四章王春蕾；第五章陈文君、王震；第六章罗月领；第七章张毅强；第八章黄燕；第九章鄢德春；附录储敏伟、白思达。鄢德春参与了部分章节的审稿修改，全书由储敏伟统稿审定。李维平参与了本报告组织安排与文稿处理工作。

2016 年 11 月

目　录 | Contents

第 一 章
上海科技创新与科技金融发展概况

第一节 2015—2016 年上海科技金融的发展背景

在全球化和信息化背景下，国际与国内、城市与城市之间的竞争日益激烈。其中，科技竞争力已经成为国家综合实力和城市竞争力的重要内容与关键力量。上海在科技与科技金融领域都有所突破，但也面临很大挑战。

一、2015 年以来科技金融发展的国内外科技创新背景

作为“第一生产力”，科技在经济社会中的推动作用更加明显，科技创新在国家竞争中的战略地位也更加重要。

（一）科技全球化进程不断加强

随着信息技术和交通工具的日益发达，伴随经济全球化与金融全球化，科技全球化的进程也在加快。所谓科技全球化，即研究和开发资源的全球配置，科学技术活动的全球管理，研究与开发成果的全球共享。这三个方面相辅相成，互相促进，共同构成了科技全球化浪潮的主旋律。

特别是在互联网时代，人们从外界获得科技信息的能力大为提升。全球研究村和虚拟实验室的出现，改变了传统的科学研究方式，处于全球不同地区的科研人员可以在任何时间更便捷地进行跨国界的研究合作与互相

学习，科研成果的转化、传播乃至模仿日益便捷，科研效率也大大提高。同时，在科技全球化的背景下，全球科技竞争日益激烈，迫切需要金融的“助推”。

（二）科技的渗透力和扩散力持续加强

产业融合是指不同产业或同一产业不同行业间相互渗透、相互交叉，最终融合为一体，逐步形成新产业的动态发展过程。在产业融合的背景下，科技的渗透力和扩散力不断增强，新业态、新产业和新模式不断出现。可以说，新技术催生了新业态、新产业和新模式，而新业态、新产业和新模式也呼唤着新技术①。

目前，上海正在拓宽培育“四新”（新产业、新业态、新技术、新模式）企业发展渠道，优化“四新”发展的市场化支撑体系，包括在本市开展“四新”推广应用的重大专项，面向“四新”的投融资机制，创新“四新+基地+基金”的载体建设模式，以及推动政府带头采购，并进一步完善“营改增”政策，同时还将推动建立跨界新领域的行业准入及监管机制，并探索推广负面清单的应用，支持“四新”企业发展。在政府的推动下，以科技创新为引导的产业变革将持续提升科技的渗透力和扩散力，将为科技金融的发展奠定提供投资的“沃土”。

（三）科技在新的国际分工格局中的地位更加重要

目前，国际分工越来越从产业间的分工转向产业内部、产品内部甚至生产工序之间的分工，也就是说当代全球产业分工已开始由产业间的分工逐步发展为产业链之间的分工。

这种产业分工尤其体现在产品价值链上，一些跨国公司将自己的核心业务定位在产品的研究开发和设计上，并控制着产品的营销和服务渠道，将某些产品的生产和制造功能都转移到其他国家。典型的案例就是苹果公司，苹果公司专注于产品技术的研发，将产品的生产外包，同时苹果公司控制着产品的营销和服务渠道。发达国家和地区的产业发展逐步向高附加值的研发、设计和服务环节集中，制造和低端服务环节则基本上布局在发

① 陆铭：“创新科技与金融结合方式完善科技中小企业投融资体系”，《金融》2014年第8期。

展中国家和地区。这样的结果是：核心技术和关键零部件的生产由跨国公司控制，并实行全球采购，从而实现在全球范围内的资源优化配置。

在这样的国际分工格局中，上海产业发展不可能再走大而全的道路，必须立足于自身的优势和特点，抓住产业发展的关键环节。上海未来的产业发展必须以知识经济为基础，借助于信息化手段，利用产业链开展合作，充分发挥上海金融中心的优势，打破传统产业边界，实现一体化发展。在未来，大量新兴产业部门将替代传统部门，高附加值产业部门将替代低附加值产业部门，高技术与高智力含量的产业部门替代低技术与低智力含量的产业部门。这必将促进经济由粗放型增长模式到集约型增长模式的转变，这个过程中将会面临巨大挑战，但更多的是机遇。

二、2015 年以来上海科技金融发展的金融创新背景

"第一推动力"，金融是科技创新的"推手"。科技与金融的结合是上海"创新驱动，转型发展"的重要条件。

（一）金融全球化的程度日益加深

金融全球化是指一国的金融活动超越本国国界，脱离本国政府金融监管，在全球范围展开经营、寻求合作、求得发展的过程。作为经济全球化的重要组成部分，金融全球化主要表现为金融市场全球化和金融监管全球化。从金融本身的发展规律来看，推动金融全球化的主要动因是西方国家 20 世纪 80 年代以来金融自由化、信息技术、融资证券化和金融创新的发展。

特别地，各种 IT 技术和管理信息系统在各金融机构的广泛应用，网上银行、网上证券和网上投保等网络金融已经成为一种新的金融模式，金融交易信息化促动着金融全球化加速发展。同时，随着各种自由贸易区的建立，贸易的全球化也必将加深金融全球化。

（二）互联网金融对经济社会发展的影响逐步增加

互联网金融是互联网与金融的结合，是借助于互联网和移动通信技术实现资金融通、支付和信息中介功能的新兴金融模式。广义的互联网金融

既包括作为非金融机构的互联网企业从事金融业务，也包括金融机构通过互联网开展的业务。狭义的互联网金融仅指互联网企业开展的、基于互联网技术的金融业务。我国互联网金融主要存在六种业态：互联网支付、P2P、网络借贷、非P2P的网络小额借贷、众筹融资、金融机构创新型互联网平台、基于互联网的基金销售。

2013年被称为“互联网金融元年”，是互联网金融得到迅猛发展的一年。近3年来，P2P网络借贷平台快速发展，众筹融资平台开始起步，第一家专业网络保险公司获批，一些银行、券商也以互联网为依托，对业务模式进行重组改造，加速建设线上创新型平台，互联网金融的发展进入了新的阶段。①

依托大数据和云计算技术，互联网金融能够动态了解科技型中小企业的多样化需求，计量客户的资信状况，有助于解决信息不对称问题，不断推动金融产品和金融服务的创新。同时，互联网金融有助于发挥民间资本的作用，提升资金配置效率，从而为科技金融的发展插上“互联网”的翅膀。

（三）民间金融的发展空间越来越大

随着市场化改革，民间资本进入金融领域的机会越来越多，科技金融发展的政策支撑体系将越来越完善。近年来，鼓励和引导民间金融发展的政策相继出台后，2013年，《国务院办公厅关于金融支持经济结构调整和转型升级的指导意见》和党的十八届三中全会通过的《中央关于全面深化改革若干重大问题的决定》进一步明确，允许具备条件的民间资本依法发起设立中小型银行等金融机构，进一步拓宽了民间资本进入金融行业的渠道。自2014以来，已有5家民营银行相继获批并正式运营，到2015年末，这5家银行资产总额超过800亿元，各项监管指标都基本达标，取得了很好的社会反响。同时，还有十多家民营银行进入论证阶段，未来将会有更多的民营银行成立。

P2P网贷和众筹融资等互联网金融的出现，将吸引更多的民间资本进入

---

① 中国人民银行金融稳定分析小组：《中国金融稳定报告（2014）》，中国金融出版社2014年版，第145—146页。

科技金融领域，也体现了多层次资本市场的客观要求。在对民间金融事前准入逐渐放款的情况下，需要完善事中和事后监管，为民间金融的稳定发展提供良好的制度框架。

三、上海科技金融发展的新动力：加快建设具有全球影响力的科技创新中心

2015 年，上海认真贯彻落实党的十八大和十八届三中、四中、五中全会精神，学习贯彻习近平总书记系列重要讲话精神，以 2015 年度市委一号调研课题为引领，举全市之力，坚持以体制机制改革为关键，以创新人才发展为首要，以创新生态环境建设为基础，以重大创新任务布局为抓手，深入实施创新驱动发展战略，加快建设具有全球影响力的科技创新中心，这为上海科技金融发展注入了强劲的新动力。

（一）系统谋划科技创新中心建设的战略部署

作为 2015 年度市委一号课题，市委、市政府统一部署、广泛动员、深入调研，形成了具有前瞻性、操作性、突破性的行动纲领和实施意见。

制定并发布《关于加快建设具有全球影响力的科技创新中心的意见》（以下简称“22 条”）。5 月 25 日，十届市委八次全会专题审议科技创新中心建设；5 月 26 日，市委、市政府发布“22 条”。“22 条”着力深化改革和创新，着力破除长期以来制约创新发展的体制机制障碍，激活市场、人才等创新要素，为创新创造松绑，为创新驱动发展集聚能量。“22 条”明确了要将上海建成综合性、开放型科技创新中心，全球创新网络的重要枢纽及国际科学、技术和产业策源地之一；并分阶段有序推进，到 2020 年，形成科技创新中心基本框架体系，为长远发展打下坚实基础；到 2030 年，着力形成科技创新中心城市的核心功能，走出一条具有时代特征、中国特色、上海特点的创新驱动发展新路，代表国家参与全球科技和经济竞争与合作。

聚焦国家战略制订先行先试方案。研究形成了《上海加快建设具有全球影响力的科技创新中心总体方案》，通过 2015 年科技部、上海市部市合作会商会议审议，作为一项国家战略纳入国家科技体制改革和创新体系建设领导小组议程。形成《上海系统推进全面创新改革试验方案》，国家科技

体制改革和创新体系建设领导小组已原则通过。制订《上海张江综合性国家科学中心建设方案》并上报国家有关部门。

研究编制科技创新"十三五"规划。按照市委、市政府的统一部署，推进上海市科技创新发展"十三五"规划研究编制工作。聚焦建设具有全球影响力的科技创新中心的重大需求，坚持愿景引领、问题导向、开放办法，以培育和发展创新生态为核心，以体制机制改革为重点，以重大创新举措为抓手，围绕培育创新生态、追求卓越创新、打造产业领袖、应对社会挑战等方面，凝练提出了一批发展主题和重点任务。

（二）提升科学研究整体水平和原始创新能力

瞄准世界科技前沿和顶尖水平，尊重和把握科技创新规律，坚持使命导向、破解难题与鼓励自由探索相结合，更加关注科学的长远价值和创新人才培育，通过基础研究的突破，引领和带动技术创新，创造新的需求。

重大原创性成果不断涌现。稳定支持重点学科方向的自由探索，瞄准科学前沿，加强在脑科学、中医药、新材料等重大交叉前沿领域的前瞻部署和推进，涌现出了记忆再巩固机制研究、采用代谢工程策略培育高含量青蒿素及产业化、二维晶体材料、D－A反应的生物催化机制等一批重量级创新成果，为解决制约经济和社会发展的关键科学问题提供了重要支持。2015年，上海科学家在国际权威学术期刊《科学》上发表论文18篇，占全国的26.1%，其中以第一作者单位或通讯作者单位发表的有1篇，占全国的3.4%；在《自然》上发表论文23篇，占全国的25.8%，其中，以第一作者单位或通讯作者单位发表的有6篇，占全国的14.6%；在《细胞》上发表6篇，占全国的54.5%，其中以第一单位或通讯作者单位发表5篇，占全国的55.6%。2015年，上海共有54项牵头及合作完成的重大成果获国家科学技术奖，占全国授奖总数的16.5%，连续第13年保持两位数。

上海张江综合性国家科学中心建设稳步推进。充分发挥张江国家自主创新示范区、自由贸易试验区等创新改革政策优势和产业集群汇聚的优势，吸引和集聚资金、高端人才、创新型和研究型大学、顶尖研究机构等支持上海基础研究和重大战略科技项目投入。深化上海光源一期、蛋白质科学设施、超算中心、国家转化医学中心等大科学设施建设，规划建设国家重大科技基础设施群，进一步争取海底观测网等新一批大设施项目，力求在

国家急需的若干基础科技和关键核心技术领域取得重大突破。

创新人才队伍结构日益优化。2016 年自然科学基金计划、启明星计划、扬帆计划等计划的资助经费均翻番。青年科技启明星计划，累计资助青年科学家 2300 多人次，成为一大批院士等高层次创新人才的“第一桶金”。2015 年，共资助扬帆计划 150 人、启明星计划 100 人、学科带头人 47 人、技术学科带头人 53 人。上海新增中国科学院与中国工程院两院院士 13 人，上海两院院士达到 176 人（其中 1 人同为两院院士）。

（三）增强对经济社会发展的支撑和引领作用

面向重点领域的未来发展，凝练和前瞻布局一批对国家战略任务、经济社会发展，以及各个方面有重大促进和带动作用的重大科技项目和重大工程，加快重点产业技术体系的构建和完善。

重大项目工程加快布局。围绕“22 条”中“8 + 14”任务的重点部署，形成民用航空发动机等一批重大专项实施方案。加快高温超导、集成电路装备、微技术、高端医疗器械、北斗导航、机器人、大数据等方向的科技前瞻布局、技术攻关和成果产业化同步推进。世界第 3 个、国内首个基于二代高温超导带材的 CD 绝缘超导电缆示范工程在宝钢示范进展顺利；先进传感器芯片技术取得突破，自主研发的三轴磁传感器、加速度计、陀螺仪加快产业化；北斗导航技术持续攻关突破，实施完成了北斗长三角应用示范工程一期工作；新能源汽车研发与推广同步发力，上海汽车工业集团公司成为国内唯一具有氢燃料汽车生产资质的企业。

国家重大专项取得突破。持续加强重点产业和科技领域、关键环节的研发和攻关，着力攻克了一批关键核心技术，填补了一批重大技术和装备空白，在多个领域培育了战略性新兴产业增长点。C919 大飞机完成总装下线，已获订单 517 架；首架 ARJ21 新支线客机交付客户使用，订单总数超过 300 架；新型运载火箭长征六号首飞并实现“一箭 20 星”。“40—28 纳米集成电路制造用 300 毫米硅片”项目正式启动，华力 55 纳米工艺趋于成熟，中芯（上海）28 纳米工艺制程完成开发，中微 IC 刻蚀机获得韩国厂商重复订单，展讯通信公司成功研发 28 纳米工艺的五模 LTE 芯片。

战略性新兴产业稳步发展。坚持以增强自主发展能力为主线，以重大发展需求和技术突破为动力，以培育企业主体和实施专项工程为抓手，大

力推动战略性新兴产业创新、集聚、跨越发展。300毫米大硅片正式投产，国内首款5.6寸OLED柔性显示屏、17.2万方薄膜型液化天然气船等一批重点项目实现突破。2015年1—11月份，上海战略性新兴产业（制造业部分）增加值7016.02亿元。其中，新能源汽车产业增加75.92亿元，同比增长28.6%；新能源产业增加377.49亿元，同比增长1.1%。上海生物医药产业加快突破关键技术，优化重大项目布局，产业规模和质量同步提升。2015年1—11月全市生物医药产业实现经济总量达2248亿元，同比增长5.64%。联影高端医疗器械设备进入一批三甲医院使用，1.1类创新药吗利福肽和马来酸蒿乙醚胺进入临床。全市医疗器械企业首次注册的医疗器械创新产品数量创历年新高，预计比上年增长25%。

（四）推进大众创业万众创新

通过完善创新创业政策，创新服务模式，降低创新创业成本，壮大创新创业群体，营造良好的创新创业生态环境。众创空间蓬勃兴起。大力发展众创空间，优化创新创业载体功能，为创业者提供低成本、便利化、全要素、开放式的综合创业服务。发布《关于发展众创空间推进大众创新创业的指导意见》，加强创新创业服务，激励大众创新创业。启动实施“创业浦江”行动计划，组织上海市创新创业大赛，试点开展科技中介服务体系建设。成立国内首家区域性众创空间联盟——上海众创空间联盟，已有57家联盟会员及134家各类创新创业服务机构备案。积极鼓励行业领军企业、创业投资机构、投资人、社会组织等社会力量参与创新创业载体建设。上海众创空间的建设呈现出天使投资、大企业平台、产业链生态、咖啡沙龙等十大运营形态和模式，超过90%的孵化器为社会力量办。据不完全统计，上海共有各类众创空间孵化机构450余家。其中众创空间指导意见发布以来新增各类众创空间超过100家。苏河汇、莘泽孵化器成为新三板众创空间第一、第二股。

创新创业服务能力进一步增强。优化和提升上海研发公共服务平台功能。截至2015年年底，平台集聚了1226家服务机构，包括117家市级重点实验室，232家市级工程技术研究中心，128家专业技术服务平台，8414套大型科学仪器。平台累计访问量5.03亿人次，注册用户65.9万人，其中包括近3万家上海科技企业。发挥平台科技资源集聚和开放的优势，探索试行科技创新券政策，扩大受益范围，增大补贴力度，简化申请流程，积极为中小微企业和创客提供全面、可及性强的科技服务。截至年底，已有1024家企业、14个创业团队共获得科技创新券支持。

张江国家自主创新示范区建设深入推进。加快创新政策先行先试，在中关村政策延伸至张江的同时，结合张江特色，围绕人才集聚、跨境融合、培育新兴产业等方面，细化完善相关扶持政策。积极推进上海自贸试验区与张江示范区联动，试点创新人才引进、知识产权、高等教育、科研院所、国际合作等方面改革举措，形成可复制、可推广的经验。将高新技术企业和技术先进性服务企业认定的初审权、高新技术成果转化项目认定等审批权限下放自贸区和张江示范区，提升管理效率的同时，扩大政策的实施效果。实施张江示范区创业示范工程，通过加强技术创新服务试点平台、科技金融服务试点平台建设，为各类企业提供信用服务和精准融资等方面的对接。截至2015年11月，示范区总收入3.22万亿元、出口创汇594.59亿美元、实缴税费1424.59亿元，净利润1673.03亿元，分别同比增长10.2%、9.3%、8.9%和5.5%。

多层次资本市场加快发展。上海股权托管交易中心科技创新板正式开盘，推进科技金融信息服务平台建设。其中，科技创新板首批共有27家企业挂牌，涉及互联网、生物医药、3D打印等新兴行业。在创业板上市的35家上海企业中，29家曾获得科技小巨人工程扶持，占比达82.9%；2014年、2015年创业板上市的7家上海企业全部为科技小巨人（含培育）企业。截至2015年11月，为全市的382家企业提供科技企业贷款13.54亿元；其中，科技履约保共向292家企业发放贷款额度9.68亿元；小巨人信用贷向76家企业发放信用贷款额度3.62亿元。

创新创业活动常态化开展。重点围绕“大众创业、万众创新”组织开展各类公益活动，推进创新创业活动常态化。开展了“双创活动周”、第四届上海创新创业大赛、开放数据创新应用大赛、中国“互联网+”大学生创新创业大赛等一大批活动，使上海创新创业氛围日益浓厚。其中，“双创活动周”期间共开展了105场项目路演、投资对接、政策宣讲、创业培训和辅导、创业论坛和沙龙活动。扎实开展科普活动，营造良好创新氛围，上海自然博物馆正式开馆，举办2015年全国科技活动周暨上海科技节和2015上海国际自然保护周，发布了提升公民科学素质3年行动计划。以

"全球创新网络汇聚共同利益"为主题的2015浦江创新论坛成功举办，李克强总理和以色列内塔尼亚胡总理分别发来贺信。

（五）完善市场导向的创新体制机制

注重发挥市场机制的调节作用，深化政府职能转变，走好"退、放、进、变"四部曲，退出对市场不必要的干预、给市场释放更大的发展空间、在"市场失灵"领域主动作为、积极转变理念改进政府服务，努力做到相信市场、尊重主体、各司其职，实现政府、市场和社会多元共治。

科技创新政策体系全面优化。结合"22条"的落实，围绕人才改革、众创空间、国企科技创新、科技金融、财政支持、成果转移转化、开放合作等重点领域改革，出台了一批先行先试的科技创新政策措施，不断深化体制机制改革。如研究制定了《关于进一步促进科技成果转移转化的实施意见》，从主要依靠无偿资助的供给侧政策，转向更多为成果应用推广营造空间、提供服务的需求侧政策，引导社会力量和社会资本参与，同时，确立企业、高校、科研机构在技术市场中的主体地位，下放审批权限、激发创新活力、促进产学研协同。

创新功能型平台建设加速推进。加强关键领域创新型功能平台建设规划布局，面向上海产业创新发展需求，打造一批高水平的技术研发平台，在行业关键技术、共性技术开发中起到有力的支撑作用，为促进战略性新兴产业发展提供核心技术来源。加快建设上海产业技术研究院，完善专业技术服务和科技成果转化平台，提供更专业、更便利的综合服务。大力推进上海微技术工业研究院建设，力争使上海在全球半导体产业竞争中实现"弯道超车"。年内，微技术工业研究院的8英寸研发中试线、微机电系统（MEMS）、射频、系统级芯片（SoC）、系统集成及软件工程、微能源、工程服务平台和产业信息平台建设均取得重要进展。成立国家技术转移东部中心，积极探索创新技术转移转化新模式、新业态、新路径，力争成为国家创新体系示范、国际技术转移枢纽、上海科技创新引擎。启动建设国家科技创新资源上海数据中心，为企业等各类创新主体提供科技服务。

创新管理改革加快推进。试点采取创投引导、事后补助、科技创新券等支持手段，对科技中小企业创新资金引入创新创业大赛选拔和风险投资举荐的市场选择方式。修订发布科技小巨人扶持办法。进一步研究探索财政资金统筹协调机制。积极鼓励企业自主创新，进一步扩大了研发费用税前加计扣除范围。2014 年研发费用加计扣除额 335 亿元，免税额 83.75 亿元，比上年增长 15%；受惠企业 5800 多家，比上年增长 20%；享受项目近 26000 项，比上年增长 13%。全市高新技术企业、技术先进型服务企业分别达到 6071 家和 253 家。①

第二节　2015—2016 年上海科技创新发展概述

“创新驱动发展、经济转型升级”是上海“十二五”发展的主线，在上海土地空间匮乏、人口老龄化的情况下，通过科技创新引领经济发展是上海在高起点上推动经济转型升级的必由之路。2014 年 5 月，习近平总书记在上海考察工作时明确指出，上海要加快建成具有全球影响力的科创中心。这一方案提出后，2015 年 5 月 26 日，上海公布了加快建设科创中心 22 条意见，具体体现在科技成果处置权改革、转化平台和科技中介服务体系建设、建设市场导向的创新型体制机制、建设创新创业人才高地、营造良好的创新创业环境和优化重大创新布局等方面。意见明确提出了“2020 年前形成科创中心基本框架体系，到 2030 年形成科创中心城市的核心功能”的规划。2015 年是上海加速启动建设全球有影响力的科创中心的新一年。本节对 2014—2015 年上海的科技创新发展进行了汇总。

一、上海科技创新的现状

（一）研发支出规模逐年扩大

研究与发展（R&D）是指为增加知识的总量（其中包括增加人类、文化和社会方面的知识），以及运用这些知识去创造新的应用而进行的系统性

① 编委会：《上海科技基本报告 2015》，第 6—11 页。

的、创造性的应用。[①] 科技活动可分为三大类，一是研究与发展（R&D）；二是科技教育与培训；三是科技服务。其中 R&D 是科技活动的核心。

据《2015 年上海市国民经济和社会发展统计公报》显示，2014 年上海市 R&D 经费支出 861.95 亿元，相当于 GDP 的比重由 2010 年的 2.81% 上升到 3.66%，年均增长 7%，相当于发达国家水平（见图 1－1）。

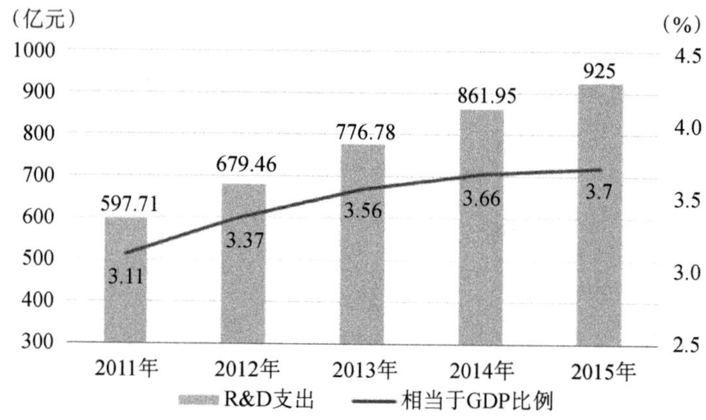

图 1－1　上海“十二五”期间 R&D 经费支出情况

上海 R&D 投入水平在国内外均达到先进水平。从国内来看，R&D 投入强度位于全国第 2。相比浙江、江苏、天津和山东等省市的优势不断扩大。自 2011 年后，上海 R&D 投入强度超过 3%，成为继北京之后第二个达到这一水平的地区。从国际比较来看，上海市 R&D 投入强度[②]达到发达国家水平（见图 1－2）。

1. 按活动类型分

基础研究是指为获得关于现象和可观察事实的基本原理的新知识而进行的实验性和理论性工作，它不以任何专门或特定的应用为目的。应用研究是指为获得新知识而进行的创造性研究，它主要针对某一特定的实际目的或目标。试验发展是指利用从基础研究、应用研究和实际经验所获得的现有知识，为产生新的产品、新材料和装置，建立新的工艺、系统和服务以及对已产生和建立的上述各项做实质性的改进而进行的系统性工作。科

① 科技统计资料汇编（2015），华中科技大学。

② R&D 占 GDP 的比重。

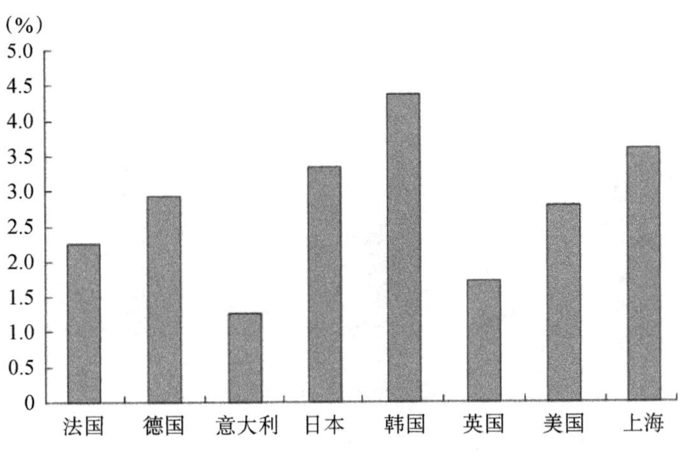

图 1－2　上海研发支出与发达国家的比较

技创新最根本的是基础研究。2014 年上海基础研究经费达 61.20 亿元，应用研究经费为 104.43 亿元，试验发展经费为 696.32 亿元。同比增长分别为 11.5%、1.71% 和 12.4%（见表 1－1）。

表 1－1　上海 2009—2014 年 R&D 经费按活动类型构成情况　　单位：亿元

年份	2009	2010	2011	2012	2013	2014
基础研究	28.81	31.04	37.38	49.16	54.87	61.20
应用研究	70.81	68.99	92.43	91.58	102.67	104.43
试验发展	323.76	381.67	467.50	538.72	619.24	696.32

资料来源：《上海科技统计年鉴 2015》表 1－3。

在研发支出中，上海在基础研究方面同全国研发支出最高的 6 个城市相比要低于北京、南京和广州（见图 1－3）。

2. 按资金来源分

2014 年 R&D 经费来源分类结构中，来自于企业的资金为 513.15 亿元，占 59.5%，是政府 R&D 投入的 1.8 倍。2011—2014 年，政府资金投入加速，其占总量的比重由 2011 年的 29.4% 增加至 2014 年的 33.9%，年均增长 18.4%。企业研发活动的资金由 2011 年的 65.6% 降至 2014 年的 59.5%（见表 1－2）。

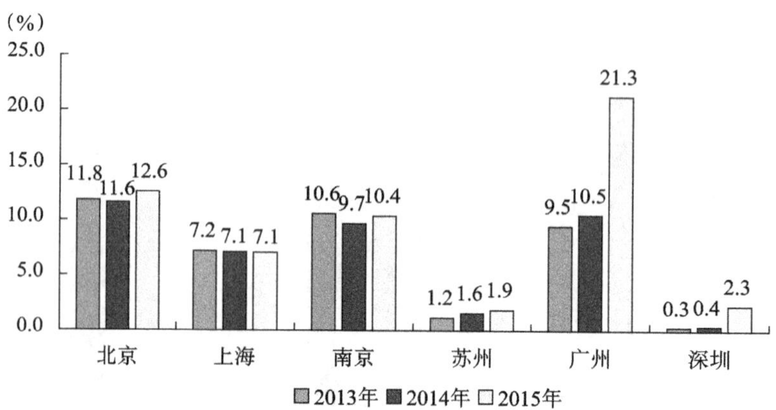

图 1-3　基础研究支出占 R&D 经费支出比重

表 1-2　按资金来源分上海 R&D 经费　　单位：亿元

年份	2009	2010	2011	2012	2013	2014
政府资金	112.93	142.78	175.93	225.76	245.55	292.36
企业资金	286.29	318.28	392.05	413.60	481.13	513.15
国外资金	12.00	6.80	10.23	7.19	19.47	16.03
其他资金	12.16	13.84	19.50	32.91	30.63	40.41

资料来源：《上海科技统计年鉴》2015，表 1-3。

（二）企业研发支出有待进一步提高

1. 规模以上工业企业的研发支出规模增大

2014 年，上海规模以上工业企业研发强度达到 1.27%，比北京高 0.09 个百分点，超过全国及部分发达国家整体水平。但投入规模居前的大型工业企业研发投入强度基本不超过 3%，与国际领先企业仍有不少差距。[①] 2014 年，上海规模以上工业企业的 R&D 投入为 449.22 亿元，占全社会 R&D 投入总量的 63.9%。R&D 人员 124334 人，全部科技项目数 16980 项，专利申请数 26848 件，期末有效专利数 27540 件。专利所有权转让及许可数 727 件，专利所有权转让及许可收入 11.79 亿元。新产品产值 7408 亿元。

① 丁俊等："上海企业科技创新能力及绩效评价研究"，上海科技统计简讯 2016 年第 1 期。http：//shsts.stcsm.gov.cn/home/pdfShow.aspx？FunId=28&InfoId=1172&ModuleID=5。

发表科技论文3395篇。期末拥有的注册商标13145件，形成国家或行业标准680项。[①] 企业的科技创新能力和水平有了进一步的提高。但通过地区间的对比，我们发现企业创新活力还略有不足。长三角地区是中国最有创新活力的地区，但上海作为长三角地区的发展核心，具有研发活动的企业不足两成，这与北京作为环渤海地区企业创新最具活力的城市形成鲜明对比（见图1-4）。

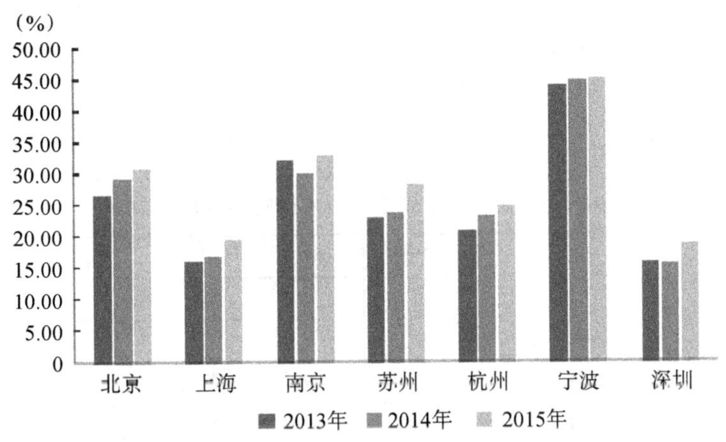

图1-4　有R&D活动的企业所占比重的地区比较

2. 国家级企业技术中心的研发能力较为突出

国家级企业技术中心是上海科创中心建设的重要组成部分，具有较强的研发能力和技术溢出效应。截至2014年底，上海共有国家工程实验室、国家工程研究中心和企业技术中心129家，累计有396家跨国公司在沪设立研究机构。上海光源、地面交通工具风洞中心、65米射电望远镜等重大科研基础设施已建成使用。“十二五”末，上海国家级企业技术中心达62个，研发经费投入289.41亿元，技术中心所在企业研发投入强度达3.57%，比上年提高0.45个百分点，相当于欧美等发达国家先进水平。企业研发投入及产出不断向技术中心聚集。“十二五”期间，上海国家级技术中心以所在企业为依托，研发经费投入保持增长态势，年均增速达30.3%。2015年，上海国家级企业技术中心研发经费投入、专利申请量、有效发明专利数分

① 数据来源：《上海科技统计年鉴》（2015）的表4-1—表4-9。

别占其所在企业的75.9%、72.8%、77.8%，均比2010年提高10个百分点以上。

专利申请量及有效发明专利数实现新突破。2015年，上海国家级企业技术中心申请专利6409件，其中发明专利4111件，年末拥有的有效发明专利8444件，分别比2010年增加4623件、3177件和6972件。发明专利申请数占专利申请总量的64.1%，比2010年提高11.8个百分点。

“十二五”期间，国有企业技术中心研发经费投入占全市比重保持在50%左右，港澳台商和外商投资企业技术中心合计占25%左右。国有企业技术中心年末拥有的有效发明专利数为1085件，仅为港澳台商技术中心的68.1%，外资投资企业技术中心的44.9%，[①]（见表1-3）。

表1-3　　2011—2015年企业研发中心按所有制分研发效力

年份		2011	2012	2013	2014	2015
技术中心数（个）	国有	10	12	11	15	17
	港澳台商	3	4	5	4	3
	外商	7	12	11	14	13
研发经费投入（亿元）	国有	54.20	36.46	87.85	112.47	146.19
	港澳台商	6.05	12.15	18.51	8.38	4.43
	外商	23.6	63.08	28.72	54.79	64.35
有效发明专利数（件）	国有	218	414	440	767	1085
	港澳台商	142	866	575	1310	1594
	外商	433	821	728	1860	2414

服务业技术中心对研发投入增量的贡献率加速攀升。“十二五”期间，制造业技术中心仍保持研发主体地位，服务业研究中心的数量和研发投入增速加大。2015年上海新增的6家国家级企业技术中心全部为服务业技术中心，其行业覆盖面扩大到交通运输仓储和邮政业、信息传输软件和信息技术服务业、租赁和商务服务业、科学研究和技术服务业。[②]

3. 研发人员人均经费不足

① 资料来源：《上海科技统计年鉴》（2015）。

② 吴和雨：“‘十二五’时期上海国家级技术中心发展现状及面临的挑战”，《上海科技统计简讯》2016年第2期。

2014年上海规模以上工业企业研发人员为12.43万人，比上年增长6.4%。研发人员人均研发经费43.93万元，约为7.18万元，与世界发达国家相比还存在显著差距（见图1-5）。①

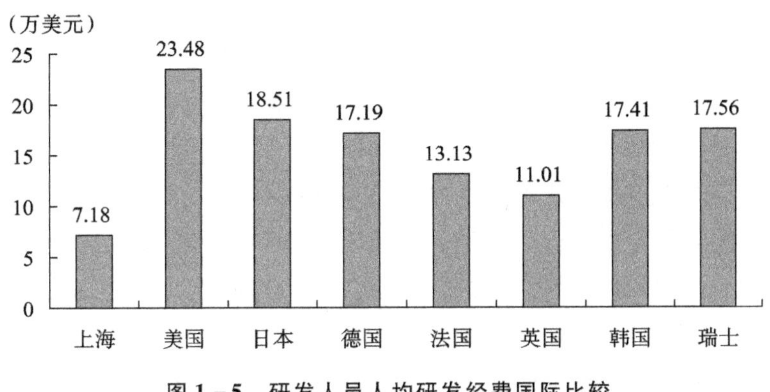

图1-5　研发人员人均研发经费国际比较

（三）研发支出更加倾向于战略性新兴产业

从投入行业看，传统工业企业研发投入相对减弱，钢材、成套设备企业为代表的传统制造业企业受转型升级和市场需求疲软等因素影响，R&D投入增速放缓，而以高端设备、新一代信息技术为代表的战略性新兴产业保持较高的研发活跃度，虽然体量较小，但R&D水平占总量的两成多，陆续布局了TFT-OLED光刻机、AMOLED离子注入机，高效能云主机系统等一批重大项目。

生产性服务业成为服务性企业研发投入增长点。交通运输、仓储和邮政业，信息传输、软件和信息技术，租赁和商业服务业，水利、环境和公共设施管理业，文化、体育和娱乐业这五大重点行业的服务业成为非工业企业研发经费增长的重要推动力。从研发项目看，服务业R&D经费支出集中于研发芯片、智能存储设计、集成电路设计的信息传输、软件和信息技术服务业与以企业总部管理服务为代表的租赁和商务服务业，均属于为制造业提供服务的生产性服务领域。

① 朱平芳："2015年中国创新型城市评价与分析"，《上海科技统计简讯》2016年第1期。

（四）科技成果转化能力进一步提升

2015 年全年受理专利申请 100006 件，比上年增长 22.5%，其中受理发明专利申请 46976 件，增长 20%。全年专利授权量为 60623 件，增长 20.1%，其中发明专利授权量为 17601 件，增长 51.5%。全年有效发明专利达 69982 件。科技小巨人企业和小巨人培育企业共 1427 家，高新技术企业 6071 家，技术先进性服务企业 253 家。年内认定和复审高新技术企业 2089 家。年内认定高新技术成果转化项目 603 项，其中电子信息、生物医药、新材料等重点领域项目占 83.4%。至年末共认定高新技术成果转化项目 10500 项。全年净认定登记的各类技术交易合同 2.25 万件，比上年下降 10.8%；合同金额 7.99 亿元，增长 6.0%。[①]

科研院所投入增速高于社会平均水平，“十二五”期间，科研院所 R&D 投入年增速 18.1%，高于全社会 3.5 个百分点。高等院校依托大学科技园，将“创新”与“创业”相结合，鼓励大学生运用技术创新开展自主创业。通过科技成果在校园内研发产生，到大学周边孵化器孵化，在进入大学科技园产业化，创新了“统筹规划、滚动发展、市场运作”的新模式，进一步提升了“产学研”水平，有效孵化出与市场接轨的科技项目。

（五）研发人才培养稳步提高

1. 高层次研发人才队伍进一步扩大

2014 年上海拥有的两院院士为 165 人，占全国的 11%，中央“千人计划”人才 626 人，外国专家千人计划人才 21 人，国务院特殊津贴获得者近 10000 人，上海领军人才 1070 人，上海千人计划人才 557 人。截至 2014 年，上海累计有 205 位科学家担任过国家 973 计划和国家重大科学研究计划项目的首席科学家，412 人或国家杰出青年科学基金，占全国杰出青年科学基金获得者总数的 12.92%。[②] 2014 年，上海市科技成果 2384 项，按成果水平分，其中，国际领先 108 项，国际先进 423 项，国内领先 531 项，国内先进

① 数据来源：《上海科技统计年鉴》（2015）。

② 龚晨、杨小玲：“‘十二五’期间上海科技人才发展情况”，《上海科技统计简讯》2015 年第 3 期。

149 项。基础理论成果 263 项，应用技术成果 2023 项。其中已推广应用 1798 项。自然科学研究与技术开发机构课题投入经费 1866208 万元，比上年提高 15.0%；共发表论文 10846 篇，其中国外发表 4586 篇，科技著作 144 种。被三大检索收录的论文数 33349 篇。2014 年科技成果获奖 341 件，其中获国家自然科学奖的有 7 件，获国家技术发明奖的 8 件，国家科学技术进步奖 39 件，获上海市科基金进步奖 287 件，国际科学技术合作奖 3 人（见表 1－4）。

表 1－4　　2009—2014 年 R&D 人员

年份	2009	2010	2011	2012	2013	2014
R&D 人员折合全时人员（合计）	132859	134952	148500	153361	165755	168173
按执行部门分						
1. 科研机构	21980	23241	25256	27199	28743	29343
2. 规模以上工业企业	67456	69077	79147	82355	92136	93868
3. 高等院校	20942	18527	21011	21170	21530	22198
按活动类型分						
1. 基础研究	13610	14160	14539	16054	15407	18232
2. 应用研究	25452	22852	24879	24373	25517	23378
3. 试验发展	93797	97940	109082	112934	124831	126563

资料来源：《上海科技统计年鉴》（2015）。

2. 科技人才计划与人才引进和培养成效显著

2014 年上海市优秀学科带头人计划投入经费合计 4000 万元。上海市科委自 2014 年实施上海市青年科技英才扬帆计划，为 32 岁以下具有硕士以上学位、尚未承担省部级及以上的优秀青年科技人才独立开展科研、发展创新思想提供起步资金，共有 150 人入选，资助总额 1500 万元。2014 年上海市新入选国家创新人才计划 43 人。其中，中青年科技创新领军人才 22 人，科技创新创业人才 12 人，重点领域创新团队 5 个和创新人才培养示范基地 4 个。

（六）高新技术企业需加快升级转型

2014 年上海共有规模以上高新技术企业 1013 家，高新技术产业产值 6648.34 亿元[①]，但高新技术产值占工业总产值的比重从 2007 年的最高值 25.6%持续下滑到 2014 年的 20.7%（见图 1－6）[②]。2015 年认定和复审高新技术企业 2089 家，认定高新技术成果转化项目 603 项，其中电子信息、生物医药、新材料等重点领域项目占 83.4%。至年末，全市科技小巨人企业和小巨人培育企业共 1427 家，高新技术企业 6071 家，技术先进型服务企业 253 家。[③]

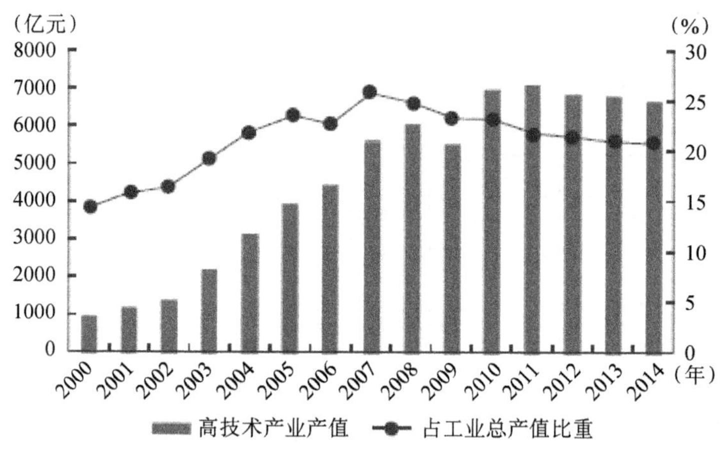

图 1－6　2000—2014 年上海市高新技术产值及占工业总产值的比重

1. 高新技术产业 R&D 投入仍需加大

电子计算机及办公设备制造业与电子及通信设备制造业的工业总产值仍占较大份额，但其产值利税率较低。R&D 投入强度仅为 2.63%，低于全市工业总水平之下（见表 1－5）。

2. 新产品产值比重较低

2014 年上海高新技术产业新产品产值 938.36 亿元，占工业总产值的比重为 14.1%。新产品销售收入为 954.62 亿元，占高技术产业主营业务收入

---

① 《上海科技统计年鉴》（2015）。

② 马鹏晴："上海高技术产业发展的特征分析"，《上海科技统计简讯》2016 年第 2 期。

③ 《2015 年上海市国民经济和社会发展统计公报》。

表 1－5　　2014 年上海市高新技术产业情况

	工业总产值（亿元）	主营业务收入（亿元）	利润总额（亿元）	税金总额（亿元）	科技活动经费支出（亿元）	R&D 经费支出（亿元）
高技术产业产值（亿元）	6648.34	7081.32	304.13	68.26	193.57	127.90
信息化学品制造业	25.28	24.43	1.80	0.41	1.05	0.49
医药制造业	622.72	616.07	82.64	36.65	23.70	18.04
航空航天器制造业	121.55	123.45	6.03	0.69	31.63	24.76
电子及通信设备制造业	2370.22	2467.13	125.87	18.42	105.54	68.71
电子计算机及办公设备制造业	3089.36	3414.04	39.53	0.71	9.69	2.63
医疗设备及仪器仪表制造业	419.20	436.20	48.27	11.36	21.95	13.26

资料来源：《上海科技统计年鉴》（2015）的表 1－18。

的比重为 13.5%。与 2001 年相比，这两个指标都有很大幅度的下降。2014 年产值规模接近一半的电子计算机及办公设备制造业，新产品产值占其总产值的比重仅为 4.4%。2014 年规模以上工业企业新产品产值和销售收入分别为 7407.99 亿元和 8446.96 亿元，分别比上年增长 11.3% 和 14.5%。从企业在国际市场上的实际表现来看，上海鲜有在国际市场上起行业主导地位的本土企业，创新成果尚不具备形成行业标准、引领行业发展（见图 1－7）①。

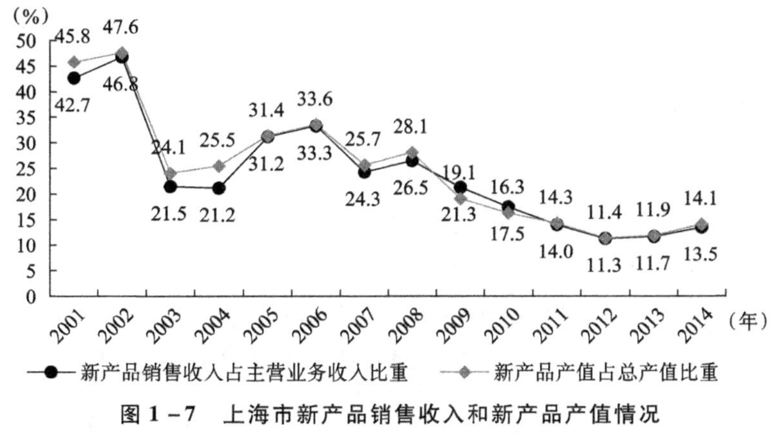

图 1－7　上海市新产品销售收入和新产品产值情况

① 马鹏晴："上海高技术产业发展的特征分析"，《上海科技统计简讯》2016 年第 2 期。

3. 创新人力资源不足，科研机构较少

上海6个高新技术产业中，科研人员最多的电子及通信设备制造业和医药制造业占上海市高技术产业科研活动总人数的54.6%和16.6%。但是每个行业的平均科研活动人数均低于全市平均水平。上海的高技术企业科研机构较少，2014年只有173个科技机构。①

（七）高校技术合同

2014年上海高校经认定登记的技术合同总数达4638项，比上年增加120项，占全市技术合同认定等级总数的18.4%，认定登记的技术合同金额为17.51亿元，增加2.3%（见表1-6）②。

表1-6　2014年上海市高校四类技术合同及占全市比重情况

合同类型	上海市技术合同认定登记数		上海市高校技术合同认定登记数		上海高校占全市比重	
	合同数（项）	成交金额（亿元）	合同数（项）	成交金额（亿元）	合同数（%）	成交金额（%）
合计	25238	667.99	4638	17.51	18.4	2.6
开发合同	10187	299.83	1638	10.10	16.1	3.4
转让合同	1201	221.99	179	1.72	14.9	0.8
咨询合同	2876	5.95	611	1.26	21.2	21.1
服务合同	10974	140.21	2210	4.43	20.1	3.2

（八）财政拨款

财政科技支出总量逐年提高，但比重有所降低。2014年上海市对科技的财政投入总量为262.29亿元，比2011年增长20%，年均增速为6.3%。从2013年开始财政科技支出增速开始下降（见表1-7、图1-8）。

从2014年上海市科学技术功能支出类别看，上海市财政科技支出主要集中在两个方面，技术研究与开发和其他科学技术支出分别占到40.0%和

① 马鹏晴："上海高技术产业发展的特征分析"，《上海科技统计简讯》2016年第2期。
② 韩慧盛等："2014年上海高校技术合同统计分析"，《上海科技统计简讯》2015年第2期。

43.8%（见图1－9）。

表1－7　　2009—2014年上海地方财政科技拨款情况

年份	2009	2010	2011	2012	2013	2014
地方财政科技拨款合计（亿元）	226.97	202.03	218.50	245.43	257.66	262.29
地方财政支出额（亿元）	2989.65	3302.89	3914.88	4184.02	4528.61	4923.44
科技拨款/财政支出（%）	7.59	6.12	5.58	5.87	5.69	5.33

资料来源：《上海科技统计年鉴》（2015）的表1－6。

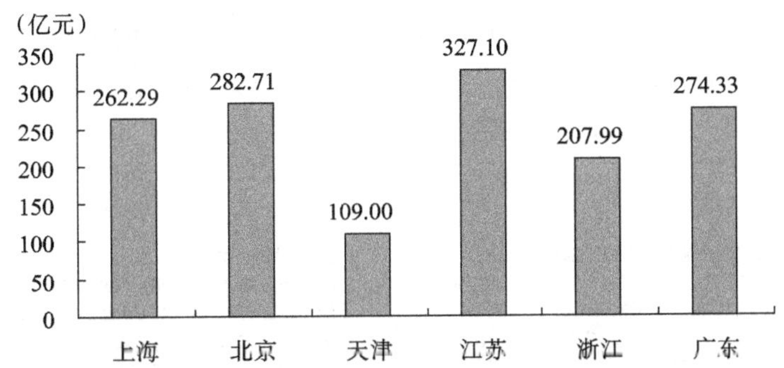

图1－8　2014年全国财政科技支出前6位的省、市

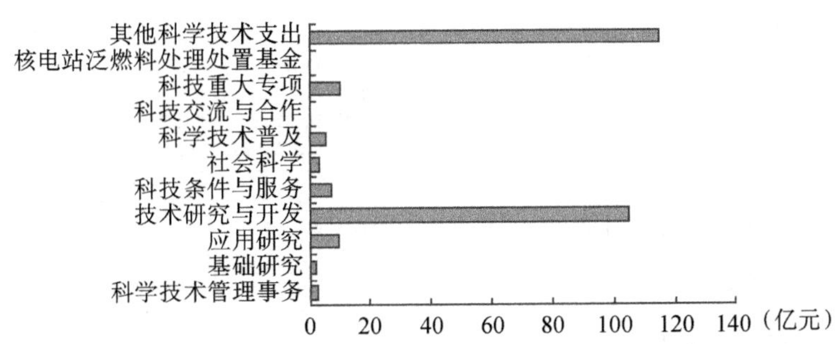

图1－9　2014年上海市财政科学技术支出类别

从财政资金的来源来看，财政科技支出包括中央对地方的税收返还和转移支付中的科学技术支出以及地方财政一般预算支出的科学技术支出。“十二五”期间，中央专项转移支出较少，以地方财政科技支出为主。两者之比为0.6:9.4.①

① 蒋珮：“上海市财政科技投入研究”，《上海科技统计简讯》2015年第4期。

（九）上海综合科技进步水平指数继续保持全国第一

科技进步的表现与经济发展密切相关。据中国科学技术发展战略研究院发布的《中国区域科技进步评价报告 2015》显示，2015 年上海超越北京排在综合科技进步水平第一位，2014 年位居榜首的北京此次排名第二。其中上海的环境指数从第十一位上升到第七位，科学研究和技术服务业新增固定资产占比从第五位上升到第三位。在科技进步环境、科技活动投入、科技活动产出、科技促进经济发展等 4 个一级指标中上海均位列前三，但“高新技术产业化”则从 2014 年的第三位下降至 2015 年的第六位，高新技术产业化相对成为上海的短板，还有上升区间。[①]。但其他城市的指数也都在提高，上海相对北京的优势非常小（见图 1－10）。

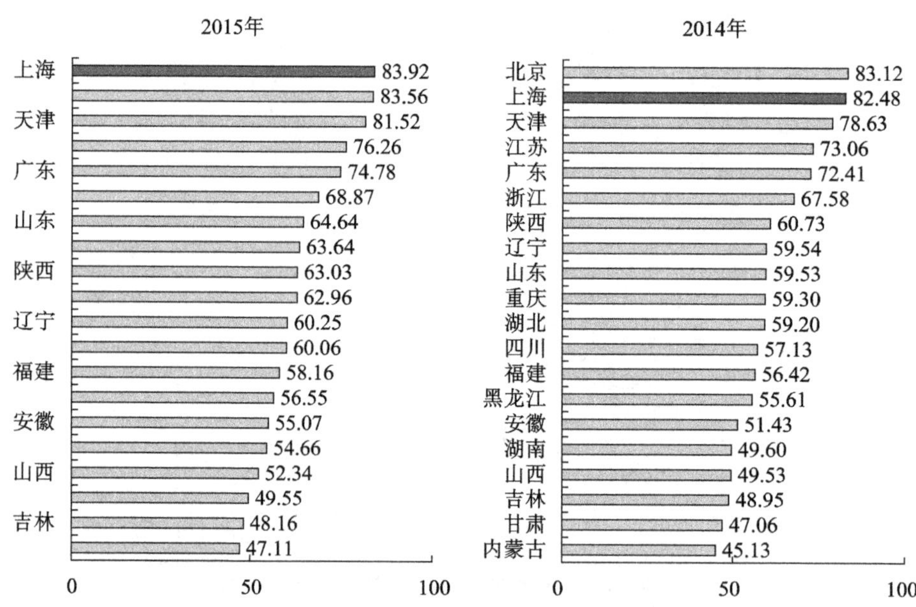

图 1－10　全国综合科技进步水平总指数前 20 位的省（市）

① 上海综合科技进步排名第一。2016. 8. 24，上海科技统计网 http：//shsts. stcsm. gov. cn/home/news. aspx？FunId = 10&InfoId = 1257&ModuleID = 2。

（十）科技进步环境指数水平与位次双双提升

科技进步环境指标上，2014—2015 年指数上升了 4.44，位次上升了 1 位。2015 年天津超越了北京和上海位列第 1（见图 1－11）。

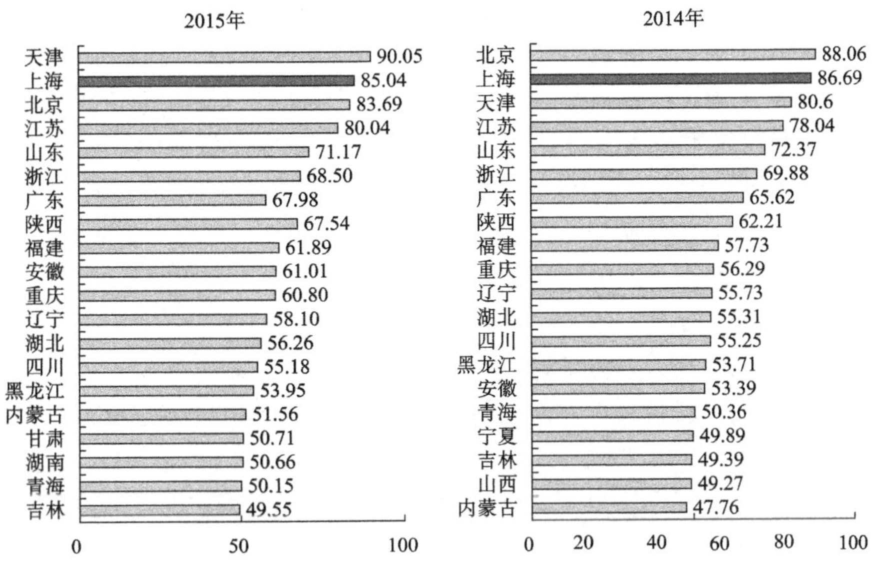

图 1－11　全国科技环境指数排名前 20 位的地区

1. 科技人力资源进一步聚集

2015 年上海科技人力资源指数得分为 100 分，此外，北京、天津等地区该项指标也达到满分，广东、福建的赶超势头也逐步加快，发达地区的科技人力资源富集的趋势越来越明显。从三级指标看，“万人研究与发展人员数”的标准值是 40 人年/万人，上海为 73 人年/万人，比 2014 年增长了 1.46%，位列全国第 3；“万人大专以上学历人数”的标准值为 1000 人/万人，上海为 2712.54 人/万人，比 2014 年增长 9.85%，位列全国第 2。在“万人研究与发展人员数”的数量上，天津、江苏和浙江成快速增长趋势，而上海的增长率较低，这一方面表明上海的研发人员基数较大，另一方面也在一定程度上反映了较高的生活生产成本以及“大城市病”成为制约研发人员在上海安家落户的因素。

2. 科技物质条件仍有提升空间

2015 年上海的科技物质条件水平指数值为 77.81，相比 2014 年的 62.21

有了很大提高，排名也上升了1位。从三级指标来看，“每名R&D人员仪器和设备支出”的标准为6万/人年，上海为4.48万/人年；“科学研究和技术服务业新增固定资产占比重”标准为3%，上海为2.25%。

3. 科技意识指数小幅下降

整体来说，上海科技意识指数的优势被北京和天津超越，而且正面临着浙江、江苏等省市的追赶，形势不容乐观。其中“万名就业人员专利申请数”的标准值为100项/万人，上海为88.31项/万人，位列全国第4位。“科学研究和技术服务业平均工资比较指数”的标准值为200%，上海为280.08%，比2014年有小额下降，但仍位列全国第1。“万人吸纳技术成交额”标准值为200万元/万人，上海为1997.38万元/万人，位列全国第3。“有R&D活动的企业占比”标准值为30%，上海只有19.42%，上海在该项指标上的差距非常大。

4. 科技人力投入不容乐观

2015年上海科技人力投入位列全国第20位。其中“万人R&D研究人员数”标准值为7人年/万人，上海为31人年/万人；“企业R&D研究人员占全社会R&D研究人员比重”标准为70%，上海为38.20%。这项指标的偏低反映了市场在配置R&D人员发挥的力量非常有限。

二、上海科技创新的潜力有待进一步挖掘

“22条”强调指出要实施一批重大战略项目，布局一批重大基础工程。重点推进民用航空发动机与燃气轮机、大飞机、北斗导航、高端处理器芯片、集成电路制造及配套装备材料、先进传感器及物联网、智能电网、智能汽车和新能源汽车、新型显示、智能制造与机器人、深远海洋工程装备、原创新药与高端医疗装备、精准医疗、大数据及云计算等一批重大产业创新战略项目建设。把握世界科技进步大方向，积极推进脑科学与人工智能、干细胞与组织功能修复、国际人类表型组、材料基因组、新一代核能、量子通信、拟态安全、深海科学等一批重大科技基础前沿布局。建成各具特色的科技创新集聚区。加快建设张江国家自主创新示范区，瞄准世界一流科技园区目标，率先开展体制机制改革试验，推动园区开发管理模式转型，深化功能布局、产业布局、空间布局融合，充分发挥科技创新和科技成果产业化的

示范带动作用。聚焦张江核心区和紫竹、杨浦、漕河泾、嘉定、临港等重点区域，突出各自特色，发挥比较优势，结合城市更新，打造创新要素集聚、综合服务功能强、适宜创新创业的科技创新中心重要承载区。①

上海在建设科创中心方面有优势也有不足。相比北京的物联网、深圳的通讯产业，上海的创新创业活动不够。这与上海的当地文化有关，也与上海较高的创新成本有关。上海如何作出自身的特色，创造出有利于科技创新的土壤是重大的现实的问题。在推进全球有影响力的科创中心的建设方面任重道远。具体来说，上海科技创新发展还面临如下问题：

（一）企业对技术的再创新能力有待提升

不同于直接引进和购买国内外技术，引进技术消化吸收是企业在对购买技术进行简单应用、复制基础上开展的进一步创新，属于 R&D 活动的一部分。据《2016 年上海科技统计年鉴》显示：2015 年，上海规模以上工业企业用于引进技术的消化吸收经费支出为 25.96 亿元，而同期直接引进国外技术、购买国内技术的经费支出分别为 50.44 亿元和 26.04 亿元。技术再创新是上海企业的薄弱环节，随着科技发展步伐加快、技术创新周期的缩短，需进一步发挥技术引进消化吸收投资少、见效快的优势，以加快提升企业技术水平，提升核心竞争力。②

（二）基础研究的行业覆盖面有待扩大

从研发活动类型看，R&D 活动中的基础研究和应用研究代表科学研究前沿，而试验发展则与后续企业开发的新产品、新工艺的联系更为密切。上海要建成全球科创中心，必须更加注重对基础研究的投入。从投入的行业来看，高度集中在食品制造业。基础研究投入的广度还有待扩大。

（三）国家级企业技术中心有待进一步发展

“十二五”期间随着国内外经济增长持续放缓及产业结构加速调整，制

① 中共上海市委、上海市人民政府关于加快建设具有全球影响力的科创中心的意见（二十）http：//shzw. eastday. com/shzw/G/20150526/u1ai149939. html。

② 中共上海市委、上海市人民政府关于加快建设具有全球影响力的科创中心的意见（二十一）http：//shzw. eastday. com/shzw/G/20150526/u1ai149939. html。

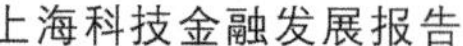

造业企业形式趋紧，上行压力加大，直接影响了下属的技术中心的研发投入增长。除上汽外，宝钢、贝尔、中芯国际为代表的重点制造业技术中心的研发投入增长均有所减少。研发人员占年末从业人员比重是衡量研发主体科研实力的重要指标。2015 年国家级企业技术中心研发人员达 3.45 万人，比 2010 年增加 1.6 万人，但研发人员占从业人员比重由 2010 年的 80.5%下降至55.4%，低于全国平均水平 5.6 个百分点，技术中心的从业人员储备有待增加。

（四）高新技术企业的创新能力有待进一步加强

目前上海高技术产品部分产业仍处于价值链的末端，加工贸易仍然是高技术产品出口的主要贸易方式。有些企业虽被认定为高新技术产业，但实际上却从事着简单的加工组装劳动。这样产品的研究开发等知识产权和营销环节大量的利润转移到了国外，企业只赚取附加值极低的加工劳务费。因此尽管这些企业的生产规模巨大，但产品的附加值却较低。

（五）上海科技人才引进和创新经费有待进一步落实

人才和经费不足是上海创新的首要阻碍因素。工业企业尤其是高新技术企业受资金限制最为严重。受竞争压力和政策引导作用，内资企业普遍认识到创新的重要性，内资企业创新意识相对较高，但问题是人才较为匮乏（见图 1－12）。[①] 上海的创新成本非常高昂，租房成本巨大，人才流失非常严重。上海虽已经在上述领域给予了政策支持，但实施成效与企业创新发展仍存在一定差距。科技创新政策涉及经费、人才和仪器设备等多个方面，但主要集中于研发专用仪器设备、科技开发用品、重大科技项目等领域，针对人才和经费的优惠政策仍有待扩充。近年来，上海市出台了一系列吸引留住人才政策，如人才引进政策、居住证转户口政策和人才公寓政策等。为进一步留住人才，上海市对科技创新人才的个人所得税给予了优惠或免税政策。

① 吴和雨："上海重点行业企业创新阻碍因素及相关政策影响度分析"，《上海科技简讯》2015 年第 2 期。

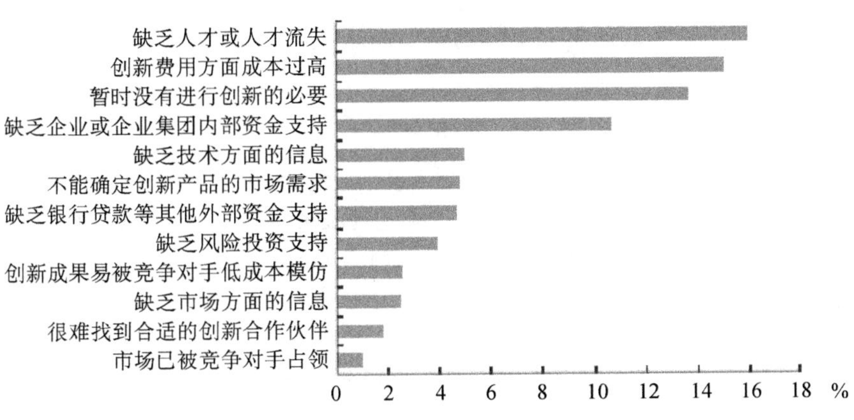

图 1-12　企业认为开展创新的制约因素

(六) 上海新出台政策有待进一步细化

上海新出台的规定不断，但在政策细化方面，尤其是一些准入门槛方面，中小企业往往被排除在外，这给中小科技创新企业的发展带来了阻碍。企业行业有别、规模大小不一，政策应根据不同行业和规模细分扶持力度。2015 年 12 月，上海出台了“专精特新”中小企业 3 年行动计划，重点支持“专精特新”中小企业围绕节能环保、新一代信息技术、生物技术、高端装备制造、新能源、新材料和新能源汽车等，实施“互联网 +”战略，加快创新转型，发展新兴产业及其配套企业的建设项目；出台了上海市“科技小巨人”工程实施办法。目前科技创新企业有三种，一是以市场为导向进行创新创业；二是政府为导向的创新；三是资本导向的创新，通过编造新的概念进行融资，实际上并没有取得任何效益，也没有税收贡献。这三种科技创新企业中第一种需要鼓励，第二种需要政府引导，第三种需要加以限制。

第三节　2015—2016 年上海科技金融发展概况

2015 年以来，上海科技金融服务体系不断完善，但同时也存在创业风

险投资发展相对滞后，各相关主体的合力尚未充分形成等问题。

一、上海科技金融取得的新成绩

上海市建立健全了“4 +1 +1”科技金融服务体系，上海市科技金融信息服务平台正式开通，形成了“3 + X”科技信贷产品体系，初步形成了科技金融的发展合力。①

（一）建立健全“4 +1 +1”科技金融服务体系

2015 年以来，上海全面加快实施《上海市促进科技和金融结合试点方案》，建立健全了与科技型中小企业以及高新技术产业发展相适应的“4 +1 +1”科技金融服务体系。出台了 50 亿元财政专项资金和配套政策，建立了科技金融支行和浦发硅谷银行，创新科技型中小企业履行责任险、科技小巨人信用贷等产品，为不同成长阶段的科技企业提供了信贷融资服务。

（二）科技金融信息服务平台正式开通

2013 年 8 月，上海市科技金融信息服务平台 1 期正式开通，2 期正式启动。2 期增设科技企业信息库，整合市科委各种科技企业信息，为金融机构提供政府政策信息和科技企业动态信息的一站式查询服务；增设科技型中小企业履约保险贷、科技小巨人信用贷、高新科技成果转化项目信用贷、科技小微企业微贷通贷款等 4 款贷款品种的网上申请。目前，平台具有咨询专家、信用评价、融资申请、项目对接、项目查询、贷款申请等服务功能，同时也汇聚了工作动态信息、统计研究信息、政策资金信息、企业需求信息、金融产品信息、科技企业信息等。②

平台正式开通时，平台收录了各类新闻、通知 1260 余条，收录全国各地、上海全市各区、县有关科技金融政策的信息 230 余项，发布近 500 条经筛选的贷款需求信息、60 余个股权融资项目。试运行期间，平台已与 15 家银行、31 家投资公司、8 家投资咨询服务机构共 54 家金融机构建立了合作

① 储敏伟：《2014 年上海科技金融发展报告》，中国财政经济出版社 2015 年版。

② 编委会：《上海科技进步报告 2013》，第 48 页。

关系。在全市科技企业信息数据库中，收录包括国家上海创新基金项目库、上海市高新技术成果转化项目认定库、上海市科技小巨人及培育企业库等8个库的约6000家科技企业信息。[①]

同时，上海市科委组建了“科技金融专员”队伍，科技、信贷、投资、上市辅导专家队伍和来自合作银行、金融机构的科技信贷员队伍，通过平台的智能识别运算和三支专家、专员队伍，有效贯通网上网下的科技金融服务。[②] 作为平台的延伸，三支队伍深入企业了解融资需求，通过平台为其推荐量身定制的科技金融服务，平台开通时，通过科技金融专员推荐的科技贷款申请超过500项。[③]

（三）形成了“3+X”科技信贷产品体系

2010年年底，针对科技型中小微企业轻资产、无抵押、缺担保难以在银行获得借款的情况，上海市科委积极引导，加强和银行、保险公司、担保公司等金融服务机构的合作，针对科技企业发展阶段和实际需求，从解决科技企业“贷款难”着手，提出了建立“3+X”科技信贷产品体系的开发规划，为科技企业量身定制了一系列细分化的信贷产品。

“3+X”科技信贷体系中的“3”是指“微贷通”[④]、“履约贷”和“信用贷”；“X”则是指开发或引进专门化或区域性的产品，目前已有创新基金信用贷、成果转化信用贷、软件产品信用贷、知识产权质押贷款等多种方式。[⑤]

2013年8月20日，上海市科委发布了“微贷通”的科技信贷产品，此

---

① 马翠莲：“上海市科技金融信息服务平台开通”，《上海金融报》2013年8月23日。http：//www.shfinancialnews.com/xww/2009jrb/node5019/node5036/node5040/userobject1ai115901.html。

② “上海科技金融信息服务平台开通”中国上海门户网站2013年8月23日。http：//www.shanghai.gov.cn/shanghai/nnode2314/node2315/n31406/u21ai783622.html。

③ 编委会：《上海科技进步报告2013》，第48页。

④ “微贷通”全称“科技小微企业微贷通贷款”，针对销售规模在200万—1000万元的初创型科技企业。申请“微贷通”的科技企业只需要向担保公司支付贷款本息和2.5%的担保费用，担保公司出具保单，银行“见保即贷”，即刻向企业放款，银行贷款利率为基准利率上浮不超过20%。当企业按时还本付息后，上海市科委补贴企业担保费用的一半，即企业按时还本付息后实际支出的融资成本为8.5%左右。

⑤ 马翠莲：“上海市科技金融信息服务平台开通”，《上海金融报》2013年8月23日。http：//www.shfinancialnews.com/xww/2009jrb/node5019/node5036/node5040/userobjectl ail 15901.html。

举意味着整个“3+X”科技信贷体系构建完成，实现了对科技企业不同融资需求的全阶段覆盖。首期“微贷通”试点总额为4亿元，预计可惠及300余家科技型小微企业。[①] 随着科技信贷板块的金融产品“微贷通”的退出，科技金融创新产品基本实现了“全覆盖”。从初创型企业到小巨人企业，都可以根据自身特色，寻找到最合适的银行融资方案。

2015年1—11月，“3+X”科技信贷产品体系成为全市科技企业贷款总量的排头兵，为全市382家企业提供科技贷款13.54亿元。其中科技微贷通的信贷为0.136亿元，共13家企业获得贷款；小巨人信用贷的信贷为3.62亿元，共76家企业获得贷款；科技履约保的信贷为9.68亿元，共292家企业获得贷款，为众多科技型中小微企业解决了资金难题（见图1-13）。

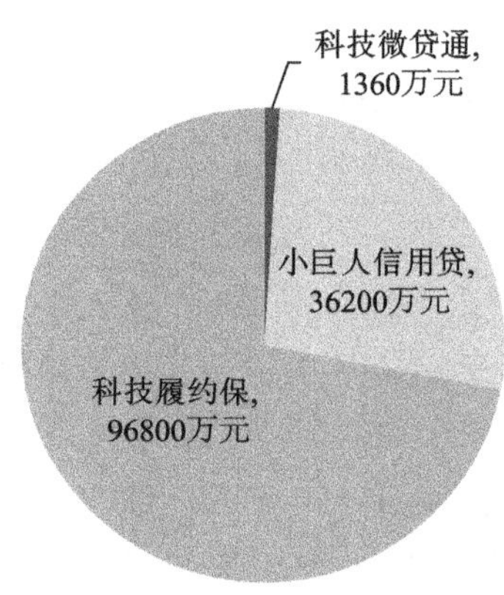

图1-13　2015年上海“3+X”科技信贷产品规模

针对创业投资基金和天使投资基金支持的科技型中小企业的新产品“创投贷”正式上线，“创投贷”主要为“创投贷”和“创投联动贷”。“创投贷”针对创业投资引导基金、天使投资引导基金投资的子基金所参股投资的科技型中小微企业，其单户贷款额度不超过10000万元，贷款期限最长不超过24个月。截至2015年11月，首度向一家企业发放贷款1000万元。创投联动贷主要针对创业投资引导基金、天使投资引导基金及其子基金拟参股投资或已参股投资的科技型中小企业，上海市创业投资引导基金、上海市天使投资引导基金及其子基金同时作为本贷款推荐人承担相应责任，

① 王有佳：“上海4亿微贷通助力小微企业”，《人民日报》2013年8月21日。

其单户贷款额度以投资意向书设定的投资额为限，最高额不超过500万元，最长期限不超过12个月。

（四）探索投贷联动金融服务模式创新

上海华瑞银行、上海银行等多家银行业金融机构探索试点投贷联动业务，创新金融服务模式。华瑞银行发挥民营机制的优势，将静态评估转变为动态评估，注重企业价值和趋势的分析与把控，联合大股东的股权投资公司，为科技创新企业提供股权和债权相结合的投贷联动融资服务，成功为一家处于成长期的互联网企业提供5000万元资金支持。上海银行推出“远期共赢利率”业务模式，针对成长型科技企业“高风险、轻资产、难估值”特点，根据信贷资金的实际使用效率，在信贷周期结束时最终确定贷款的实际利率，动态共担与共享企业成长带来的风险和收益，对科技企业必将产生强大的推动作用。①

2015年8月21日，上海市政府办公厅印发了《关于促进金融服务创新支持上海科技创新中心建设的实施意见》，从8个方面提出20条具体政策措施。这8个方面包括：推进多元化信贷服务体系创新、发挥多层次资本市场的支持作用、增强保险服务科技创新的功能、推动股权投资创新试点、加大政策性融资担保支持力度、强化互联网金融创新支持功能、鼓励创新创业服务平台与金融机构加强合作、建立科技金融服务工作协调机制。鼓励条件成熟的银行业金融机构在上海设立从事股权投资的全资子公司，与银行形成投贷利益共同体，建立融资风险与收益相匹配的机制，开展“股权+银行贷款”“银行贷款+认股权证”等多种形式的融资方式创新。

（五）初步形成了科技金融的发展合力

在上海发展科技金融的过程中，上海市科委、上海市金融办、创业投资机构和商业银行等各种力量纷纷参与，初步形成了合力。

为更好地营造全市创业投资氛围，鼓励更多的创业投资机构投资上海市初创期、早中期的科技企业，推动被投资企业加速成长，上海市科委结合原有的科研计划，推出了创投联动资助专项，对获得创投机构投资的科

① 编委会：“上海科技进步报告2015”，第24页。

技企业开展的研发活动给予专项支持，全年共支持了49家科技企业。

同时，上海市科委还鼓励商业银行在上海“张江”、“紫竹”、“杨浦”等区域内设立专门为科技企业服务的科技金融支行，并制定专门的科技型中小企业信贷政策和考核机制。目前，全市已确定了工商银行、中国银行、交通银行、浦发银行等8家分行共计26家支行作为科技金融服务专业特色支行。

二、上海发展科技金融的优势——浦东新区①

（一）浦东新区金融服务与科技创新高度集聚，为科技金融服务产业发展提供产业基础

除上海已有的“四个中心”之外，2014年5月习近平总书记在上海考察时又提出上海要建设“具有全球影响力科技创新中心”的战略构想。习总书记明确提出：“要发挥上海在长三角地区合作和交流中的龙头带动作用，参与丝绸之路经济带和海上丝绸之路建设、推动长江经济带建设等国家战略，继续完善长三角地区合作协调机制，努力促进长三角地区率先发展、一体化发展。”上海的“十三五”规划“五个中心”的系统中，科技创新中心最为基础，是支撑国际经济中心、国际金融中心、国际贸易中心、国际航运中心四大中心的核心支点。浦东新区作为上海“五个中心”建设的核心功能区，可以通过产业联动、区域联动、区港联动等途径，形成自贸试验区改革与“五个中心”建设的联动机制，加快实现“创新驱动发展、经济转型升级”的战略任务。借助自贸试验区这一平台，立足于国内庞大的内需市场，充分发挥浦东新区在金融服务、研发设计、系统集成和运营管理等方面的服务优势，坐实做强“五个中心”，成为引领长三角地区、长江流域乃至全国转型发展的新引擎。

① 邓智团：“科技金融服务产业与上海发展对策研究”，《上海经济》2016年，第38—40页。

（二）自由贸易试验区和国家综合配套改革试验区，为浦东新区推动科技金融服务产业发展提供政策创新平台

金碚和原磊（2013）指出，我国经济升级应该由“低级要素红利”向“高级要素红利”转变，建立起与高级要素禀赋结构相适应的现代产业体系和国民经济结构，使我国从“工业大国”向“工业强国”迈进。经过多年的发展，浦东新区的各种高级生产要素已经比较丰富，关键是要形成充分利用国际市场上的技术、人力资本等高级生产要素的市场化机制，逐步形成中国利用高级生产要素的新“红利”。深化改革开放，释放更多的制度红利，打造中国经济升级版，是中国（上海）自贸区设立的核心目的。即通过先行试验国际经贸新规则新标准，积累新形势下参与双边、多边、区域合作的经验，为与美国等发达国家开展相关谈判提供参考，从而为中国参与新国际经贸规则的制定提供有力支撑。在新一轮科技革命的国际背景下，借助国家综合配套改革试验区、特别是中国（上海）自由贸易试验区的平台，浦东新区正在不断加快制定科技金融创新政策。比如：上海银行积极响应人民银行提出的“探索符合科技企业特征的可变利率定价模式”，着眼科技企业的全生命周期，拉长风险与收益匹配时间，推出了“远期共赢利息”业务；太平洋财产保险公司推出“‘科创 E 保’科技企业创业保障保险”；浦发硅谷银行推出初创期科技企业投贷联动金融服务方案，针对获得 A 轮融资后的科技企业，提供较低利率的贷款，同时配套安排认股权以补偿银行的风险成本，实现了投贷联动融资服务方式创新；工商银行上海市分行推出的“‘海王星’科创企业金融服务云方案”，针对处于初创期、成长期、成熟期等不同成长阶段的科创企业，提供股权融资、债权融资、顾问服务等综合化金融服务（上海市金融办，2015）。借助当前浦东具备的政策创新平台，可以加快推进浦东科技金融服务业发展。

三、上海科技金融存在的主要问题

（一）科技金融政策支持对象界定不清楚

上海科技金融政策中对中小微企业的界定比较宽泛，导致许多扶持小微企业的政策执行困难，这也是我国普遍存在的问题。国务院决定从2013年8月1日起，对小微企业中月销售额不超过2万元的增值税小规模纳税人和营业税纳税人，暂免征收增值税和营业税。但在实际操作层面，月销售额在2万元以下的小微企业持续性经营的可能性非常小。再如，2012年上海建立小微型企业信贷奖励考核机制，对向年度单户授信总额500万元及以下小微企业贷款绩效突出的银行金融机构实施专项奖励，但有些银行将2000万元贷款业务分4笔贷给资信等级良好的大企业，使该考核机制没起到应有的作用。①

（二）科技金融服务体系不完善

近年来，虽然上海在科技金融方面取得了一些进展，针对科技型中小企业成立了一些小额贷款公司、融资担保公司等，并集聚了一批国内外创投机构，但金融服务体系仍不完善，在科技资金支持创新创业配比及金融产品方面还存在一些问题，也缺乏统一的科技金融服务平台整合科技金融资源。一是上海的信贷、保险、担保等机制有待完善。科技型中小企业一般不具备直接融资能力，而科技型小微企业的研发对资金的需求强烈，小微企业"轻资产"的特性使其融资难的状况更为突出。因此，需要更加完善的信贷、保险、担保机制。二是对于创新的支持总体大于创业。上海对于创新的支持主要基于科研项目，资金较难达到项目应用层面的科技型中小企业，这不利于创新成果转化。

（三）创业风险投资发展相对落后

目前，上海风险投资发展落后于江苏、广东等地。根据中国科学技术发展战略研究院和科技投资研究所发布的《中国创业风险投资发展报告2015》，上海在创业风险投资管理资本方面远远落后于江苏、北京、广东、浙江，在机构数量方面也都落后于江苏和浙江（参见图1-14）。②

① 张云伟、徐珺、周效门："苏州科技金融助推中小企业创新发展经验借鉴"，《科学发展》2015年10月，第95页。

② 王元、张晓原、张志宏：《创业风险投资发展报告》，经济管理出版社2015年版。

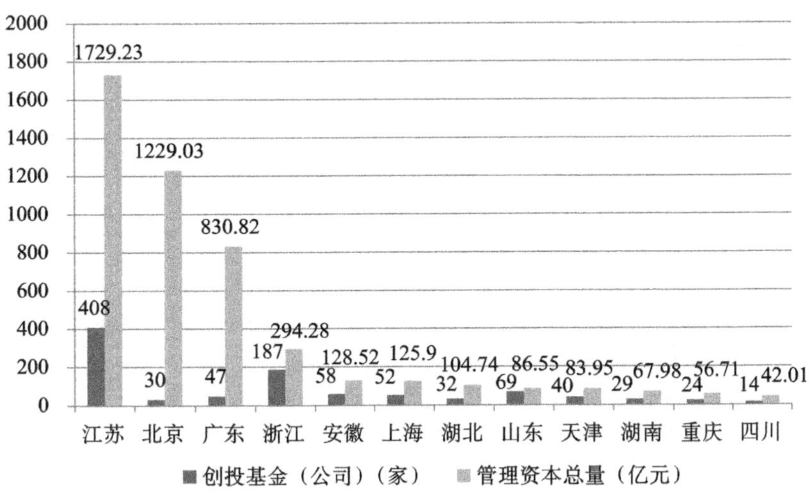

图 1－14　部分地区创业风险投资管理资本和机构数量（2014 年）

2014 年，我国创业风险投资机构所投项目的地区分布的排名中，上海市落后于江苏省、北京市、浙江省、广东省（见表 1－8）；在各地区创业风险投资的投资强度的排名中，上海市也落后于北京市、辽宁省、宁夏回族自治区、广东省、四川省、安徽省、河北省、黑龙江省、湖南省、江西省、青海省、湖北省（见表 1－9）。

表 1－8　2014 年我国创业风险投资机构所投资项目的地区分布①　　单位:%

序号	地区	项目占比
1	江苏	32.2%
2	北京	16.6%
3	浙江	10.9%
4	广东	10.0%
5	上海	4.6%
6	山东	3.5%
7	重庆	3.3%
8	安徽	3.1%
9	湖北	2.8%
10	湖南	2.1%

① 王元、张晓原、张志宏：《创业风险投资发展报告》，经济管理出版社 2015 年版，第 64 页。

表 1－9　　2014 年各地区创业风险投资的投资强度①　　单位：万元/项

序号	地区	投资强度
1	北京	5740. 87
2	辽宁	3541. 18
3	宁夏	2750. 00
4	广东	2720. 18
5	四川	2393. 89
6	安徽	1896. 20
7	河北	1855. 76
8	黑龙江	1708. 47
9	湖南	1629. 67
10	江西	1600. 00
11	青海	1587. 50
12	湖北	1456. 15
13	上海	1266. 06

同时，国资创投管理体制不灵活。面对充分竞争的市场，很多国资企业显得过于僵化，上海的国资创投也面临着这个问题。体制不够开放灵活的国资管理体制的固有缺陷制约着上海科技金融发展。在项目评估方面，为了达到国资保值增值的目标，一些项目的知识产权等轻资产并不能放在评估范围内。在国资退出方面，国资退出投资企业需要国资委审核，审核周期较长，这一方面延误了企业 IPO 时机，另一方面也使得企业在融资时排斥国资。因此，上海一些国资创投机构投资量总体偏小，极少投资一些资产轻、成长快的科技产业化项目，丧失了分享科技型中小企业成长收益的机会。②

（四）发展科技金融的协同机制不完善

科技金融是由政府、市场、社会中介机构、金融企业、科技企业等各种主体及其相关活动共同组成的一个体系，需要各种主体形成合力。

---

① 王元、张晓原、张志宏：《创业风险投资发展报告》，经济管理出版社 2015 年版，第 65 页。

② 张云伟、徐珺、周效门："苏州科技金融助推中小企业创新发展经验借鉴"，《科学发展》2015 年 10 月，第 95 页。

就政府而言，相关职能部门都各自提出了很多“工程”、“计划”、“项目”、“专项资金”，比如科技小巨人计划、青年科技启明星计划、企业技术中心能力建设项目、上海市企业自主创新专项资金项目等，但各个“抓手”之间缺乏协同，导致推动科技金融发展的资源相对分散。

就企业而言，相关金融机构之间缺乏协同。一方面，相关金融机构之间在资金流通上缺乏协同，比如银行受商业银行法和贷款通则的限制仍无法向 PE、VC 发放私募股权贷款，这也是导致我国创业风险投资相对落后的原因。另一方面，财政资金、天使投资、风险投资、商业银行和资本市场之间围绕科技企业的需求还未形成一体化的服务链，一些科技企业，特别是中、小、微企业，依然面临“融资难”的问题。[①]

上海缺乏统一的科技金融协调促进平台。各项科技金融服务缺乏有效联动，不利于科技金融业发展。孵化器了解区域内企业的运行状况，却没有投资或贷款功能，也不能将信息优势转化成收益；投资或贷款主体虽有大量金融资本，但缺乏足够的信息支撑，在项目评估方面也存在一定问题。

四、上海科技金融发展的基础性建设

（一）严格界定科技金融服务产业，明确科技金融政策支持的对象

科技金融可以看作是服务于科技活动的金融服务的产业集合体。科技金融属于产业金融的范畴，是指科技产业与金融产业的融合，是指促进科技开发、成果转化的一系列金融工具、金融制度、金融政策与金融服务的系统性集合体。

目前学术界对科技金融的具体定义尚不统一。赵昌文（2009）认为：“科技金融是促进科技开发、成果转化和高新技术产业发展的一系列金融工具、金融制度、金融政策与金融服务的系统性、创新性安排，是由向科学与技术创新活动提供金融资源的政府、企业、市场、社会中介机构等各种主体及其在科技创新融资过程中的行为活动共同组成的一个体系，是国家

① 石薇、王洪卫：“以科技金融创新打造上海科创中心软实力”，《科学发展》2015 年第 82 期。

科技创新体系和金融体系的重要组成部分。”洪银兴（2011）认为：“科技金融有特定的领域和功能，是金融资本以科技创新尤其是以创新成果孵化为新技术并创新科技企业和推进高新技术产业化为内容的金融活动。”裴平（2011）认为：“科技金融是科技创新体系和金融体系相互融合的有机构成，包括为基础研究、技术开发、成果转换，以及高新技术产业化提供金融支持的工具、服务和制度安排。”王宏起和徐玉莲（2012）认为：“科技金融是由政府、金融机构、市场投资者等金融资源主体向从事科技创新研发、成果转化及产业化的企业、高校和科研院所等各创新体，提供各类资本、金融产品、金融政策与金融服务的系统性制度安排，以实现科技创新链与金融资本链的有机结合。”从以上学者的研究中不难看出，不同学者是站在不同角度对科技金融进行定义的。在这些定义中，大家对科技与金融关系的看法基本一致，即认为科技金融的功能是促进科技创新，但对科技金融活动的主体、客体与内涵等看法和表述不尽一致。[①] 但总体而言，科技金融服务产业包括促进科技创新的产业政策、金融政策，这些政策主要以促进科技创新企业的发展为目标。而上海作为我国金融中心，也正在打造世界金融中心，应该充分利用好金融优势，发挥金融促进科技创新的作用。

为科学界定科技服务业的统计范围，2015 年 4 月 17 日，国家统计局依据《中华人民共和国统计法》、《国务院关于加快科技服务业发展的若干意见》（国发〔2014〕49 号）建立了科技服务业统计调查制度，以《国民经济行业分类》（GB/T4754 - 2011）为基础，制定《国家科技服务业统计分类（2015）》。该分类将科技服务业范围确定为科学研究与试验发展服务、专业化技术服务、科技推广及相关服务、科技信息服务、科技金融服务、科技普及和宣传教育服务、综合科技服务等七大类，其中科技金融服务产业包括：货币金融科技服务（货币银行科技服务、金融租赁科技服务、财务公司科技服务、其他非货币银行科技服务）、资本投资科技服务、保险科技服务（财产保险科技服务、其他保险科技服务）和其他科技金融服务（金融信托与管理科技服务、控股公司科技服务、非金融机构支付科技服务和其他未列明科技金融服务，见表 1 - 10）。

① 邓智团：“科技金融服务产业与上海发展对策研究”，《上海经济》2016 年，第 36—37 页。

表 1 – 10　科技金融服务范畴（国家科技服务业统计分类表）

名称	分类	说明	行业分类代码
1. 货币金融科技服务	货币银行科技服务	仅包括各类银行为科技活动提供的存款、贷款和信用卡等货币金融服务	6620 *
	金融租赁科技服务	仅包括为科技活动提供的金融租赁服务	6631 *
	财务公司科技服务	仅包括为科技活动提供的财务公司融资服务	6632 *
	其他非货币银行科技服务	仅包括为科技活动提供的小额贷款公司、农村合作基金会、消费信贷、国际贸易融资、众筹融资、P2P 信贷等服务	6639 *
2. 资本投资科技服务	资本投资科技服务	仅包括为科技活动提供的证券投资机构自营投资、直接投资以及风险投资等服务，以及天使投资、创业投资等股权投资对科技企业进行投资和增值服务	6740 *
3. 保险科技服务	财产保险科技服务	仅包括为科技活动提供的企业财产保险、各种责任保险、保证保险、信用保险等	6820 *
	其他保险科技服务	仅包括其他为科技活动提供的保险服务	689 *
4. 其他科技金融服务	金融信托与管理科技服务	仅包括为科技活动提供的金融信托与管理服务	6910 *
	控股公司科技服务	仅包括与科技活动相关的控股公司服务	6920 *
	非金融机构支付科技服务	仅包括非金融机构为科技活动提供的网络支付，第三方支付，预付卡的发行与受理等服务	6930 *
	其他未列明科技金融服务	仅包括为科技活动提供的外汇交易、黄金交易等金融服务	6990 *

资料来源：国家统计局（2015）。

虽然相关政府主管部门对小微企业做了一些界定，然而现有界定过于笼统，不太适用于科技产业。这使得现有科技金融政策并不能完全按照现

有划分方式执行。因此，上海在制定科技金融政策时，不应笼统指明支持对象是中小微企业，而应针对不同的行业领域、企业规模进行详细的支持对象界定。这样才能充分发挥科技金融的作用和威力，而不是打着支持科技企业的旗号，做着传统的借贷，浪费资源的同时，更不利于科技企业的发展，有违发展科技金融的初衷。

（二）改善国资创投的运行机制

国资创投公司受制于各种烦琐的审批流程，导致运作效率低下，迫切需要在国资管理体制方面进行改革，改善国资创投的运行机制。主要缩短国资创投项目决策审批时间，规定最长的审批期限，提高国资创投的退出效率；对国资创投负责人的考核评估体系也需要进行调整。一方面建立基于整体资金运作效益科学完整的投入产出评估体系，将近期与远期收益、个体与整体收益、收益与风险综合考虑；另一方面要给予单个创投项目失败更大的容忍度。

（三）加强科技金融服务平台互动

科技金融服务主体具有相互聚焦的趋势，这种聚集趋势有利于各种科技金融主体的信息交流与合作，有利于更加完善地服务科技型中小企业。因此，上海需要选择科技型中小企业较为发达的张江地区，打造集基金服务、投融资服务和企业发展服务于一体的股权、债权投资产业集聚平台，并依托张江高新区管委会成立运营此平台的服务管理中心。该服务管理中心不仅要通过新建或改造现有楼宇，形成科技金融服务平台运行的基地；也要通过各类活动加强各创投机构、银行等金融主体与科技型中小企业的信息交流；借助信息手段开通“网上金融之家”，促进科技金融供需双方网上对接同时，也要协调形成多种金融主体参与在内的为科技型中小企业服务的金融产品。①

当前，上海孵化器、创投机构等股权投资主体和小额贷款或银行等债权投资主体对科技型中小企业具有一定的支持作用。然而，各主体之间服

① 张云伟、徐珺、周效门：“苏州科技金融助推中小企业创新发展经验借鉴”，《科学发展》2015年10月，第96页。

务于科技型中小企业的不同发展阶段，相互之间存在信息不连通等问题，没有形成金融服务合力。因此，上海要依托上海创业投资有限公司等主体形成科技金融集团，如整合张江集团下属张江科投、张江小额贷款公司、张江孵化器3个金融服务主体，形成科技金融服务合力，加强对科技型中小企业的扶持力度，同时也能够分享中小企业的成长收益。通过构建科技金融服务平台促进金融服务机构互动，加强科技金融机构之间的联动模式，促进上海科技企业的发展。

第 二 章
上海科技信贷新发展新特色

上海银行业始终高度重视科技型企业金融服务工作，把科技型企业的发展当成一项重要的发展战略，不断完善经营管理机制，积极推进科技型企业金融服务和产品创新，切实为上海市科技型企业解决融资难题。

2015 年是“十二五”收官之年，也是我国全面深化改革的关键之年。“十二五”期间，我国经济步入新常态，处于新旧产业和发展动能转换的接续关键期。面临转型发展的阵痛期，上海未雨绸缪提出“创新驱动，转型发展”战略，率先转变经济增长方式、率先提高自主创新能力、率先推进改革开放，经济转型取得初步成效。同期，上海的银行业以上海自贸区改革深化、建设具有全球影响力的科技创新中心及“四个中心”建设为契机，主动适应经济发展新常态，坚持以提高服务实体经济为中心，全力推进创新驱动发展、经济转型升级。

上海银监局结合国际经验和本地银行实践探索，在全国率先提出“六专机制”的创投型信贷模式，以建设“专业、联动、全面”的科技金融服务体系为目标，围绕创新链打造金融服务链，支持创新生态系统建设，促进科技产业全面可持续发展。鼓励信贷资金与 PE、VC 等创业投资有机结合，并通过投贷联动等制度安排，允许银行业金融机构在银投机构合作、风险分担和潜在损失抵补等方面取得创新突破。2015 年上海银行业 623 项创新成果中，支持科创中心建设的 43 个，占比 6.9%。

第一节　大数据技术在信用制度建设中的新发展

普华永道发布的《2015 年中国金融及银行业展望》指出，截至 2014 年第三季度末中国的商业银行不良贷款总额上升 36%，达到 7670 亿元人民币，是 4 年来的高点。预计 2015 年不良贷款上升的趋势将持续。上述数据的背后，除了经济下行导致的逾期风险上升的原因之外，银行在风险控制中存在漏洞与缺陷也是重要原因。

1. 信息不对称与贷款欺诈。随着 P2P、"小贷"等民间借贷的兴起，借款人越来越容易通过非银行途径获得贷款。而民间借贷机构无须向人民银行上报数据，非银行体系的贷款申请情况、负债情况和逾期情况等信息不清晰、不透明、无法提前预知的矛盾愈发突出，往往到了借款人逾期甚至失联，银行才被动了解到借款人在民间借贷领域的部分历史逾期借贷情况或负债过高等不良行为信息。

贷款欺诈问题是银行面临的另一个问题，尤其是在信用卡领域和部分运用信贷工厂模式运作的贷款产品。银行固化的发卡审核流程以及信贷工厂运作模式已经不再是秘密。目前信用卡贷款的包装、组团欺诈骗贷的情况屡见不鲜，尤其是在信用贷款领域，约有 60% 的信用贷款来自于欺诈，这其中有一半以上是由于身份造假和资料包装。在数据维度不全面的情况下，银行等放贷机构由于没有第三方大数据支持，缺乏充分和有效的交叉核验手段，容易被组团骗贷者钻空子。

2. 信息不及时与贷后风险防范。信息获取的不及时也给银行在贷后风险管理中带来了不同程度的麻烦。例如，银行往往希望第一时间知道一家企业客户在获得贷款后是否面临新的法律诉讼，但是大多数银行使用的方式仅仅是依靠信贷经理不定期手动查询当地法院网站的方式获取信息，这当中存在着巨大的不确定性，一旦信贷经理忘记查询或者操作失误，贷后司法诉讼监控工作将形同虚设。这还不包括持续监控该客户在民间借贷中的申请情况、负债情况和逾期情况等风险点。银行在贷后风险防范过程中的手段和效率都极大地制约了银行风险控制的效果。

3. 成本和效率的矛盾。为了解决信息不对称的问题和信息获取不及时的问题，银行往往需要采集大量的数据来辅助判断。但是数据采集的过程中通常运用的方法是要求借款人或企业补充提供大量的资料，这个过程中涉及大量的人工成本和时间成本。为了提高效率，需要搭建一套能够实现部分数据的自动采集、同时需要自动化程度较高的后台管理系统，但是这必须组建专门的工程师团队和进行大量的IT开发工作，对不少中小银行来说也是一个沉重的负担。

大数据信用是大数据理论与云技术在信用领域的一种革命性应用，由于它不依赖财务数据分析，从数据采集、评价全部通过计算机完成，创建一个大批量、高效能、全风控、低成本的信用评价模式，能有效地化解中小微企业会计信息失真，没有信用积累和抵押、担保资源，难以进行信用评价的问题，不仅可以开展成批量的企业信用评价，而且还大大降低了企业融资的门槛，使其获得真正的信用贷款，因此深受中小微企业、商业银行和政府部门的青睐。

大数据信用开拓了全新的理念和模式，通过企业日常经营产生的交易流水数据，对企业信用进行评分，对风险进行量化跟踪，建立起针对贷前、贷后的创新信用评审机制。

1. 无人为干扰的贷前评审机制。这一模式从思想上改变了人们以财务数据为核心的信用评价思维，从模式上突破了金融市场以抵押和担保贷款为主的传统方式，数据的整个采集、加工、分析过程全部通过计算机系统完成，毫无人为因素干扰，能够有效防范道德风险。

通过大数据信用，既能计算出授信的单项额度，也能计算出整体授信额度，创造了完全不同于传统的评审方式，已被多家银行认可和接受。

2. 量化、动态的贷后评审机制。针对贷款企业的贷后评审机制，能对企业的交易情况进行实时监测，通过数学模型计算信用额度，预测未来3—6个月企业的发展趋势，量化风险、实时监管，通过预警和预测来帮助金融机构控制和防范风险。

大数据信用能够24小时全天候、量化的进行风险跟踪，对捕捉到的风险发出预警，使企业、银行以及其他相关各方即时掌握信用状况及风险波动，将风险最大限度抑制在发生前，解决贷后跟踪评价难的问题。

大数据信用创建的“大批量、高效能、全风控、低成本”的纯信用融

资模式，实现了中小微企业融资难的三个“降低”：

(1) 降低信贷门槛。企业只要诚信经营，就能够通过计算信用，以评价结果获得银行的贷款。这大大降低了信贷的门槛，使大量无固定资产、无法透过传统信贷模式贷款的企业，能够获得银行的资金支持。

(2) 降低融资成本。银行提供的纯信用贷款通常年化为8%—10%，低于银行抵押、联保、互保类贷款的年化。

(3) 降低金融风险。企业贷款除担保（抵押）外，另一常见做法是联保、互保。然而，企业间相互担保、连环担保、交叉担保等实际危机四伏，一旦个别企业资金链断裂，就会造成一批企业陷入担保圈风险。纯信用贷款使企业的金融风险几乎为零。

大数据发展至今，在金融领域的应用正在步入深水区。但是要进一步深化大数据的应用，除了技术本身有局限性外，行业内部也有瓶颈亟待解决。

1. 合法性问题。大数据需要收集和提取私人数据，如何界定私人数据与公共数据的界限，如何保护个人的数据隐私权，灰色地带在哪里？这种标准的制定，目前法律规定尚不明确。

2. 共享与安全。大数据的本质是开放与共享，但是现实情况是需要数据共享的各个行业之间存在各种壁垒，信息孤岛是目前制约国内信贷行业发展的重要因素。信息不对称、不透明，带来了大量的多头负债风险和欺诈风险。在国内大数据征信产业兴起时，市场对于消除信息不透明、打破信息孤岛寄予极大的期待。从目前行业的发展情况来看，信息孤岛在短期内无法消除。

首先，公共事业缴费、固定资产、社保、居住等与贷款风险控制息息相关的信息，依然归属于相关政府部门。虽然工商、司法等信息已经向社会开放，但是政府信息开放程度依然较低，这将是一个长期而复杂的过程。

其次，掌握大量公民信息的互联网公司相互之间难以产生信息互通。目前国内社交数据、电商数据、地理位置数据、搜索数据、移动设备使用行为数据等互联网信息分别集中于阿里、百度、腾讯、京东、360 等互联网巨头手中，这些公司在跑马圈地的过程中存在着大量的竞争关系，数据互通、信息共享在目前看来可能性极低。

最后，征信公司之间的信息也难以互通。征信公司的核心竞争力在于

拥有自己独有的信息。作为直接竞争对手，征信公司之间不可能用自己的核心数据去提升对手的竞争力。因此，一方面征信公司致力于解决信息不对称；另一方面征信公司也在构建数据壁垒。

3. 解读与应用。对于大数据的结论如何解读，从哪个产业的利益出发来分析？应用的多元化，将引出不同层面的大数据价值，这需要想象力。数据分析的量级、角度和系统计算方式有差异，如果不同系统之间的大数据分析出现差异或者相反的结论，我们该如何判断和解读？

这些问题已不是技术上可以解决的。要想深入应用大数据技术，充分发掘出数据的价值，行业自身也需要自我进化升级。

大数据难以解决所有问题，但可以作为有效的工具。大数据在未来一段时间，仍无法解决信贷风控中的所有问题，或者说单纯依靠大数据进行信贷风控、审批全流程的贷款种类还很有限。但是，大数据已经可以解决信贷行业的部分问题，并且将发挥越来越重要的作用。比如，大数据在进行反欺诈识别、风险动态监测、用户行为分析、用户画像等领域，都已经有了越来越多的运用。各银行和非银行金融机构应当勇于和善于用大数据辅助进行风险把控。

第二节　商业银行各具特色的科技金融业务发展

中小企业在各产业中的占比越来越大，一系列的国家投融资政策倾向于结构性地向有技术潜力的中小企业提供资金，从而加速社会进步、经济增长并降低失业率。但这类企业大多采用“轻资产”经营模式，缺乏商业银行传统贷款所需的抵押或担保。为了解决这些科技型中小企业融资难的现状，上海及周边的一些商业银行已经起步并坚持在这一业务领域做各种有价值的探索与尝试。本节着重介绍几家商业银行的科技金融业务创新案例。

一、浦发银行：构建科技金融生态体系

作为一家根植于本地的全国性股份制商业银行，浦发银行以促进地方

经济，提升金融服务水平为己任，立足商业银行本源，积极探索金融创新，加强同政府、园区、投资公司、担保公司等多种机构的合作，打通科技企业成长通道，努力提升为科技型企业服务的层级，搭建科技金融生态圈。

（一）创新科技融资业务

在各级政府、监管部门的支持和指导下，浦发银行以“科技小巨人”服务体系为核心，构建以业态跨界、市场跨界、平台跨界和O2O跨界为特色的综合服务平台；紧密围绕科技企业成长全过程，推出天使联盟、成长联盟、上市联盟和战略联盟，为企业不同成长期提供有针对性的服务；打造科技金融专业化经营体系，整合各类内外部资源，探索多方合作的服务模式，夯实配套支撑体系。

早在2009年，浦发银行上海分行就在总行的战略布局引领下，将科技型企业作为自身业务转型的重要方向，成立了中小企业业务经营中心暨科技企业服务中心，专营科技中小企业融资服务。行内建立了前中后台一体的体制机制，融合了前台营销推进、中台产品企划、后台授信审批等职能，能够快速响应市场、创新产品并且统一授信标准。

7年来，浦发银行在上海地区不断提高服务科技型企业的能力，率先推出了小巨人信用贷、科技履约贷、合同能源管理未来收益权质押、订单融资、知识产权质押、投贷宝、银元宝、中小企业集合票据等多项领先于市场的创新产品和模式。

（二）体制机制协同

浦东发展银行搭建了自上而下的总分支三层管理、推进和服务体系：浦发总行设立了科技金融处，是业内首个总行级科技金融业务推进专业处室，着力打造“科技小巨人”服务体系。在分行层面，设立了科技金融团队，专职从事科技金融的营销企划和组织推动，开展科技金融创新业务。2014年11月，浦东发展银行上海分行将“张江支行”更名为“张江科技支行”，并设立多家科技特色支行，通过网点优化和服务升级，专注科技业务的发展，用专业的管理打造浦东发展银行的科技金融特色。

（三）重视客户定位与培育

支持上海实体经济建设，浦东发展银行的思路就是投入大量资源支持科技企业发展。在目标客群上，浦发银行重点关注拓展各层级高新区和开发区的科技企业，提升本行科技客户的占比，夯实客户基础；在业务拓展上，体现科技特色，重视客户的培育，立足于为区域内的科技型企业提供全方位金融服务。截至 2015 年 10 月，浦发银行在上海地区服务的优质科技型企业逾千户，贷款余额超百亿元，其中，中小微企业的户数占比超过 96%，贷款余额占比超过 78%，充分体现了浦发银行支持科技型中小微企业、真正服务实体经济的决心和力度。

对于科技型企业，浦东发展银行更看重企业的未来发展，针对科技企业在不同成长阶段对金融服务的不同需求，推出了“科技小巨人”服务体系，致力于创新科技企业成长全程服务，根据科技企业成长不同阶段，提供差异化、特色化、全程化金融服务，在业内产生了一定的影响。

针对初创期科技型企业，浦发银行有效整合硅谷银行、天使投资、创投基金等各方优势，充分挖掘初创期科技企业自身价值，为其提供全方位服务。配套股权基金项目对接、知识产权质押融资、人才贷等优势产品。

针对快速成长期的科技型企业，浦发银行携手股权基金、政府部门、供应链核心企业、数据平台，共同服务于这类企业，配套投贷联动、贸易融资、集合类融资工具等创新产品。

针对希望或已经在各类市场上市的企业：浦发银行整合了交易所、券商及其他中介服务机构，建立了合作平台，提供企业上市财务顾问、推荐企业挂牌财务顾问、挂牌企业股份增发财务顾问、股权质押小额贷款等特色产品与服务。

针对成熟期需要跨越成长的科技型企业：浦发银行提供企业并购财务顾问、航运及大宗商品衍生品代理清算、跨境联动贸易金融服务、非金融企业债务融资工具承销等特色服务，能够有效支撑企业的跨国交易，支持企业发展的全球化。

（四）构建科技金融生态圈

在实践中浦东发展银行渐渐认识到，支持科技型企业，单单依靠商业银行的信贷资源支持是远远不够的。增强科技金融服务能力，关键在于将各类零散的社会资源组合成完整有效的服务模式，形成强大的合力。

2014 年，浦东发展银行发起成立“中国科技金融天使联盟”，广泛吸纳政府部门、研究机构、科技企业、商业银行、投资机构、证券公司等各界力量，为科技创新的产融结合提供强大支持。同时，联盟还将依托优秀的国际成员优势，借鉴国际先进经验，不断探索科技金融的新模式与新产品。

2015 年 10 月 27 日，“浦江创新论坛”分论坛之一的“科技金融高峰论坛”在沪举行，这是浦东发展银行连续两年承办全国性的科技金融峰会。论坛上，《中国科技金融生态年度观察（2015）》正式发布，该报告由中国科技技术发展战略研究院、中国科技金融促进会、上海市科学研究所与浦东发展银行共同发布，从生态视角对我国科技金融做了整体性描述，在业内首次推出“科技金融生态圈”理念。

服务科技企业需要一个良性互动的科技金融生态圈。只有生态圈形成、完善和健全，科技金融的发展才有后劲和支撑，才能可持续性发展。

二、上海银行浦东科技支行：聚焦“四新”企业提供融资服务

在上海加快“科创中心”建设，推进“大众创业、万众创新”的背景下，上海银行的特色支行——浦东科技支行于 2016 年 3 月 30 日正式开业，这也是上海银行在上海地区设立的首家科技支行。

上海银行浦东科技支行以为科技型企业、“四新”企业提供金融服务为特色定位，力争成为上海地区科技金融的“旗舰店”和创新的“试验田”。浦东科技支行在为客户提供优质金融服务的同时，针对四项重点领域，打造自身经营特色：一是主动拓展新产业、新技术、新业态、新模式的企业和全市战略性新兴产业，通过打通间接融资与直接融资、对接多层次资本市场、探索投行与投贷联动业务，提升对科技企业的服务能级；二是为合同能源管理、第三方治污、碳排放管理等绿色企业提供更具针对性的融资产品与服务；三是积极支持影视、艺术、出版发行和文化休闲等创意类企业，开展版权质押贷款、未来收益权质押贷款等创新融资产品；四是积极对接互联网金融行业，通过与第三方支付、互联网机构等平台合作，借助大数据等工具，创新科技型企业服务模式。

目前，上海银行已经形成了针对科技型企业“成长快、轻资产、缺抵押”特征的、覆盖企业全生命周期的系列产品。包括：针对创业期的小微企业提供助业贷、便捷贷、透支贷、结贷一卡通等产品；针对成长初期的小企业提供科技履约贷、科微通、知识产权质押贷等业务；针对成长期或成熟期的中小企业在提供信用贷、OTC股权质押贷、新三板股权质押贷等产品外，上海银行还将同步提供新三板挂牌财务顾问、并购服务、OTC挂牌推荐等投行业务和投贷联动业务，从而形成融资与融智、直接与间接、股权与债券融资的新模式。此外，针对特定领域，上海银行还推出了行业整体解决方案。比如，针对节能减排企业，推出了专门适合合同能源公司融资的合同能源贷、IFC能效贷、世界银行长宁地区建筑节能项目等。

在此基础上，上海银行不仅直接服务科技型企业，也积极服务为科技型企业服务的机构。比如：小贷、保理、租赁、担保，甚至对PE/VC股权投资机构，通过与各类机构跨界合作、提供行业整体金融解决方案，不断凝聚服务科技型企业的合力，打造中小企业综合金融服务提供商。

三、杭州银行：尝试多种科技金融模式

杭州银行多次获得“最佳科技金融服务城商行”和“最佳金融创新奖”。杭州银行的科技金融在业内有鲜明特色。银监会曹宇副主席、周慕冰副主席分别到杭州银行总部、杭州银行上海分行进行科技金融工作调研指导。

杭州银行科技金融业务的特色主要有以下两点：

（一）四位一体的综合营销模式

杭州银行积极打造一个系统性寻找客户的网络，即银政、银园、银保和银投四位一体的综合营销模式：第一，与当地科技金融管理部门如发改委、科技局、中小企业局等积极合作；第二，与当地各类经济开发区、高新技术园区、创业园区及各类特色产业集群基地等建立联系；第三，与当地包括高科技担保和创业担保公司在内的各类担保公司建立战略合作关系；第四，与各类私募投资机构、政府引导基金等建立合作联系。

在风险控制上则采用5种措施。一是科技金融客户信用评估“两头兼

顾"，既考虑传统银行调查所考虑的因素，主要是财务信息和硬信息，也考虑企业技术、产品、营销模式和竞争对手等因素，主要是非财务信息和软信息，以便在评估其潜在风险的同时，发掘其潜在价值。二是重大项目联合评审，建立由技术专家、政策专家、信贷专家、投资专家等组成的联合信贷评审委员会。三是风险管理前移。四是做到"专注和专业"。五是全流程尽职管理，从贷前调查、贷款审查、放款核查及贷后管理等各个环节动态防控风险。

（二）"投贷联动"模式

杭州银行开展"投贷联动"业务主要有四种基本模式——银投联贷业务、选择权业务、基金直投业务、投融顾问业务。

1. 银投联贷业务。银投联贷模式包括投前跟贷和贷前投后两种。大部分商业银行都在开展此项业务，只是产品的名称各有不同，基本思路是以创投机构对企业的评判作为参考标准，在银行风险及信贷管理的框架内进行授信。实际上，在商业银行风险偏好进一步趋于保守的大背景下，各家银行银投联贷的标准化程度都不够。由于预期收益和风险容忍的差异性，投与贷的理念难以契合，基本上是"你贷你的，我投我的"，银行很难做到"以创投的眼光看企业"，银投也就很难真正联动起来。

杭州银行在 2010 年就操作了首笔银投联贷信用贷款，经过 5 年多的发展，积累了一定的经验，认为开展投贷联动业务有两个要点。

一是投资机构的选择。一般的银行在开展银投联贷业务，选择创投机构时，往往选择大型的、管理资产规模领先的投资机构。这样的出发点固然是对的，但实际情况却是双方在这种情况下很难开展深度的业务合作，因为大型创投机构的风险抵御能力较强，对投资标的的选择余地也比较大，以少数几笔投资收益覆盖多数投资亏损的大数法则运用就会更加充分，这与银行单笔业务信贷审批明显存在冲突。杭州银行基于科技金融渠道化发展的思路以及自身的市场定位，在银投联贷合作伙伴的选择上，坚持本地化，讲究渠道合作的紧密度。选择投资相对审慎，合伙人团队实力较强，风控体系完善，投资偏好核心技术而非纯商业模式创新的当地龙头机构，建立战略合作关系。一方面提升单一跟贷项目的质地来降低风险；另一方面，依靠全方位合作如基金托管、基金直投、LP 财富管理、合伙人融资等

综合服务，在创投端创造收益来覆盖企业端的风险。对投贷联贷合作创投机构实现了名单制管理，由总行科技金融部和各地区科技支行专门对接。

二是单一项目的风控。在互联网+时代，信息高速流通，所谓“边缘突破”随时可能发展，企业的成长性和行业地位在快速变化，创业投资越来越讲究时效性，因此，银行什么时候跟投就非常关键。杭州银行在投前和投后都严格设置了时间界限，体现行业和投资机构的特征。银投联贷的担保方式一般为信用、创投保证、创投承诺股权回购、股权质押等；贷款额度根据企业的实际用途确定，不再根据投资款的一定比例一刀切；业务限定在科技金融专营机构办理。

据不完全统计，杭州银行服务创投机构入股科技型企业，或银行信贷客户获得股权投资已经超过300户，其中按照标准化银投联贷产品运作的达到50余户。

2. 选择权业务。当前多数商业银行科技金融业务还基本上处于“科技信贷”的范畴，科技信贷以传统存贷利差为盈利来源，一定程度上与科技金融客户群高成长性不匹配，单一的商业模式存在瑕疵。选择权业务旨在分享客户股权增值收益，正是推动科技金融由“信贷模式”向“渠道模式”转型升级的重要抓手，也是商业银行开始参与私募股权融资市场、深度维护创投机构、形成专业竞争优势的一个核心业务。

杭州银行是最早与第三方创投机构共同探索选择权业务的商业银行，在合法合规的前提下，以选择权分享企业成长带来的股权溢价，股债结合，是真正的“投贷联动”业务。选择权业务主要做法有：

（1）多样化的选择权模式。基于客户所处生命周期的实际情况，结合银行提供的具体服务，将选择权业务依据获得标的不同分为三种模式，即股权模式、期权模式和收益权模式。股权模式即由银行指定的代持机构直接受让企业股权；期权模式即由代持机构持有期权认购的权利；收益权模式即由代持机构持有企业股权分红权利。

（2）选择权风险的控制。一是明确选择权业务属于中间业务范畴，同客户授信分离，并行审批；二是对初创企业的选择权采用专家联合评审机制，评审人员不仅是信贷审批人，还包括产品经理、投资经理；三是选择权方案（包括份额、期限、价格等）和选择权退出充分实行市场化，规范同企业的商务谈判，防范客户经理道德风险，要求全程有产品经理参与，而代持机构由总行直接管理，接受总行命令；四是同银投联贷一样，选择权业务也只能由科技金融专营机构办理。

截至目前，杭州银行选择权客户已经超过100户，预期股权溢价浮盈接近7000万元，其中已经实现现金收入6户850余万元，整体来看选择权收益能够超额覆盖风险。

3. 基金直投业务。所谓投贷联动，银行不仅要服务于科技企业，还要服务好创投机构，为创投机构提供资金，才能更好地发挥创投的专业能力，弥补其募资难的缺陷，进而使更多的科技创新企业受益。杭州银行给予私募股权基金直接融资服务，并且根据投资机构的实际需求来安排融资方案：在权益实质上，有明股实债，也有同股同权；在资金供给来源上，有以并购贷款形式介入，也有以理财资金介入；在创投机构性质上，有政府产业引导基金，也有专业创投基金；在投资生命周期上，有上市公司并购基金的夹层融资，也有天使投资基金配资。目前，银行正在参考英国中小企业成长基金（BGF）模式，同浙江省政府合作创新企业投资基金项目，为社会资本参与政府产业引导做好桥梁，充分发挥金融服务实体经济的杠杆作用。

4. 投融顾问业务。杭州银行早在2009年就向工商部门正式注册了“投融一站通”综合金融服务品牌，倡导为多层次资本市场客户提供全方位的融资+投资+顾问服务。投融顾问业务主要包括投融资对接，即银行凭借平台优势撮合企业和创投的股权融资；协助创投基金募集，即推荐私人银行客户资金参与认购基金LP份额，实现高净值客户的财富管理；推荐企业挂牌，即银行为企业提供多层次资本市场挂牌顾问服务；并购顾问，即银行在并购过程中，提供尽职调查与评估、融资结构设计、对价支付安排、资金托管、整合实施等系统化增值服务。

第三节 商业银行投贷联动创新试点

投贷联动是科技金融创新的重要机制，是当前创新驱动国家战略的一个重要课题。上海银行业通过总结国际经验和国内银行创新实践，初步归

纳出商业银行投贷联动五个方面的业务本质：

一是银行主贷，创投主投。商业银行投贷联动业务本质是风险贷款，商业银行提供信贷资金，并分享少量的认股权证或其他权益，股权投资方是VC和PE。据有关机构估计，整个美国市场中风险投资与风险贷款规模的比例大约是7:1。美国硅谷银行将获得的认股数控制在企业总股本的1%以内，上海的银行在探索期内暂时控制在3%—5%以内。

二是抵补风险，收息为本。投贷联动业务以投资成功后巨大的股权增值收益来覆盖前期投入的高风险，解决传统信贷模式风险与收益不对称的问题，但商业银行风险管理的原理和审慎监管原则没有变。商业银行不是VC/PE，必须坚持本业。银行不以投资为目的，认股权证以贷款利息形式获得，银行不能动用自营资金来投资。硅谷银行的经验表明，过去10年内，行权收入只是弥补了贷款的风险损失，基本等同于一种风险准备金，银行主要收入仍然来自贷款利息。

三是小众市场，专业经营。从国际经验来看，能够成功为初创期科技企业提供融资服务的，只是少数银行，而且仅在专属领域内“深耕细种”，并有较高的专业化水平。硅谷银行成立于1983年，它只在专长的四个领域内做业务。截至2014年末，全部贷款余额144亿美元，总共才1000亿元人民币左右，这个规模放在我国，仅相当于一家中等城商行，但它已经是美国风险贷款市场的主力。重要的是，它有一整套不同于传统信贷的管理模式。因此，只能鼓励少数有条件的银行开展专业化经营，不刮“政策风”，不能一哄而上。

四是早期投入，全程联动。硅谷银行通常在PE/VC进行了A轮或者B轮投资，企业仍然处于早期发展阶段就开始授信，并陪伴企业成长。与PE/VC密切合作是控制风险的重要手段之一，能让银行深入了解创业企业的业务需求、财务状况、未来投资人的投资意向，使其敢于给更多优秀的早期企业提供融资。银行还要充分利用创投生态系统，发挥“黏合”作用，成为连接创业者、企业家、风险投资人、孵化器、中介机构、政府等多类主体的平台，协同建设能覆盖企业全生命周期的“金融服务链”。

五是隔离风险，控制投机。在美国等实行分业体制的国家，都强调商业银行与资本市场的隔离，防止因投资股市产生投机行为，危及银行体系安全，因而对信贷和持股机构进行“主体隔离”。硅谷银行通过集团内关联

方持有认股权证，而不是由银行自身直接持有。美国货币监理署（OCC）在2004年关于行使认股权证的要求，明确指出任何一个交易日日终银行都不持有股票。

为了全面落实银监会支持科技创新的各项金融政策和上海市市委、市政府《关于加快建设具有全球影响力的科技创新中心的意见》，2015年8月，上海银监局发布了《关于上海银行业提高专业化经营和风险管理水平进一步支持科技创新的指导意见》（以下简称《指导意见》），鼓励上海银行业金融机构探索专业化经营的道路，以建设“专业、联动、全面”的科技金融服务体系为目标，围绕创新链打造金融服务链，支持创新生态系统建设，促进科技产业全面可持续发展。

《指导意见》重点针对创业期企业高成长、高风险、轻资产的特征，鼓励上海银行业金融机构探索专业化经营的道路，专门为创业期企业打造创投型信贷模式，提出了“六专原则”，包括专营的组织架构体系、专业的经营管理团队、专用的风险管理制度和技术手段、专门的管理信息系统、专项激励考核机制、专属客户的信贷标准。

《指导意见》鼓励商业银行执行具有“创投基因”的信贷标准与流程：贷前调查时，参照创投机构筛选客户方法，开展营销和客户准入；贷时审查实行单独切块的审批计划，建立单独的审批渠道和审批流程，配置专职审查人和审批人；贷后检查可以利用风险投资（VC）等合作机构的渠道掌握信息，将企业成长性和后续融资进度等持续经营能力设为判断标准。

同时，为确保《指导意见》落地，上海银监局结合上海市政府《关于促进金融服务创新支持上海科技创新中心建设的实施意见》的相关内容，制定推进工作方案，对推动辖内机构落实“六专”机制、业务创新、总结宣传等提出工作要求，持续推动辖内银行业金融机构贯彻落实《指导意见》，进一步支持上海科创中心建设，更好地服务实体经济升级转型。截至2015年12月末，上海市辖内共有9家银行以“投贷联动”模式为105户科技型小企业提供了10.2亿元融资。

一、上海华瑞银行的运作模式

上海华瑞银行作为首批成立的五家民营银行之一，从创立之初就定位

于“服务小微大众、服务科技创新、服务自贸改革”的特色发展道路。尤其在当前“大众创业、万众创新”的国家愿景以及上海正在建设具有全球影响力科技创新中心的大背景下，聚焦服务科技创新更加成为经营发展的重中之重。经过一年来的积极探索与实践，在上海银监局、上海市政府金融办以及董事会的大力支持和指导下，已经形成了定位清晰、特色鲜明、务实可行的科创金融战略规划及投贷联动业务模式。

（一）科创金融战略规划

早在2016年年初，上海华瑞银行即着手研究制定科创金融3年战略规划，并于4月份向董事会报告得到认可，落地实施。根据该战略规划，华瑞银行将采取品牌战略及聚焦策略，注重精品打造和价值发现，通过大力发展科创金融投贷联动业务，努力成为创投机构认可、创投企业认可、银行业认可以及监管机构认可的中国“科创银行”优秀品牌及特色银行。计划到2018年在科创金融领域实现五个“一”，即打响一个品牌、建立一套模式、打造一支队伍、形成一批成果、获得一定收益。

实现上述科创金融投贷联动战略目标的路径在于构建以下四种模式：

1. 以认股期权为核心的风险抵补模式。科创企业具有的高度不确定性导致了银行开展科创贷款业务在风险和收益上的不匹配性；但与此同时，其所具有的高成长性也为银行实现风险与收益平衡提供了可能性。华瑞银行致力于通过科创企业投贷联动项下认股期权（Warrants）的持有及行权，分享企业成长中带来的超额收益，以此抵补科创贷款业务开展中由于不确定性而导致的风险，从而避免传统银行中小企业信贷中过度依赖抵质押物的业务弊端，推动科创企业金融服务前移开展。

2. 以企业估值为核心的价值发现模式。科创金融与传统信贷的最大区别在于对早期客户的价值认知，科创客户与传统客户的最大区别也在于科创客户的巨大价值成长空间。华瑞银行致力于对科创企业进行有效的风险评估和价值发现，以此作为信贷分析决策的重要依据，从而避免传统信贷中企业经营稳定性评估对于科创企业的不适应性。

3. 以跟单融资为核心的风控落地运营模式。科创企业主要以轻资产形态为主，传统的依赖抵质押物的信贷模式对其并不适用。因此，构建与科创企业轻资产特征相适应的风控模式成为有效开展科创信贷业务的关键。

华瑞银行致力于通过跟单融资业务运营模式，与科创企业的内部业务链完整结合，以有效控制科创企业授信风险。具体方式为：将整体授信分割为高频、小额和实时的“业务单”融资，再通过自动化、在线化的系统加以实现。而与传统小企业相比，科创企业普遍具有科技基础好、创业团队素质高的特征，为跟单融资提供了天然的应用场景。

4. 以“六专”为核心的体制机制模式。科创金融与传统信贷在风险认知、经营理念等方面存在巨大差异，科创金融与传统信贷之间容易形成巨大的文化冲突。为避免这种冲突造成的不利影响，监管部门出台了科创金融的“六专”标准，以强化科创金融业务的独立性。“六专”既是合格科创银行应当遵守的准则，也为科创金融业务的开展奠定了重要的体制基础。华瑞银行将落实“六专”要求，加快完善专营的组织架构体系、专业的经营管理团队、专用的风险管理制度和技术手段、专门的管理信息系统、专项激励考核机制，以及专属客户的信贷标准，从而形成符合科创金融战略发展方向的专门体制机制模式。

（二）投贷联动业务模式

在前期探索、实践以及借鉴国际先进科创银行经验和国内银行取得的实践经验基础上，华瑞银行形成了“以贷为主、以持有认股期权为辅”的科创业务投贷联动模式。在该模式下，银行通过与优秀风险投资机构开展战略合作，从其投资的科创企业中进一步筛选出符合银行投贷联动标准的目标客户，与之开展贷款业务，通过自主风控评估及跟单融资运营模式加强风险控制，并将配套获得的认股期权（Warrants）作为科创贷款的重要风险抵补手段之一。

投贷联动业务模式的主要特色在于：

1. 注重与优秀风投机构紧密合作。将风投机构专业的投资协调能力与银行成熟的信贷风控能力相结合，在科创企业风险识别上形成优势互补。

2. 服务于多层次科创企业对象。银行科创金融的服务对象覆盖各类符合“四新”（新技术、新产业、新模式、新业态）和“三创”（创业、创新、创造）特征的企业，而不局限于科技型企业。

3. 注重客户培育、价值发现与提升。银行致力于对科创企业进行有效的风险评估和价值发现，通过提供综合性增值金融服务助力企业实现价值提升。

4. 致力于构建“知己型”银企关系。银行通过跟单融资运营管理，将银行信贷管理流程与科创企业的内部业务链完整结合，从而实现对客户经营和风险变化的充分把握。

5. 注重以认股期权收益抵补信贷风险。银行将与贷款配套获得认股期权作为主要的风险抵补方式，只有当企业实现成长后相关收益方可实现，从而真正做到与科创企业共同承担风险，共享成长收益。

二、上海银行的运作模式

（一）关于投贷联动业务试点工作的原则

1. 以“贷”为本，以“贷”带“投”，以“投”补“贷”，“投贷”联动决策。试点前期，上海银行投资子公司主要在“贷”的科创企业中，选择小部分优质科创企业进行“投”，原则上不对“贷”以外的科创企业单独进行“投”。

2. 试点前期以持有“认股期权”为主，实际行权为辅，“投”的额度小而分散，上海银行的投资比例一般控制在标的企业总股本的1%—3%之间，上海银行以财务投资为主，原则上不参与、不干预科创企业的内部管理。

3. 主要与专业的第三方PE机构合作，互相推荐投贷联动客户，进行联合投资。

（二）关于展业模式

上海银行将整合各方资源，合力组建开放式的“投贷联动合作联盟”，主要体现在“三联动”：

1. 加强与上海张江国家自主创新示范区（以下简称大张江）“一区二十二园”的联动合作，通过与科技园区合作，选择支持新产业、新技术、新业态、新模式等“四新领域”科技型成长小企业。

2. 加强与专业PE股权投资机构，上海股权托管交易中心等专业机构的合作，充分利用各专业机构在客户营销，以及专业的风险控制技术和经验，形成利益共同体。

3. 加强与上海市中小微融资担保基金、各类商业性担保公司以及各区

政府合作，建立科创企业信贷业务风险分担机制。

（三）关于具体信贷产品方面

上海银行将专门推出“投贷通”产品，充分考虑科技小企业的特点，比如科技专利情况、人才情况、外部投资机构投资和估值成长性等情况，作为审贷的重要参考依据；在具体贷款品种方面，上海银行将为科创企业提供流动资金贷款、并购贷款等。同时，上海银行将制定专项考核激励政策，设置相应的容忍度。

（四）关于投贷联动决策机制

上海银行将建立投贷联动决策机制。其中，投资决策集中在总行层面，无需分支行审批。

（五）关于“投”对“贷”的风险补偿和激励机制

“上银投资”的认股期权转让收入、行权投资退出后获得的超额投资收益，构成“风险损益池”，作为母行科创企业信贷风险的平衡器。“上银投资”的投资损益与母行进行集团并表管理，对专营机构的每笔投贷联动项下的“贷”，不进行一一对应的激励和风险补偿。

“上银投资”获得的超额投资收益，将由总行以专项考核调整方式对“贷”的专营机构进行同步激励。同时，对于专营机构投贷联动项下的信贷业务可能出现的相关不良贷款，由总行实行专项的差异化不良容忍考核政策。

（六）关于“投”和“贷”的风险隔离机制

上海银行将建立相关“防火墙”机制，主要体现在：

1. 机构、人员隔离。负责“贷”的科技金融专营机构与负责投资决策的上银投资管理层、董事会相互独立、人员不产生交叉，各自遵循自身的信贷审批制度和投资决策制度。

2. 资金隔离。上银投资独立核算，资金来源仅为资本金及自身业务利润。上银投资以自有资金向科创企业进行股权投资，不负债经营。

3. 业务隔离。上银投资专司与科创企业信贷投放相结合的股权投资业务，不进行其他投资业务。

第四节　科技信贷产品创新和服务创新

上海银行业积极探索、力求创新，不断推出创新产品和创新服务。2015年度上海科技信贷领域突出的创新产品和服务主要有以下7个方面：

一、中国工商银行上海市分行的“海王星”科创企业金融服务云方案

工商银行上海市分行推出的“‘海王星’科创企业金融服务云方案”是为科技创新活动及科创企业量身定制的专属金融产品。在服务中引入大数据支持，在专业化信贷服务基础上，针对处于初创期、成长期、成熟期等不同成长阶段的科创企业，提供股权融资、债权融资、顾问服务等综合化金融服务。

2014年，工商银行总行与上海市政府签署了《“十三五”期间推进上海国际金融中心和科创中心建设全面战略合作备忘录》。工商银行上海市分行组建了专业服务团队，设立了科创金融专营机构，实施专业化经营，研究科创企业特点，针对科创企业在初创期、成长期、成熟期的不同金融需求，为客户提供契合企业生命周期、行业特征的全方位、一体化服务方案。

“海王星”科创企业金融服务云方案，就是工行为支持上海科创中心建设打造的一个科技金融服务品牌。之所以以“海王星”命名，寓意通过海量数据支持、海归人才加盟、海内外联动、海派投行文化提供综合金融服务，依托“云”平台，从“全周期产品”、“个性化组合”、“海量信息服务”三个方面，助力科创型企业成长发展。该方案荣获了2015年上海金融创新成果奖。

“海王星”科创企业金融服务云方案推向市场以来，为上海电气集团、上海汽车集团等大型科创企业提供了全方位金融服务，助力大型集团企业全球化布局，也在德必集团等创意园区成功推广，让22个创意园区的上千户中小科创企业受益。

创新的成功，在于强大的技术支撑。在国内同业中，工商银行率先实现了数据大集中，搭建了“两地三中心”的科技运行架构。2015 年，工商银行总行发布了以“三平台、一中心”为主体的互联网金融“e－ICBC”战略。“海王星”科创企业金融云方案，能发挥工商银行在信息化与大数据方面的强大优势。

二、民生银行上海分行的“启明星计划”

2015 年 11 月 17 日，民生银行启动“启明星计划”，为中小创新创业型科技企业提供金融支持。这个由民生银行主推的科技金融项目，是试图利用民生银行和合作伙伴的资源网络发现和服务科技型企业，主要面向具备创新技术、新商业模式、新兴行业、新锐团队等特征的创新型企业。

由于科技型中小企业具有规模小、业绩波动大、无抵押、行业运行规律需要熟悉等特点，一直是商业银行传统金融服务的盲点。“启明星计划”通过聚焦新三板、创业板和战略新兴板三大资本市场，为科技型中小企业“量身定做”了信用贷、定增宝、并购易、质押融、园区贷五大融资产品，为众多科技创新型企业提供股东个人授信、流动资金贷款、项目贷款、夹层融资和投贷结合等多方面的金融服务。

以“启明星计划”为标志，民生银行上海分行开设了一家以科技金融为特色的张江支行。这家支行通过充分整合政府、行业协会、私募股权基金、券商、律师事务所和会计师事务所等多方资源，为“有管理、有团队、有技术、有模式、有市场”的“五有”科技成长创新型中小企业提供包括投贷联动、财务顾问、挂牌上市、并购重组、资金增值和财富管理等“一站式”金融服务。在覆盖范围上，支行则将依托张江高科技园区辐射上海各大高新技术园区，依托上海科创中心建设的大背景，通过合作的私募股权基金、券商直投公司以股权方式辐射到长三角。

三、上海银行的小企业“远期共赢利率”业务模式

2015 年初，人民银行倡导商业银行试点“科技金融利率定价方式创新”，上海银行在业内较快推出了成长型小企业“远期共赢利率”业务模

式。即在贷款发放时先行收取相对较低的前期利息，待企业基于贷款支持得到成长发展，并满足借款合同中双方约定的触发条件后，再收取延期支付的远期利息。可约定的触发条件主要分为4类。财务类包括企业销售收入、利润等增长20%以上；债权类包括企业得到其他银行支持或引入新的债权投资机构；股权类包括引入PE投资者、定向增发、大股东股权转让、完成股份制改造或公开上市等；业务类包括员工人数增加10%以上，电影、电视正式发行，游戏上架等。触发时间一般为贷款本金存续期间及贷款本金归还后1年内。

只要触发其中一条或者多条，企业就要再支付远期利息。通过这一动态分享企业成长收益的业务模式，有望弥补银行对轻资产成长型科技企业的信贷风险，达到银行愿意贷、企业放心贷的目的，真正实现银企共赢。对于上海银行而言，看重的绝非贷款所带来的利润，而是企业成长后进一步的融资和整体金融服务需求。

上海银行远期共赢利率业务模式面向的客户群体为处在创立期至成长期的小微企业，包括科技类、四新企业、绿色经济、文化创意类企业，并将重点支持具有核心知识产权的科技企业，尤其是各地政府评定的“科技小巨人”企业以及“小巨人培育”企业。

四、浦发银行的“千人千户”小微客户培育计划

浦东发展银行一直专注于推进小微金融服务发展，全面构建小微客户分层分类产品和服务体系。2015年浦发银行推出“千人千户”小微客户培育计划，围绕“大众创业，万众创新”国家政策，配合上海科创中心建设，聚焦培育科技小微客户，将企业服务扩展至个人的全面服务，提出了更为系统的综合金融服务解决方案，切实支持科技小微企业的发展。

“千人千户”小微客户培育计划是浦发银行专门针对科创性小微企业推出的，通过“一个培育库、一套专属信用产品和一张创业卡片”，为科创型小微企业提供全方位、一站式、系统化的综合金融服务。计划自正式推出以来，已为2000余户高成长性小微客户提供专属服务，其中初创期和成长期企业客户898户，个人创业客户1235户。主要的创新亮点有：（1）浦发银行是第一家只做初创期和成长期客户的银行，并首次提出了科创金融服

务；（2）浦发银行是第一个提出给合格创业者贷款的银行，聚焦全国各省市千人百人计划；（3）浦发银行是第一家在上海推出创业卡的银行，该卡可实现结算、贷款、提现、理财诸多功能。

浦发银行“千人千户”小微客户培育计划通过整合社会各方资源，打造了“股、贷、债”三位一体的产品体系，为科技小微客户提供量身定做的优质金融服务，帮助科技小微客户发展壮大，向上可以打通优质大中客户的输送通道，向下可为小微企业的企业主、法人代表和高级管理人员做好个人的增值服务和专属培育，提高小微客户的多方面金融服务体验。该计划在惠及更多企业的同时，提升社会对小微企业的关注，有效支持实体经济发展。

五、中国银行上海分行的“中银科技卡”

为配合上海建设具有全球影响力的科技创新中心，同时响应国家“大众创业、万众创新”号召，中行上海市分行于2015年推出短期融资产品“中银科技卡”。产品定位于为注册在上海市内初创期科技型小微企业解决融资难题，在充分衡量企业第一还款能力的基础上，通过引入专业的政策性担保公司，结合相关政府部门和园区等第三方平台，为小微企业银行融资提供有效增信，打破中小企业传统授信模式，有效提升银行融资效率。

一是创新产品组合。“中银科技卡”授信产品同时在结算方面为小微企业配套了“中银单位结算卡——上海创业卡”，通过绑定企业结算账户，为企业提供ATM、POS终端、银行柜面等多渠道支付方式，方便小微企业日常资金划付。在网络金融方面，中国银行通过互联网金融技术创新，对符合条件的企业提供“中银网融易”产品选择，让企业实现网上银行在线随借随还功能，降低综合融资成本。

二是小额批量。截至2015年末，“中银科技卡”在5个月产品推广期内授信产品累计批复46笔，户均批复金额约80万元，新增客户平均批复时间一周以内，真正实现了小额、快速、便捷地服务科技型小微企业。

三是创新“打分卡”模式。在产品创新性方面，“中银科技卡”授信业务创新采用打分卡形式的标准化信贷提案，将企业主专业背景、企业的科技含量、园区增信等作为打分因子一并纳入信用审查，通过统一前、中、后台业务标准，加快小微企业融资服务速度。

六、上海市科创中心的类信用融资产品

针对科技型中小企业轻资产、无抵押、缺担保、贷款难等特点，自2010年开始，上海市科委会同市金融办等单位，建立和完善了“3+X”科技信贷产品体系。目前的“3+X”科技信贷产品中：“3”即微贷通（科技小微企业微贷通贷款）、履约保（履约保证保险贷款）和信用贷（科技小巨人信用贷款）三大核心产品。微贷通：主要针对初创科技型小微企业，由上海市科委与创业担保公司、浦东科技融资担保公司等合作开发，贷款额度不超过200万元。履约保：主要针对成长期科技型中小企业。由上海市科委、银行、保险或担保公司三方合作，企业以购买贷款履约保险的方式，获得银行贷款（如发生坏账，由保险或担保公司负责主要赔付）。贷款额度为300万—500万元。信用贷：主要针对上海全市科技小巨人及培育企业，由上海市科委联手浦发银行开发，以企业信用作为贷款发放依据，贷款额度为500万—2000万。“X”包括：创投贷、融资租赁、出口信用保险融资、知识产权质押融资、信用互助等，以满足科技企业的个性化融资需求。其中，科委引导发放的主要信贷产品为“履约保”和“微贷通”。

七、浦东科技融资担保公司的科技小微企业信用融资产品“科技卡”

为了解决小微科技企业的短期信用融资需求，上海浦东科技融资担保有限公司联合张江园区企业信用促进中心，与中国银行、上海银行、江苏银行和宁波通商银行上海分行共同推出国内首款专门针对科技型企业的“随借随还”、借贷合一的银行卡——“科技卡”。

科技卡分为两类：第一类是针对企业的“中银科技卡”、“上银科技卡”；第二类是针对企业实际控制人的“浦江科技卡”、“通商科技卡”。

科技卡具有无需抵押、成本低廉、用途灵活、审批快捷等显著特点。除具备借记卡的所有功能外，这张卡还可获得小额信用循环授信额度，实现以循环授信为核心，集结算、贷款、理财、消费等多功能于一身。

第 三 章
上海科技投融资与资本市场发展

上海风险投资业的发展在国家和上海市政府一系列政策引导和支持下，近年来均位列全国前列，2015 年以来又呈现出新的发展态势：风险投资机构数量稳步增长，投资资本总量应市场需求而不断提高，政府资金引导对科技型中小企业创新创业的支撑作用日益凸显，对促进高新技术创新成果的转化，以及对高新技术产业发展和传统产业技术能级提升的推动作用日益增强。

第一节　上海天使投资新发展

天使投资是个人投资行为，是用个人资金进行投资，这是跟 VC 基金投资的本质区别。天使投资基金的实际运作过程与 VC/PE 基金基本类似，分为募集、投资、管理、退出四大部分。总体来讲，目前国内天使投资基金正处于起步阶段，数量和规模都比较小。募资方面，LP 主要来源于基金合伙人的朋友、熟人等，更倾向于一种天使投资人联盟的方式，基金以机构的形式运营，但决策则偏向个人化；投资方面，天使投资机构更关注所需资金较小、具有高成长性的 TMT 行业的初创型企业；投后管理方面，天使投资机构会为创业者提供全面的创业指导，帮助其梳理商业模式并对接行业资源；退出方面，由于大部分天使投资基金目前都处于投资期，退出案

例较少，主要通过 VC 接盘的方式退出。

一、上海天使投资概况

根据私募通统计，2015 年上海共发生天使投资案例 341 起，全国排名第 2，仅次于北京，但是与北京相比有较大差距，北京当年共发展了 902 起，是上海的 2.65 倍。2015 年上海天使投资总额为 14.9 亿元人民币，平均单笔投资额为 436.7 万元人民币。

（一）上海创业接力集团

在上海大学生创业基金会的基础上，上海成立了上海创业接力科技金融集团有限公司（以下简称“创业接力集团”），集团由上海创业基金会发起于 2013 年，注册资本 2.5 亿元，其使命是“解创业之痛，助企业成长”。目前，创业接力集团建立了以基金投资与管理、创新金融与服务、园区运营与孵化三大主营业务为核心的早期创业企业服务生态链，如图 3－1 所示。创业接力集团管理基金规模 15 亿元，每年直接或间接投资早期创业企业 150 家；年新增担保贷款 8 亿元，服务早期科技企业 250 家；管理孵化园区 9000 平方米，孵化早期创业企业 70 余家。2014 年，创业接力集团被上海市政府批准为股权激励试点单位，从而形成了专注早期科技创业金融服务平台的体制机制保障。

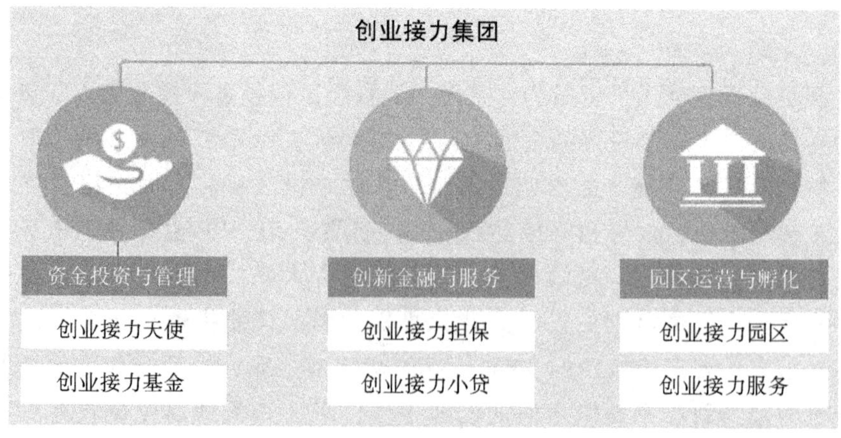

图 3－1　上海创业接力集团业务范围

1. 基金投资与管理。创业接力天使受托管理上海天使引导基金，是上海市为引导及培育天使投资行业快速发展，促进天使投资专业化、机构化，提高区域创新创业活跃度，而针对天使投资领域设立的引导基金，资金规模10亿元。同时接力天使管理I期市场化母基金，投资于专业的天使投资与早期创业投资基金，单个基金投资规模500万至3000万元，截至2014年中已投资多家知名早期天使投资基金，如表3－1所示。基于母基金与引导基金业务，接力天使I期直投基金已联合投资了40余家早期创业企业，涵盖TMT、节能环保、先进制造、医疗健康等相关领域，50%获得后轮融资，2家企业在新三板挂牌，1家企业被上市公司并购（两年内企业价值增值超过100倍）。

表3－1　　　　天使投资业务介绍

基金投资方向	简介
天使投资母基金	投资于专业的天使投资与早期创业投资基金，单个基金的投资规模为500万至3000万元人民币
天使投资引导基金	上海天使投资引导基金，是上海市为引导及培育天使投资行业快速发展，促进天使投资专业化、机构化，提高区域创新创业活跃度，而针对天使投资领域设立的引导基金，资金规模10亿元。天使引导基金旨在撬动和引导社会资本参与天使及早期投资领域，扶持一批有志于从事早期的专业化天使投资机构，推动科技型创业企业快速成长，积极践行“政府引导、社会为主、专业化管理、市场化运作”的总体要求
天使与早期创业投资	投资于初创期和早期创业企业，单个项目的投资规模为50万至300万元人民币

资料来源：根据上海创业接力天使投资网站相关资料整理。

创业接力基金成立于2008年，是由创业基金会发起，联合早期投资经验丰富的机构及个人共同设立，由新中欧创投专业团队受托管理的风险投资基金。创业接力基金专注于早期科技型的高增长创业项目投资，主要投资领域包括新材料、医疗健康、清洁技术和先进制造等，目前投资企业近40家，创业接力基金获评荣誉称号包括：清科集团“2013年中国创业投资机构50强”、蝉联投中集团“2012年和2013年度中国最佳早期创业投资机构10强”，《创业家》杂志“2013年最佳天使基金”等。

创业接力基金受托管理资产规模超过5亿元，获得国家科技部科技型中小企业创投引导基金和上海市创业投资引导基金的注资，重点关注新材料、节能环保、清洁能源及生物医药等科技领域，定位于风险投资和产业资本

的“喂食者”。目前，创业接力基金已投资早期科技型企业近40家，其中7家企业获得二轮投资，2家企业登陆新三板，2家企业开始创业板上市辅导。

2. 创新金融与服务。创业接力担保是上海市融资性担保行业规范发展以来首家获批的融资性担保机构，注册资本2.4亿元，股东包括创业接力集团、中新力合、上海科投及亚商资本。中小企业的兴起犹如星火燎原，势不可挡。然而，中小企业融资难的问题仍困扰着创业者们。

创业接力担保主要服务于科技型中小企业，旨在探索一条金融与科技型中小企业互相结合的新路径，解决科技型中小企业的融资难问题。目前，创业接力担保已与20余家商业银行建立了合作关系，总体获得授信超过30亿元。该业务团队深入调研科技型小企业1000多家，已审批放款500多家，担保金额超过18亿元，户均担保额350万元，客户首贷率（客户首次获得金融机构融资）达到30%；行业分布涵盖电子信息、节能环保、生物医药、新材料和高技术服务业等。

创业接力小贷由创业接力担保主发起设立，面向科技型中小微企业办理相关融资及咨询服务，注册资本1亿元，与创业接力担保合力构建科技型中小企业的短期及中长期信贷一站式融资平台。

3. 园区运营与孵化。对于起步不久的创业者，能够提供综合创业服务的孵化器将使其大获裨益。创业接力园区是由创业接力集团全力打造的集孵代、投资、服务三位一体的创业服务平台。重点面向科技型创业企业，为创业企业提供场地、物业、会务、增值服务及投融资对接平台。总面积9000平方米的创业接力大楼作为专业化孵化场地，入住率达100%，孵化早期企业70余家，累计举办各类以创业投资为主题的沙龙、路演、培训等活动200余场，参加人数超过10000人，接待各类参观交流团队60余批次。

创业接力服务是创业接力集团总结多年服务经验，精心打造面向创业企业的平台化专业服务体系，主要业务涵盖政策代理服务、创业培训服务及资源对接服务。创业接力服务已服务企业近300家，为企业成功申请到1500余万元资金扶持，并为超过150家创业企业提供CEO培训、企业融资、政策申请、顾问咨询等服务。

（二）上海创业接力天使基金

上海市大学生科技创业基金会（简称EFG及创业基金会）成立于2006年

8月，是全国首家从事推动大学生进行科技创业的非营利性公募基金会。上海市大学生科技创业基金（简称“天使基金”）是扶持大学生青年创新创业的公益基金。创业基金会以培育创业环境、播撒创业种子、激发创业力量为使命，联合社会各界开展创业倡导、创业教育、创业资助、创业接力等业务。

创业基金会主要提供三类服务，第一是通过天使基金提供创业资助服务；第二是通过开展全球创业周等活动进行创业倡导；第三是进行创业教育活动，如图3－2所示。

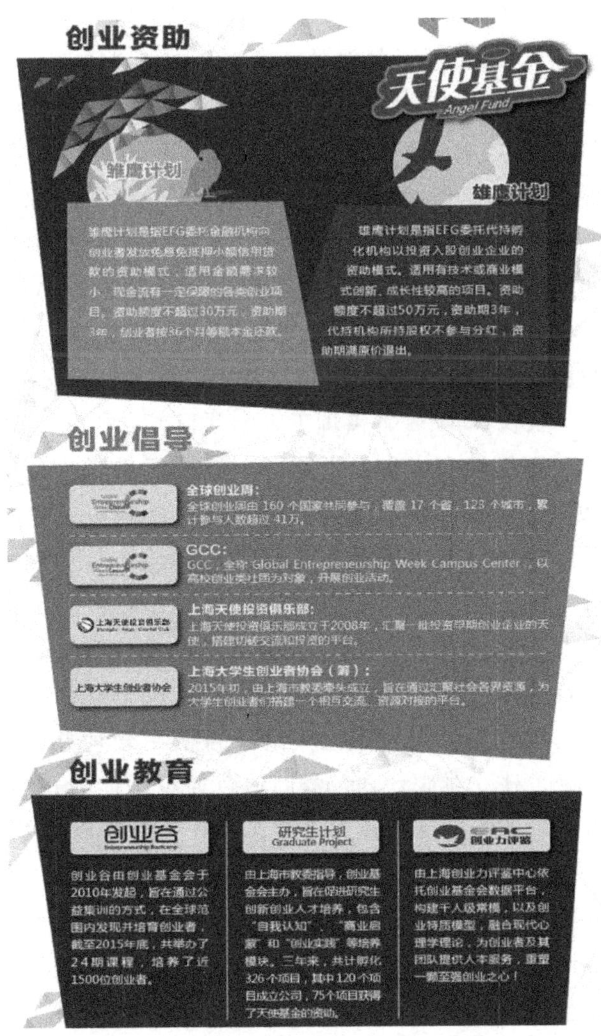

图3－2　创业基金会主要三类服务内容

2015年，“大众创业、万众创新”首次写入中央政府工作报告；上海出台了加快建设全球科技创新中心相关的“22条”意见，创新创业获得空前支持。截至2015年底已建立了22个分会及专项基金，形成了全方位传播创业文化、培养创业人才、支持创业实践的工作网络，天使伙伴专项基金合作方增加至28家；2015年全年训练营学员新增360名，累计共1500余名；天使基金资助项目新增281个，累计1330个，累计已资助金额2.45454亿元，超过30家的天使基金资助企业共获得逾100亿元后续融资，得到了社会资本的持续支持；2015年全球创业周中国站，1周内30家创业服务机构举办了75场创业活动，超过万名创业者参与其中，创业基金会所属创业接力集团管理投资资金超过10亿元，一半以上来自民营，投资项目超过100个，累计超过10家登陆新三板。

2014年1月启动天使投资母基金业务，并成功投资5家知名天使及早期创业投资基金（基金募集总规模达15亿元）；截至2015年12月，已投资16家基金，总计投资金额达3.4亿元，引导近15亿元社会资本进入天使及早期创业投资领域，有效帮助超过200家创业企业获得融资。

2015年天使基金申请量959个，资助项目281个，已资助项目281项，其中债权242项，股权22项，香港理工大学项目17项，已资助金额4794.5万元。申请量达到历年最高水平，说明了上海地区大学生创业热情逐年高涨，也从侧面反映出上海天使基金公益资助效率的提升。“合作+共享”，打造创业资源平台。2015年将新增两个分会——浦东分会和上海师范大学分会，动员政府、高校更多的社会资源关注大学生创业。天使伙伴专项基金新增14个合作方，众创空间、投资机构、创业媒体等创业服务机构也相继为大学生创业者助力加油。“规范+创新”，提升公益资助效率。2015年基金会发布天使基金产品手册，建立资助项目信用管理办法、档案管理办法，优化申请系统，建立雏鹰计划、资助绿色通道，向管理要效率要增量。同时，优化雏鹰计划的资助期及还款方式，提升天使基金的资金拨付效率。

目前，基金会已经推出了“雏鹰计划”和“雄鹰计划”，目前已设立复旦大学、上海交通大学、同济大学等共22个分基金会。“雏鹰计划”是指基金会委托金融机构向创业企业发放免息免抵押个人小额信用贷款，主要适用金额需求较小且能较快实现盈亏平衡的各类创业项目。资助额度不超过30万元，资助期3年，申请人按36个月等额本金还款。“雄鹰计划”是指基金会以投资入股的形式扶持创业企业。主要适用有技术含量或商业模式创新、成长性较高的项目。资助额度不超过50万元，资助期3年，基金所占公司的股权不参与分红，资助期满后，按原价退出所占股权，如表3－2所示。

表3－2　“创业雏鹰计划”和“创业雄鹰计划”比较

	创业雏鹰计划	创业雄鹰计划
资助项目类型	所有类型项目，重点支持所需金额小、能快速实现盈亏平衡的创业项目	雄鹰计划适合具有较大成长潜力的科技类创业项目（如有专利技术等）或商业模式创新类创业项目
资助方式与额度	不高于30万元贷款	不高于50万元的投资，创业团队自筹资金需高于基金资助金额
资助对象的毕业年限	毕业5年内的本科生、专科生、硕士研究生、博士研究生、归国留学生；本科四年级、专科三年级、硕士研究生、博士研究生	毕业5年内的本科生、专科生、硕士研究生、博士研究生、归国留学生；本科四年级、专科三年级、硕士研究生、博士研究生
	申请人须成立创业企业，创业企业须注册在上海且成立一年内	
资助期限	2—3年	3年
退出方式	申请人按36个月等额本金还款	资助期内基金所占公司的股权不参与分红，在资助期满后按照基金管理相关办法退出

2013年6月起，创业基金会联合天使伙伴（早期投资孵化机构、创业园区、个人天使投资人等）共同对具有科技含量和商业模式创新的创业项目给予天使基金资助。天使伙伴一般需要具备专业早期投资经验和良好的过往投资业绩。创业者可通过天使伙伴的推荐直接申请天使基金。截至2015年底，创业基金会天使伙伴已达28家，这些合作方包括：

早期投资孵化机构：苏河汇、iDream、小马创业村、接力零号湾、接力天使、接力基金、源创力、追梦创业坊、嘉定手游孵化器、联通创投、浦东软件园、临港ME创公社、游族创业空间、新联纺、创智空间iSpace、宏

慧创意、迎智集团、方糖社区、鸵鸟电台、题梦创客空间、奇异果创客空间。

创业孵化园区：财大科技园（虹口）、财大科技园（杨浦）、莘闵高新园区、闵行科创企业联合会（原YBC）、漕河泾新兴科技园区。

创业培训机构：中欧商学院、新华都商学院。

2015年，创业基金会借助开放的平台和共享的理念，汇聚各方优质创业教育资源，倡导创业精神，提升创业能力，邀请知名专家做精创业谷“创业训练营”课程；升级研究生创新创业能力培养计划；开辟“创心之路”，创立上海创业力评鉴中心；依托高校“GCC”社团，组织学生创业项目大赛；开展贯穿全年的各种创业宣传、论坛、沙龙，如“创业谷”，5年来共开设24期课程，累计培训学员近1500人；2015年成立的评鉴中心，当年就为1036人次创业者提供了创业力评测培训和创业团队管理咨询服务。

上海创业力评鉴中心是由上海市大学生科技创业基金会（EFG）发起并创立的民办非企，是我国首家提出创业力概念并提供相关创业力评测、培训、提升等服务的专业机构。中心为投资人提供了另一种全新的项目审核手段，帮助创业者及其团队完成自我成长；研究创业者能力模型和发展数据，联合与合作外部公益资源，共同为创业者打造良好的创业环境。随着评测平台的升级与完善，2015年中心共完成1050次线上创业力评测案例积累，联立拥有1153份问卷数据常模库，完成线下评测与反馈共计230人次。完成技术服务输出的平台准备，并希望借此分享给更多创业服务机构及创业者。

（三）上海创业接力基金

2015年，通过共享各方资源、撬动社会价值，创业接力集团旗下投资业务共管理基金规模达25亿元，每年直接或间接投资早期创业企业300家；金融业务年新增担保贷款12亿元，服务早期科技企业700家；园区业务管理孵化30000平方米新型创客空间，孵化早期创业企业100余家。截至2015年12月，接力天使与专业投资机构联合投资了近百家早期创业企业。超过50%获得后轮融资，其中多家企业在新三板挂牌上市及被上市公司收购（两年内企业价值升值百倍）。

创业接力基金专注于早期科技型的高增长创业项目投资，主要投资领域包括新材料、医疗健康、清洁技术、先进制造和现代服务业。管理资金共7亿元，投资企业近70家。

阶段特点：创业接力期、种子阶段后期、风险投资早期。

功能特点：精耕细作的创业投资与全面深入的创业辅导相结合。

导向特点：风险投资和产业资本的“喂食者”（Deal Feeder）。

退出特点：后轮投资退出、企业上市、产业并购及管理层回购有机结合。

（四）上海创业接力融资担保有限公司

上海创业接力融资担保有限公司成立于2011年4月，注册资本金2.5亿元人民币，由上海创业接力科技金融集团、上海科技创业投资（集团）有限公司、中新力合股份有限公司、创业加速器投资有限公司共同出资设立，是上海市融资性担保行业规范发展以来首家获批的融资性担保机构。

2011年4月8日，上海创业接力融资担保有限公司正式开业，成为国家《融资性担保公司管理试行办法》及《上海市融资性担保公司管理试行办法》出台后上海首家获准新设、首家开业的融资性担保公司。

创业接力融资担保公司致力于产品和服务的创新，与上海市科委系统及商业银行等合作，成功推出了“科贷通履约担保”、“创业接力小企业集合信贷”、“结算通宝”等产品，为中小企业解决融资难题开辟了新路径。同时，构建了以“投贷联动”为核心的服务体系，为上海地区广大科技型小企业构建了“债权股权融资结合，直接间接投资兼顾”的良好融资环境。

创业接力小贷于2015年9月由创业接力担保主发起设立，专注于企业的现金流诊断及融资服务，与创业接力担保合力构建中小微企业的短期及中长期信贷一站式融资平台，先后推出了以“接力贷”、“法人贷”、“股权贷”等为代表的核心产品。成立短短3个月累计为46家企业提供2亿元贷款。

截至2015年末上海创业接力融资担保有限公司累计为700余家企业提供约35亿元的信贷支持，户均不到400万元，企业首贷率达30%、信用担保比例超过80%；2015年新增担保额12亿元，新增小额贷款额2亿元。在保客户中，66家企业获得各类风险投资介入；24家企业在新三板挂牌；5家企业在上海股交中心上市；10家企业被并购；创业接力担保信用评级达

到 A+。

（五）全球创业周中国站

2004 年，在前英国首相戈登·布朗推动下，英国创业周启动。受该活动的启发，美国于 2007 年首次举办美国创业周，全球创业周正是这两项活动的结合与拓展，2007 年中国上海市大学生科技创业基金会主办中国创业周。迄今全球创业周已覆盖约 160 个国家、超过 1000 万青年创业者关注并参与。中国国家主席习近平曾为第七届全球创业周中国站发来贺信。美国总统奥巴马曾在白宫官网签发创业周启动公告；英国、法国等知名政要以各类形式参与其中，共同推动了创业精神在世界范围的传播。

在我国，创业基金会（EFG）着力打造全球创业周中国站的聚合力、影响力和创新力：截至目前，全球创业周中国站已在全国 17 个省、123 个城市、超过 160 所高校开展；每年与 50 余家机构合作，拥有 120 余家合作媒体，举办超过 100 场主题创业活动，收集逾 2 万份创业计划书；活动参与者累计超过 15 万人，其中包括创业者、创业服务机构、投资机构、关注创业领域企业等。

2015 年创业周，7 个会场，54 家主办机构，共举办 75 场活动，10304 人参会，包括中央电视台等超过 90 余家报纸、电视、电台、网络等媒体进行了全方位的报道，发布新闻报道超过 300 篇。

2015 年（第 9 届）创业周暨全球创业周中国站，吸引了近 60 家机构约 113 家企业参加，创业者、投资人、企业家、创业服务者以及来自政府、高校、园区等各界人士集聚，共享创业盛宴。

（六）上海市天使投资风险补偿管理暂行办法

2016 年初上海市科学技术委员会同上海市财政局、上海市发展改革委制定了《上海市天使投资风险补偿管理暂行办法》，规定天使投资发生投资损失可获政府补偿，该办法自 2016 年 2 月 1 日起施行，有效期 2 年。该办法所称风险补偿，是指对投资机构投资种子期、初创期科技型企业，最终回收的转让收入与退出前累计投入该企业的投资额之间的差额部分，给以一定比例的财务补偿。

风险补偿的适用范围和条件。风险补偿的适用范围为 2015 年 1 月 1 日

后投资于上海本市种子期、初创期科技型企业的创业投资机构（以下简称“投资机构”）。该办法所称的种子期企业，是指成立时间不超过3年、职工人数不超过50人，且资产总额不超过500万元人民币、年销售额或营业额不超过500万元人民币；所称初创期企业，是指职工人数不超过200人，且资产总额不超过2000万元人民币、年销售额或营业额不超过2000万元人民币；所称的科技型企业，是指按照上海市科技企业相关标准界定的企业。申请风险补偿的投资机构必须根据《创业投资企业管理暂行办法》规定，在上海市创业投资备案管理部门完成备案。

风险补偿的标准。对投资机构投资种子期科技型企业项目所发生的投资损失，可按不超过实际投资损失的60%给予补偿。对投资机构投资初创期科技型企业项目所发生的投资损失，可按不超过实际投资损失的30%给予补偿。每个投资项目的投资损失补偿金额不超过300万元，单个投资机构每年度获得的投资损失补偿金额不超过600万元。

风险补偿的管理机构。风险补偿由上海市科委、市发展改革委和市财政局组成的工作小组负责管理和实施，主要职责包括：定期或不定期召开联席会议对重要事项进行决策；审核风险补偿项目的补偿金额；对风险补偿资金的使用情况进行指导和监督等。

风险补偿的申请及受理程序。申请风险补偿的投资机构，须在每年的第一季度或第三季度向办公室报送风险补偿申请表，并附机构备案登记、项目投资情况以及经会计师事务所审计核实的退出或清算情况等材料。风险补偿的申请时效原则上在创业投资机构存续期内，且最高不超过投资行为发生后的10年。

办公室对投资机构提出的风险补偿申请委托有关部门或机构进行审核，并提出审核意见，报工作小组。工作小组审议后形成风险补偿方案，上海市财政局根据工作小组审定的补偿方案和市科委的用款申请，拨付补偿资金。补偿资金的拨付，按照财政国库管理制度的有关规定执行。

风险补偿的监督管理。投资机构弄虚作假，或与被投资企业合伙骗取补偿资金的，一经查实，上海市科委将会同上海市发展改革委、市财政局负责追回已拨付的补偿资金，并按照《财政违法行为处罚处分条例》的相关规定进行处理。

风险补偿资金由上海市级财政统筹安排，纳入上海市科委部门预算。

风险补偿的项目信息以及补偿资金的编制、使用、监督等情况，由上海市科委依法向社会公开。

二、全国天使投资概况

2015 年，在“大众创业，万众创新”的政策鼓舞下，中国天使投资市场在 2014 年投资热潮的基础上持续保持高温，募集、投资和退出各环节都创造了历史新高，以人民币基金为主导的天使投资在 2015 年表现十分活跃，与往届相比，本土人民币基金管理机构占据主流。

（一）2015 年中国天使投资概况

2015 年中国天使投资市场高速增长，各项数据均取得较大突破。据私募通统计，2015 年全年中国天使投资机构新募集 124 只基金，披露金额约 203.57 亿元人民币；投资方面，2015 年中国天使投资各项数据同比较 2014 年年均增长 2 至 3 倍，全年中国天使投资机构共投资 2075 起案例，披露金额超过 101.88 亿元人民币。退出方面，新三板挂牌退出成主要趋势，2015 年上半年 IPO 加速，使得当年天使投资退出规模巨大，全年共发生了 83 笔天使投资退出事件，其中包括 6 笔 IPO 退出及 43 笔新三板挂牌退出。

受国家创新创业政策影响，2015 年中国天使投资市场快速发展，更多的机构和人员涌入天使投资市场，当年新募基金数量超历史总和，涌现出新一批有限合伙人（LP）。根据私募通统计，2015 年中国天使投资市场共新募集完成 124 只基金，披露募集金额共计 203.57 亿元人民币，较 2014 年分别同比增长 217.95% 和 209.94%，如表 3－3 所示。另一方面，尽管天使投资资金总额快速发展，但是平均每只基金份额基本不变，表明市场参与主体规模不断扩大。在所有天使投资基金中，有 112 只为人民币基金，金额共计 151.15 亿元人民币。外币基金均为美元基金，共有 12 只，金额共计约合 52.42 亿元人民币。

天使投资初步形成社会资本和区域性引导基金齐头并进的局面。2015 年全年创业及投资热情持续高涨的环境下，天使投资机构资本募资进度加快，在配合各地政府天使投资引导基金的要求下，多地方设立天使投资基金，专注地域性天使投资项目。另一方面，部分在市场内处于领先地位的

表 3-3　　中国天使投资市场历年新募集基金数及金额

年份	新募集基金数（只）	募集金额（亿元人民币）	平均每只新募集基金额度（亿元人民币/只）
2008	3	2.93	1.0
2009	3	16.34	5.4
2010	8	14.28	1.8
2011	13	15.92	1.2
2012	20	27.69	1.4
2013	30	23.28	0.8
2014	39	65.68	1.7
2015	124	203.57	1.6

数据来源：私募通。

天使投资机构投资标的已不限于境内，开始逐渐涉及美国硅谷、欧洲、以色列等境外项目，因此，外币基金从 2014 年的 5 只增长至 12 只。

从 2015 天使投资市场 LP 成分分析，2015 年的天使投资基金 LP 更为多元化。自上半年 IPO 加速后，二级资本市场火热行情急速造富了一大批投资人，而上市企业高管型投资人更受天使机构青睐。上市公司高管自身所具备的企业及行业资源本身就是天使投资机构投后服务及退出渠道的优质资源，除了成为 LP 之外，部分上市企业高管还成立天使投资机构，以浙江杭州为例，阿里巴巴的上市在短时间内迅速带动了浙江的天使投资机构崛起，一大批阿里系天使投资机构成了 2015 年的新兴机构主力，而原阿里系员工成了阿里系天使机构的首要募资来源。可见，2015 年的天使基金个人有限合伙人（LP），在原有基础上又增加了许多创业成功者，曾经成功获得天使轮或 A 轮融资的创业者在 2015 年又加入天使投资人的行列中，将闲置资金注入天使投资机构，使得创业与投资之间出现循环更迭效应，加速天使投资的发展。上市公司高管通过注资天使投资基金接触到许多早期具有创新意义的初创企业，寻找并购标的，利用最低成本为转型升级的起步做铺垫逐渐成为趋势。

根据私募通数据，在天使投资方面，2015 年中国共发生 2075 起天使投资案例，同比增长 170.9%，如表 3-4 所示。披露金额超过 101.88 亿元人民币，同比增长超过 214.9%。尽管我国资本市场在 2015 年中发生了剧烈

的震荡调整，由二级资本市场暴跌引发一级市场发展停滞，但从全年来看，中国天使投资市场较往年仍呈现爆发式增长，四个季度皆创同比新高，其中第二季度创出了全年最高峰。与此同时，在政府鼓励“大众创新创业”以及升级“四众”的政策影响下，中国创业门槛大幅降低，市场对初创企业更加宽容，天使轮企业估值有了明显提升。2015 年天使轮平均投资额已达 491 万元人民币，相较 2014 年 422.32 万元人民币同比增长 16.3%。

表 3-4　　中国天使投资市场历年投资情况

年份	投资案例数（起）	投资金额（亿元人民币）	平均每起投资额度（万元人民币/只）
2008	25	1.39	556.0
2009	40	0.92	230.0
2010	96	4.76	495.8
2011	176	9.89	561.9
2012	136	3.55	261.0
2013	169	12.21	722.5
2014	766	32.35	422.3
2015	2075	101.88	491.0

数据来源：私募通。

在 2015 年的天使投资中人民币仍为天使投资市场中的主力货币，共投资 1793 起，占我国天使投资市场份额 86.4%，披露金额约 70.57 亿元人民币；外币共投资 277 起，披露金额约 31.31 亿元人民币，金额占 2015 年我国天使投资市场的 30.7%。

从投资行业来看，2015 年互联网、电信及增值业务以及 IT 行业仍为我国天使投资人的主要投资行业，如表 3-5 所示。其中互联网行业共发生 1030 起投资案例，共披露金额 50 亿元人民币；电信及增值业务共发生 327 起投资案例，披露金额 13.12 亿元人民币；IT 行业位居第三，共 181 家企业获得共计 9.2 亿元人民币天使投资。

2015 年我国金融服务业初创企业获得约 1.17 亿美元的融资，然而部分资金进入 P2P 等网络借贷模式，该模式在后续一系列事件中被认为风险性极高，不断爆出欺诈和跑路案例。根据私募通统计，截至 2015 年 12 月中国

表 3－5　　　　中国天使投资市场按产业分案例数

项目分类	案例数（起）	资金（亿元人民币）	平均每起投资额度（万元人民币/只）
互联网	1030	51	495.1
电信及增值业务	327	13.12	401.2
IT	181	9.2	508.3
金融	110	7.51	682.7
娱乐传媒	61	1.7	278.7
生物技术/医疗健康	47	3.63	772.3
机械制造	32	2.34	731.3
连锁及零售	25	1.33	532.0
电子及光电设备	21	0.99	471.4
物流	18	1.85	1027.8
教育与培训	15	1.35	900.0
房地产	11	1.55	1409.1
汽车	11	1.43	1300.0
清洁技术	10	0.37	370.0
食品饮料	7	0.22	314.3
化工原料及加工	7	0.34	485.7
纺织及服装	3	0.11	366.7
农林牧渔	2	0.05	250.0
半导体	1	0.04	400.0
能源及矿产	1	0.09	900.0
其他	20	0.63	315.0
未披露	135	3.02	223.7
	2075	101.87	490.9

数据来源：私募通。

有 1302 家 P2P 平台出现严重问题，其中 668 家失联，105 家宣布倒闭，79 家清盘，436 家提现困难。在 P2P 创业企业中出现的风控难、信誉低、风险高等问题一直困扰着行业内创业者以及用户，然而陆金所 2015 年新融 9 亿美金，估值高达 185 亿元，宜信旗下宜人贷成功登陆纽交所，这些成功的 P2P 企业案例，为未来金融领域的投资打下基础。其余细分行业市场中，

Saas及硬件，例如VR及AR等行业的大热掀起了一股投资热潮，伴随着中国消费者消费水平逐渐升高，付费习惯初步形成，泛娱乐行业中的IP争夺也同样为2016年的投资机遇埋下伏笔，尤其是在诸多网络IP进入院线荧幕带来的效应，使投资人对娱乐产业创业者的IP生产能力更加看重。

从投资案例地域划分，2015年浙江逆袭深圳，中国天使投资机构派系初现。根据私募通统计，2015年中国天使投资市场最活跃地区仍是北京，全年共发生902起投资案例，披露金额约43.41亿元人民币，如表3-6所示。北京凭借丰富的高校教育资源、创业投资机构资源、全国领先企业资源以及庞大的消费人群资源成了中国天使投资的集聚地，为中国天使投资提供了大量的高端创业型人才、充裕的资金以及行业资源。使得北京在中国天使投资领域常年保持领先地位。排在第2位的是上海，共发生341起投资案例，披露金额2.25亿美元，但是可以看出上海虽然排名第2，但是和北京的差距非常大。

表3-6　　2015年中国天使投资地域分布

省、市	案例数（起）	投资额（亿元人民币）	平均每起投资额度（万元人民币/只）
北京	902	43.4	481.3
上海	341	14.9	436.7
深圳	185	9.5	511.4
浙江	184	10.9	592.9
广东（除深圳外）	105	6.1	577.1
四川	66	2.3	342.4
江苏	62	3.6	585.5
陕西	33	1.6	493.9
福建	31	1.0	322.6
湖北	16	1.6	1006.3
重庆	12	0.7	583.3
江西	11	0.3	254.5
安徽	10	0.7	720.0
山东	8	0.5	587.5
湖南	8	0.2	275.0

续表

省、市	案例数（起）	投资额（亿元人民币）	平均每起投资额度（万元人民币/只）
天津	5	0.8	1600.0
河北	3	0.0	133.3
河南	3	0.1	366.7
辽宁	2	0.0	100.0
山西	2	0.1	300.0
黑龙江	1	0.0	100.0
内蒙古	1	0.0	100.0
沈阳	1	0.0	400.0
云南	1	0.0	100.0
海南	1	0.1	1000.0
甘肃	1	0.0	400.0
其他	51	2.6	503.9
未披露	29	0.8	279.3

数据来源：私募通。

2015 年深圳发生 185 起天使投资案例，浙江发生 184 起天使投资案例，深圳地区共计投资 9.46 亿元人民币，而浙江地区在投资金额上首次超越深圳，共披露 10.91 亿元人民币，第一次成为中国天使投资金额前三的地区。浙江在 2015 年凭借多只天使投资引导金吸引了大量的天使投资机构进驻浙江地区。此外，阿里巴巴上市后，造富了一大批阿里系创业者及集团内部高管，与此同时，这批高净值创业者成为我国 2015 年新兴的一批天使投资机构，驻扎于杭州及宁波周边，辐射江浙区域，使得浙江在 2015 年金额超越深圳地区。

新三板扩容缔造了我国天使投资退出盛况。根据私募通统计，2015 年我国天使投资市场共发生 83 笔退出，其中因上半年 IPO 审批加速，诞生了如暴风科技、迅游、中文在线等多家互联网企业成功登陆创业板，全年共计 6 笔 IPO 退出事件，为多位天使投资个人及机构带来高额回报，其余退出包括 6 笔并购退出、28 笔股权转让退出及 43 笔挂牌新三板退出，如图 3－3 所示。

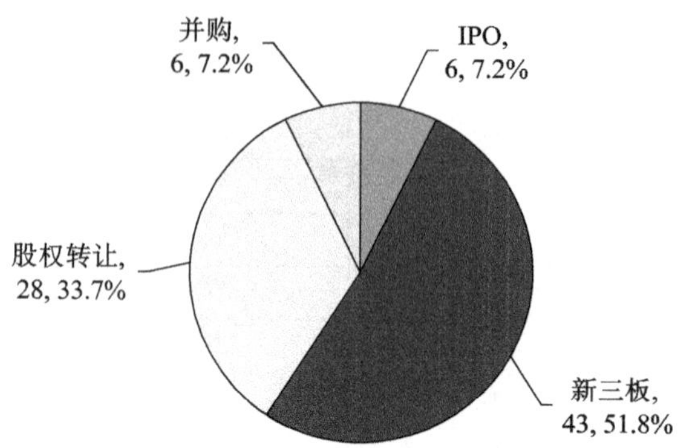

图 3-3　2015 年我国天使投资市场退出方式

数据来源：私募通。

2015 年资本市场最引人瞩目的新三板市场同样为我国天使投资带来新的退出渠道。新三板较主板市场具有低门槛、审批快的优势，因此许多中小企业在达到主板市场挂牌要求前倾向于先登陆新三板。因此，我国天使投资市场在 2015 年有 43 家有天使投资个人及机构支持的企业挂牌新三板，除被投企业之外，天使投资机构也有数家成功登陆新三板，包括苏河汇、隆领投资、原子创投等等，为机构自身扩大了募资渠道。

近两年是我国天使投资的丰收之年，高回报投资案例不断涌现，新三板退出成为 2015 年天使退出的重要渠道，且加快退出周期，如表 3-7 所示。

表 3-7　2015 年我国天使投资市场退出案例

企业	天使投资人/机构	投资时间	退出时间	退出方式	主营业务
迅游	周鸿祎	2007	2015. 5. 27	创业板 IPO	网络服务
暴风影音	蔡文胜	2010	2015. 3	创业板 IPO	应用软件
中文在线	麦刚	1999	2015. 1	创业板 IPO	网络服务
中文在线	启迪之星投资	1999	2015. 1	创业板 IPO	网络服务

数据来源：私募通。

（二）2015 年我国天使投资主体情况

随着天使投资的不断普及和发展，天使投资主体日趋多元化。目前，天使投资初步形成社会资本和区域性引导基金双管齐下的局面。

1. 天使投资人。天使投资人概念起源于美国，用以描述为种子期或初创期公司提供资金的投资人。在天使投资人的带领下，不少天使投资人成为业界的翘楚。2015 年我国天使投资人 10 强如表 3－8 所示，排在第一的是真格基金创始人徐小平。

表 3－8　　　　2015 年我国机构天使投资人 10 强

序号	姓名	机构名称	职位
1	徐小平	真格基金	创始人、主管合伙人
2	郎春晖	创新工场	联合创始人、管理合伙人
3	赵阳	险峰华兴	副总裁
4	刘维	联想之星	合伙人
5	蔡文胜	隆领投资	董事长
6	盛希泰	洪泰基金	创始合伙人
7	李竹	英诺天使基金	创始合伙人
8	王东晖	阿米巴资本	创始合伙人
9	王啸	九合创投	创始合伙人
10	吴世春	梅花天使创投	创始合伙人

徐小平（真格基金）：真格基金于 2011 年成立，截至 2015 年的 4 年间，投资近 300 家创业公司，其中包括诸如小红书、找钢网、蜜芽、美莱网、罗计物流、51Talk、亿航、大姨吗、nice、一起作业等一系列明星案例。作为著名天使和真格基金创始人，徐小平在于 2013 年登陆纳斯达克的兰亭集势上获得了 100 多倍账面回报；而聚美优品更是带来超过千倍的回报。

郎春晖（创新工场）：由李开复于 2009 年创办的创新工场，创新工场的基金来自全球顶尖的投资者，由美元基金和人民币基金构成。截至 2015 年末，创新工场共管理着超过 60 亿元人民币的基金总额。2015 年 9 月创新工场在其成立 6 周年庆典之际晒出“成绩单”——200 + 个项目，总投资额接近 4 亿元美金，帮助项目公司在过去 12 个月里融资达到 6.6 亿美元，已经有 12 个项目成功退出。投资公司中估值过亿美金的项目超过 25 个，最高估值的项目是美图，2014 年估值已经超过 20 亿元美金。

赵阳（险峰华兴）：险峰华兴创始于 2010 年，由华兴资本创始人包凡和陈科屹联合创立，是专注于网络科技、新媒体和无限领域的天使基金。

截至2015年已投资了聚美优品、美乐乐、找钢网、分期乐、美柚、团车网、有缘网、辣妈帮、蜜芽宝贝、墨迹天气等过百家创业企业。

刘维（联想之星）：联想之星是联想控股旗下的早期投资机构，于2008年由柳传志先生倡导成立，创立初衷是为促进我国科技成果产业化成立的早期创业孵化机构，2009年开始面向社会招生，2010年开始正式开始早期天使投资业务。联想之星聚焦TMT、医疗健康两大方向，重点关注互联网+（互联网改造传统行业）、O2O、智能技术、互联网医疗等领域。截至2015年末，联想之星CEO特训班共培养了700余位中国成长型创业者，并形成了“联想之星星友会”一个极具特色和活力的优秀创业者圈子。已投资了110余家公司，其中乐逗游戏（NASDAQ：DSKY）于2014年8月在纳斯达克上市，使公司收获近100倍回报。2011年投资的Face++，成为世界人脸识别和深度学习领域的领先企业，估值近20亿美金。

蔡文胜（隆领投资）：隆领投资成立于2012年底，所投项目包括飞博共创、易名中国、欣欣旅游、PBA等，这其中，包括飞博共创（就是冷笑话精选）、良晋电商、鑫点击网络已经挂牌新三板，美易在线（PBA）、明致鸿丰、易名中国等也即将登陆新三板。

盛希泰（洪泰基金）：洪泰基金从创新空间、智能硬件等孵化器到种子、天使、A轮、美元、新三板等多只基金等系列产品布局，同时与高校等各大机构合作，致力于打造我国创业投资领域的“洪泰帮”。到2015年底，洪泰基金管理基金规模将超过20亿元。其中在消费领域布局尤重，投资了大v店、宜生到家、人人湘、小仙炖燕窝、易点租、107间、小黑裙等项目；新健康领域，投资了e陪诊、悦糖、宜生到家等项目；在新金融领域投资了优优宝和小牛分期。洪泰还在科技和教育领域有所布局，如来自硅谷的踪视通、专注k12教育的好家长等。

李竹（英诺天使）：英诺天使创建于2013年，总部位于北京，主要投资领域有移动游戏、移动教育、O2O、互联网金融。投资项目有梦想加、洗衣邦、恋爱说、趣皮士、目的地旅行网、调果师、人人湘、约拍啦、心跳。

王东晖（阿米巴资本）：阿米巴资本成立于2011年，由李治国、王东晖以及赵鸿创办。王东晖是原金山软件执行董事兼CFO，赵鸿是原阿里巴巴集团副总裁兼融资及财资管理部董事总经理。三位创始人都有行业背景，加之阿米巴资本的GP、LP也都来自于行业，因此也被称为是“行业基金”，关注的领域主要是电商、大数据、企业服务、互联网金融和广告技术等方向。阿米巴资本是快的打车、蘑菇街的天使投资方；同时，阿米巴资本也是“孩子学啥”的A轮投资方，后来被大众点评收购，因此，阿米巴也成为了“新美大”的股东。

王啸（九合创投）：截至2015年末九合已经投资36Kr、下厨房、91金融、黄油相机、蓝犀牛、极客学院、星空琴行等。

吴世春（梅花天使）：梅花天使投资的创业公司中有80%在半年之内拿到了A轮融资，其中，唱吧、蜜芽宝贝和趣分期都获得了D轮融资，投资账面回报超过5倍。其中，手机游戏《大掌门》的开发商玩蟹科技以17.39亿元的高价被掌趣科技收购。

2. 区域性引导基金。根据私募通统计，截至2015年末，我国已成立约15只地方性政府天使投资引导基金，如表3－9所示。政府天使投资引导资金从一定程度上解决了我国现阶段创业投资发展的最大瓶颈——资本供给。天使投资引导基金是由各级政府设立的不以营利为目的的政策性基金，其宗旨是发挥财政资金的杠杆效应和引导作用，通过引导基金的跟进投资，鼓励天使投资机构（人）对具有专门技术或独特概念的原创项目或具有发展潜力的创新型初创企业实施投资、提供高水平创业指导及配套服务，助推创新型初创企业快速成长。最终目的为利用现有创业投资资金，撬动社会存量资本，投入天使投资行业，为我国创业者解决融资难，为天使投资机构解决募资难等阻碍天使投资事业发展的困境。

表3－9　　政府主导/参股基金案例

发布日期	引导基金名称	总规模
2012.06	成都高新区创业天使投资基金	总规模8000万元
2013	深圳市天使投资引导项目	单项最高50万元
2013.02	江苏省天使投资引导资金	
2013.03	宁波市天使投资引导基金	总规模5亿元
2013.08	青岛市天使投资引导基金	总规模2亿元
2013.09	武汉市科技创业天使投资基金	单个企业100万—300万元
2013.1	扬州市天使投资引导基金	
2013.12	南京市省天使引导资金配套资金	单个项目200万元

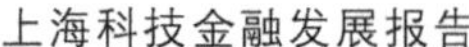

续表

发布日期	引导基金名称	总规模
2014.03	杭州市蒲公英天使投资引导基金	目标规模7500万元
2014.04	苏州市天使投资引导基金	总规模300万元
2014.06	合肥市天使投资引导基金	200万—1000万元
2014.09	中关村国家自主创新示范区天使投资和创业投资支持金	100万—3000万元
2014.12	上海市天使投资引导基金	500万—3000万元
2015.03	山东省省级天使投资引导基金	
2015.06	《河北省人民政府关于发展众创空间推进大众创新创业的实施意见》	1亿元

数据来源：私募通。

第二节　上海创业风险投资与私募基金新发展

2015年中国创业风险投资快速增长，VC向我国创业公司投资了370亿美元，比2014年增长1倍多。根据伦敦咨询公司Preqin提供的数据显示，2015年VC在我国共参与了1555起投资交易。纵观2015年全年，前三季度投资规模呈现增长态势，四季度由于互联网服务的投资热潮突然变冷，投资额猛然下降了40%。在VC的助推下，出现了一些估值很高的创业公司，在全球也具有一定的知名度，比如小米、滴滴快的、陆金所等。VC在我国的投资额2013年为45亿美元，2014年增长到150亿美元，2015年增长到370亿美元，说明2015年我国VC产业正在迅速崛起。

一、2015年我国风险投资资金募集概况

2013年我国创业投资市场继续2012年的下滑态势，整个创业投资市场迎来了募资、投资、退出的全面挑战，2014年和2015年形势出现反转，2015年中外创业投资及私募股权投资机构新募集719只基金，新设基金702

只，两类基金共募集 4143 亿美元资金。

新募集 719 只基金中信息披露的新募集基金有 670 只，创历史新高，新募基金共募集投资金额 778.54 亿美元，低于 2014 年募集规模，如表 3－10 所示。2014 年和 2015 年是我国风险投资新募基金快速增长的年份，2014 年新募基金数量与 2013 年相比增长了 96%，而 2015 年与 2014 年相比新募基金数量又增长了 92%，为我国逐渐走向创新型国家打下了坚实的金融基础。从募集资金规模上看，2014 年达到顶峰，共募集了 1145.9 亿美元资金，与 2013 年相比增长了约 16 倍，2015 年资金募集规模略有下降，约为 778.54 亿美元。从平均基金规模来看，2005 年至今大部分时间段平均基金规模都在 1 亿美元左右，只有 2014 年达到 306 亿美元，2015 年约为 1.08 亿美元。

表 3－10　　我国新募集风险投资基金规模

年份	新募集基金数量（只）	新募集金额（百万美元）	平均基金规模（百万美元）
2005	29	4067	140.2
2006	39	3973	101.9
2007	58	5485	94.6
2008	116	7310	63.0
2009	94	5856	62.3
2010	158	11169	70.7
2011	382	28202	73.8
2012	252	9312	37.0
2013	191	6919	36.2
2014	374	114588	306.4
2015	719	77854	108.3

数据来源：根据清科报告整理得到。

从 2015 年月度数据来看，6 月是新募集基金数最多的月份，随后略有下降，在经历过 11 月份千亿元人民币暖场后，12 月份的 VC/PE 募资市场状态良好，总体保持平稳趋势。从新募资规模上看，2015 年的一个极大值出现在 6 月，达到 79.96 亿美元，随后也出现下降，在 11 月份后突破千亿级人民币大关，12 月再次突破千亿级大关，创下 2015 年月度募资规模连续达千亿的新纪录（见表 3－11）。

表 3-11　　2015 年风险投资新募基金规模

2015 年	新募基金数（只）	占比（%）	披露基金数（只）	占比（%）	新募集金额（百万美元）	占比（%）	平均基金规模（百万美元）
1 月	25	3.5	24	4	1198.8	1.5	50.0
2 月	20	2.8	20	3	3704.6	4.8	185.2
3 月	33	4.6	33	5	2569.2	3.3	77.9
4 月	60	8.3	54	8	1684.4	2.2	31.2
5 月	63	8.8	59	9	4767.7	6.1	80.8
6 月	92	12.8	85	13	7996.1	10.3	94.1
7 月	56	7.8	52	8	3886.4	5.0	74.7
8 月	77	10.7	72	11	4842.1	6.2	67.3
9 月	64	8.9	56	8	8344.4	10.7	149.0
10 月	82	11.4	73	11	5637.8	7.2	77.2
11 月	77	10.7	72	11	17061.9	21.9	237.0
12 月	70	9.7	70	10	16160.8	20.8	230.9
合计	719	100	670	100	77854.15	100	1355.2

数据来源：根据清科报告整理得到。

根据私募通统计，在 2015 年 11 月份新募集基金中，募资规模最大的三只基金分别为甘肃丝路交通发展基金、中国全球影视投资基金、天士力大健康产业基金。其中，甘肃丝路交通发展基金募资规模最高达 1000.00 亿元人民币（约 157.87 亿美元），排名第一，将用于当地的基础设施建设项目，现已完成募资 300.00 亿元人民币（约 47.25 亿美元）；排在第二位的是中国全球影视投资基金，现已完成 100.00 亿元人民币（约 15.79 亿美元）的全部募资；位列第三的是天士力大健康产业基金，现已完成全部募资，达 50.00 亿元人民币（约 7.84 亿美元），将投资于娱乐传媒行业，助推电影产业发展。

根据私募通统计，在 2015 年 12 月份新募集基金中，募资规模最大的三只基金分别为阿联酋—中国联合投资基金、中哈产能合作基金、西安高新区软件新城基金。其中，阿联酋—中国联合投资基金的募资规模最大，达 100 亿美元，该基金由中国与阿联酋共同发起设立，将寻求在常规和可再生能源、基础设施、科技与先进制造等多个领域进行投资，现已完成全部募资；排名第二的是中哈产能合作基金，该基金是丝路基金成立以来设立的首个专项基金，重点支持中哈产能合作及相关领域的项目投资，现已完成全部募资20.00亿美元；位列第三的西安高新区软件新城基金已完成50.00亿元人民币（约7.76亿美元）的全部募资，该基金由兴业信托发起设立，重点发展包括移动互联网、云计算、电子商务、物联网、软件研发等在内的战略性新兴产业的新一代信息技术及高技术服务业。

从基金类别看，2015年新募集基金主要集中在成长型基金，当年共有386只成长型基金，占全部新募基金的比重约为54%，募集金额为452.4亿美元，占全部募集资金的比重约为58.1%；其次是并购基金和创业基金，基金数占比分别是19.5%和16.6%，如表3－12所示。

表3－12　　2015年新募基金分类

基金类型	新募集基金数（只）	占比（%）	披露（只）	占比（%）	新募集金额（百万美元）	占比（%）
成长基金	386	53.5	356	53.5	45238.69	58.1
并购基金	141	19.5	137	20.6	7488.27	9.6
创业基金	120	16.6	105	15.8	8404.78	10.8
夹层基金	3	0.4	3	0.5	341.52	0.4
房地产基金	11	1.5	10	1.5	2117.18	2.7
基础设施基金	39	5.4	36	5.4	13982.72	18.0
天使基金	22	3.0	18	2.7	286.93	0.4

数据来源：根据清科报告整理得到。

在成长基金中，6月份是2015年新募基金数最多的月份。2015年6月新募集的92只基金，共募集资金79.96亿美元。其中，当属成长基金最多，共有62只，占6月份新募集基金数的67.4%；披露募资金额56只基金，募集资金共41.79亿美元；并购基金19只，募集资金共7.88亿美元；创业基金6只，募集资金4995.00万美元；基础设施基金3只，募集金额19.78亿美元；房地产基金1只，募集资金10.00亿美元；天使基金1只，未披露目标规模。

根据私募通统计，2015年6月完成募资的基金中，值得关注的是广发

信德·吉林敖东中药现代化产业基金。该基金成立于2015年6月，目标规模10.00亿元人民币（约1.63亿美元），存续期5+2年，由广发信德投资管理有限公司（以下简称“广发信德”）负责管理，由广发证券股份有限公司全资子公司广发信德投资管理有限公司与吉林敖东药业集团股份有限公司（以下简称“吉林敖东”）共同发起设立，主要投资于中药材种植、中药饮片、境内外生物化学药、植物化学药、创新医疗器械、医疗服务、高端保健品（尤其是中药保健相关行业）等符合国家产业发展政策的项目。同时，广发信德和吉林敖东发起另一只基金吉林敖东创新产业发展基金，该基金主要投资于包括但不限于医疗健康领域创新研发、新型商业模式、医药包材、耗材和现代服务领域、新兴电子产业领域创新型企业以及利用互联网模式改造的传统产业等。

在新设基金方面，2015年我国共新设风险投资基金702只。其中，信息披露470只，募集资金总额3365亿美元。从月度数据看，2015年6月是新设基金最多的月份，设立了101只基金，但是募资金额最多的是9月，募集了413.9亿美元，如表3-13所示。

表3-13　　2015年风险投资新设基金规模（只，百万美元）

	新设基金数（只）	占比（%）	披露基金数（只）	占比（%）	新募集金额（百万美元）	占比（%）	平均规模（百万美元）
1月	24	3.4	19	4	21151.1	6.3	1113.2
2月	9	1.3	8	2	6938.8	2.1	867.4
3月	29	4.1	22	5	12726.7	3.8	578.5
4月	74	10.5	26	6	38408.5	11.4	1477.3
5月	44	6.3	24	5	12594.7	3.7	524.8
6月	101	14.4	41	9	37550.2	11.2	915.9
7月	42	6.0	26	6	15782.0	4.7	607.0
8月	43	6.1	25	5	16377.9	4.9	655.1
9月	30	4.3	18	4	41392.2	12.3	2299.6
10月	95	13.5	81	17	26555.9	7.9	327.9
11月	106	15.1	90	19	73233.0	21.8	813.7
12月	105	15.0	90	19	33825.7	10.1	375.8
合计	702	100	470	100	336536.75	100	10556.0

数据来源：根据清科报告整理得到。

2015 年 6 月份中外创业投资及私募股权投资机构新设立的基金数共计 101 只，披露目标规模的有 41 只，计划募集资金 375.50 亿美元，平均每只目标规模为 9.16 亿美元。其中，100 只人民币基金，披露目标规模的有 40 只，计划募集金额 374.50 亿美元，平均每只目标规模为 9.36 亿美元。另外，1 只外币基金，计划募集 1.00 亿美元。

2015 年 9 月份中外创业投资及私募股权投资机构新设立的基金数共计 30 只，披露目标规模的有 18 只，计划募集资金 413.92 亿美元，平均每只目标规模为 23.00 亿美元。其中，28 只人民币基金，披露目标规模的有 16 只，计划募集金额 392.92 亿美元，平均每只目标规模为 24.56 亿美元；另外，2 只外币基金，计划募集 21.00 亿美元，平均每只目标规模为 10.50 亿美元。

2015 年 12 月份中外创业投资及私募股权投资机构新设立基金共计 105 只，披露目标规模的有 90 只，计划募集资金 338.26 亿美元，平均每只目标规模为 3.76 亿美元。其中，98 只人民币基金，披露目标规模的有 84 只，计划募资总额 211.76 亿美元，平均每只目标规模为 2.52 亿美元。另外，7 只外币基金，计划募资总额 126.50 亿美元，平均每只目标规模为 21.08 亿美元。从 12 月份新设立基金情况来看，12 月基金数量与 11 月基本持平，但计划募资金额较 11 月大幅下降，减少了约 338.26 亿美元。其中，部分是由于 11 月计划募资金额为 1000.00 万人民币（约 155.16 亿美元）的安全产业发展投资基金导致的。

从基金类别看，2015 年新募集基金主要集中在成长型基金，当年共有 426 只成长型基金，占全部新募基金的比重约为 61%，募集金额为 1717.31 亿美元，占比 51%；其次是并购创业基金，数量和募集金额占比分别是 18.1% 和 5.9%；基础设施基金虽然数量少，但是募集金额较多，约为 1301.7 亿元，占比 38.7%，如表 3－14 所示。

从月度数据来看，2015 年 6 月、9 月、12 月设立的成长型基金数量最多。2015 年 6 月新设立的 101 只基金中，有 41 只基金披露目标规模。其中，有 80 只成长基金，披露目标规模的有 26 只，计划募资 256.53 亿美元；9 只创业基金，披露目标规模的有 5 只，计划募资 4.10 亿美元；7 只基础设施基金，披露目标规模的有 5 只，计划募资 89.74 亿美元；3 只并购基金，计划募资 24.72 亿美元；天使基金 2 只，计划募资 4079.00 万美元。2015 年 9

表 3-14　　2015 年新设基金分类

基金类型	新设集基金数（只）	占比（%）	披露（只）	占比（%）	新募集金额（百万美元）	占比（%）
成长基金	426	60.9	259	55.6	171731	51.0
并购基金	60	8.6	55	11.8	11763	3.5
创业基金	127	18.1	87	18.7	19687	5.9
房地产基金	9	1.3	4	0.9	571	0.2
基础设施基金	47	6.7	39	8.4	130172	38.7
天使基金	31	4.4	25	5.4	2565	0.8

数据来源：根据清科报告整理得到。

月新设立的 30 只基金中，有 18 只基金披露目标规模。其中，有 18 只成长基金，披露目标规模的有 10 只，计划募资 44.89 亿美元；7 只基础设施基金，披露目标规模的有 5 只，计划募资 359.99 亿美元；2 只天使基金，计划募资 1.18 亿美元；房地产基金 1 只，不披露目标规模；并购基金 1 只，计划募资 7.86 亿美元；创业基金 1 只，不披露目标规模。2015 年 12 月新募集的 70 只基金，共募集资金 161.61 亿美元。其中当属成长基金最多，共有 36 只，占 12 月份新募集基金数的 51.4%，共募集资金共 149.14 亿美元；并购基金 14 只，共募集资金共 5.75 亿美元；创业基金 13 只，共募集资金共 4.16 亿美元；5 只天使基金，共募集资金 1.04 亿美元；基础设施基金 1 只，募集资金 0.79 亿美元；1 只房地产基金，募集资金 0.72 亿美元。

二、2015 年我国风险投资投向

与 2014 年募集金额相比，2015 年风险投资资金投资规模相对较小，2015 年一共投资 505.6 亿美元，占新募集基金金额的 65%，占新设基金募集资金额的 15%。

（一）按产业划分

在投资总额中，案例数最多的是互联网产业，2015 年一共发生 744 起案例，其中披露 616 起，投资总金额 145.37 亿美元；其次是电信及增值业务，共发生投资案例 312 起，其中披露 248 起，投资总金额 55.13 亿美元；

第三名是IT产业，共发生投资案例296起，其中披露260起，投资总金额43.51亿美元。此外，投资金额较多的产业还有金融业和房地产业，这也是2015年发展较为强劲的行业，当年金融业投资6852亿美元，房地产行业投资额为2804亿美元，如表3－15所示。

表3－15　　2015年风险投资按产业划分资金投向

	案例数（只）	占比（%）	披露金融案例数（只）	占比（%）	金额（百万美元）	占比（%）
互联网	744	31.9	616	30.0	14537	28.8
电信及增值业务	312	13.4	248	12.1	5513	10.9
IT	296	12.7	260	12.6	4351	8.6
金融	175	7.5	157	7.6	6852	13.6
生物技术/医疗健康	98	4.2	93	4.5	1723	3.4
娱乐传媒	65	2.8	60	2.9	887	1.8
清洁技术	68	2.9	63	3.1	670	1.3
其他	38	1.6	35	1.7	271	0.5
电子及光电设备	96	4.1	96	4.7	2699	5.3
物流	25	1.1	24	1.2	863	1.7
连锁及零售	21	0.9	17	0.8	212	0.4
教育与培训	8	0.3	8	0.4	188	0.4
机械制造	143	6.1	139	6.8	1546	3.1
化工原料及加工	54	2.3	53	2.6	902	1.8
房地产	12	0.5	11	0.5	2804	5.5
汽车	30	1.3	29	1.4	1211	2.4
建筑/工程	51	2.2	50	2.4	487	1.0
广播电视及数字电视	10	0.3	10	0.5	2717	5.4
食品 & 饮料	16	0.7	15	0.7	474	0.9
能源及矿产	31	1.3	30	1.5	382	0.8
农林牧渔	30	1.3	28	1.4	689	1.4
半导体	5	0.2	5	0.2	165	0.3
纺织及服装	10	0.4	336	16.3	8984	17.8
合计	2337	100.0	2057	100.0	50559	100.0

数据来源：根据清科报告整理得到。

从平均投资额看，房地产和广播电视及数字电视行业是资金吸纳能力最强的行业，单笔投资分别为2.71亿美元和2.55亿美元，远远高于所有行业平均的0.246亿美元，如表3－16所示。

表3－16　按产业划分平均投资额　单位：百万美元

产业	平均投资额	产业	平均投资额
互联网	23.6	机械制造	11.1
电信及增值业务	22.2	化工原料及加工	17.0
IT	16.7	房地产	254.9
金融	43.7	汽车	41.8
生物技术/医疗健康	18.5	建筑/工程	9.7
娱乐传媒	14.8	广播电视及数字电视	271.7
清洁技术	10.6	食品 & 饮料	31.6
其他	7.7	能源及矿产	12.7
电子及光电设备	28.1	农林牧渔	24.6
物流	36.0	半导体	33.0
连锁及零售	12.5	纺织及服装	26.7
教育与培训	23.5	合计	992.7

数据来源：根据清科报告整理得到。

广播电视及数字电视行业一共发生10起投资案例，案例数较少，金额累计为27.2亿美元。其中，2015年5月是该行业投资的集中爆发期，当月发生4起投资案例，但是投资额高达23.62亿元，占了全年可统计投资额的绝大部分。5月份排名前两位的受资方均来自广播电视及数字电视行业，分别是百视通新媒体股份有限公司和华数传媒控股股份有限公司。5月20日，百视通发布了非公开发行股票结果暨股本变动公告，包括海通开元、上海国和投资和交银国际控股等8家机构共出资12.76亿美元参与了此次非公开股票发行的认购。公告称本次重组完成后，四家标的公司成为百视通的全资子公司，将通过对标的公司的业务整合和梳理，发挥协同效应，实现重组后上市公司的战略规划目标。5月11日，杭州云溪投资合伙企业（有限合伙）投资华数传媒控股股份有限公司65.36亿元人民币，占股20%，华数传媒本次募集资金的主要用途是支持媒资内容中心建设项目和“华数TV”互联网电视终端全国拓展项目的正常运行。

房地产行业2015年一共发生10起投资案例，其中两起发生在7月，但是两起投资金额高达22.3亿元，占全年投资额的绝大部分。7月份受资方位居第一的是上海金丰投资股份有限公司，融资额21.98亿美元。此次交易使得金丰投资完成国企混合所有制改革。7月3日金丰投资公布非公开发行股票发行结果暨股本变动公告，本次交易共引入10家投资方，除去一家上海格林兰投资企业（有限合伙）员工持股平台，多数为各大知名机构，包含鼎晖地产基金、平安创新资本、国投创新、汇添富资本和上海普罗股权投资。2014年，绿地集团借壳金丰投资上市，金丰投资实际控制人为上海市国资委，本次交易完成后，金丰投资将无控股股东及实际控制人，上市公司成为上海市国资系统中的多元化混合所有制企业。

（二）按投资区域划分

2015年我国风险投资，按照投资区域划分投资主要集中在北京、上海、深圳、浙江、广东、江苏等省市，如表3－17所示。全年北京共获得581起风险投资，远远超过其他地区，获得158.8亿美元的投资；其次是上海，获得269起投资，获得104.1亿美元；深圳市排名第三位，共有145起投资，获得28.4亿美元；其他省份中四川、福建、陕西所获得投资也相对较多，其中四川省获得46起投资，金额2.87亿美元。从平均数来看，上海单位投资的规模最大，约为0.387亿美元，略多于北京，说明尽管北京是风险投资项目的集聚区，但是上海投资的项目一般规模更大，竞争实力更强，如表3－17所示。

表3－17　　2015年中国风险投资额按地区划分前9名

地区	披露金额案例数（起）	投资额（百万美元）	平均投资额（百万美元）
北京	581	15883.08	27.34
上海	269	10411.11	38.70
深圳	145	2837.86	19.57
浙江	117	3604.84	30.81
广东（除深圳外）	136	1329.33	9.77
江苏	89	1241.39	13.95
四川	46	287.61	6.25
福建	44	122.13	2.78
陕西	23	107.74	4.68

数据来源：根据清科报告整理得到。

（三）退出规模

从退出来看，2015 年我国风险投资可获得退出案例约有 614 起，其中 505 起是通过 IPO 进行退出，占比 82%；通过并购的方式退出有 62 起，占比约 10.1%；股权转让方式退出 46 起，占比 7.5%；回购退出方式 1 起，占比不足 1%，如表 3－18 所示。

表 3－18　　2015 年中国风险投资退出方式分布

退出方式	笔数
IPO	505
并购	62
股权转让	46
回购	1
合计	614

按照月度数据来看，退出案例发生的高峰是 4 月、5 月、6 月和 12 月。2015 年 4 月共发生退出事件 60 笔，其中 IPO 退出 57 笔，并购退出 3 笔，4 月退出平均账面回报倍数为 3.25。2015 年 5 月共发生退出事件 131 笔，其中 IPO 退出 122 笔，并购退出 7 笔，股权转让和回购退出各 1 笔。5 月退出平均账面回报倍数为 2.46，平均账面回报倍数较上月有所下滑，退出案例数环比上升 115%，IPO 退出仍然占绝对主导地位。5 月 18 日，国务院批转了发改委《关于 2015 年深化经济体制改革重点工作的意见》，强调实施股票发行注册制改革，探索建立多层次资本市场转板机制，发展服务中小企业的区域性股权市场，开展股权众筹融资试点，此举推动资本市场改革，加速资本市场投资退出效率。2015 年 6 月共发生退出事件 127 笔，其中 IPO 退出 120 笔，并购退出 1 笔，股权转让退出 6 笔，6 月退出事件笔数仅比上月减少 4 笔，平均账面回报倍数为 3.32。2015 年 12 月共发生退出事件 89 笔，退出方式为 IPO、并购和股权转让退出，平均回报倍数为 2.09。伴随 IPO 重启，退出市场也开始变得活跃，上半年“电商国八条”的出炉，更加鼓励互联网企业在境内上市，这是在国家层面上提升资本市场对互联网企业的支持力度，为 VC/PE 未来实现退出奠定了坚实的基础。

三、2015年上海风险投资发展

（一）上海风险投资概况

从全国范围来看，上海的风险投资规模和数量位居全国前列，但是与排名第一的北京相比仍有较大差距。根据私募通披露数据，2015年上海风险投资披露金额案例数仅为269起，远远落后于北京的581起，仅相当于北京的46%，但是上海的披露总金额高达104.1亿美元，相当于北京的2/3，单位项目投资额度高达3870万美元，位居全国首位。可见，上海的风险投资项目主要集中在上海市大型创新创业项目上，投资重点集中在项目的成熟期。

从月度数据可以看出，2015年上海7月份风险投资规模最大，如表3-19所示，上海大部分投资案例集中在5—7月，此外9月和12月投资额度也较大。7月份共获得45起风险投资，获得32.88亿美元资金，项目平均为0.73亿美元。2015年7月份代表性投资案例是上海金丰投资股份有限公司获得21.98亿美元的投资、上海客齐集信息技术有限公司获得3.594亿美元的投资、上海一嗨汽车租赁有限公司获得2.45亿美元的投资。

表3-19　2015年上海月投资情况

	投资案例（起）	投资额（百万美元）	平均投资额（百万美元）
1月	25	917.0	36.7
2月	11	251.5	22.9
3月		na	
4月	20	331.1	16.6
5月		1543.0	
6月	50	1396.8	27.9
7月	45	3288.3	73.1
8月	40	471.1	11.8
9月	53	1093.3	20.6
10月	33	396.0	12.0
11月	42	694.9	16.5
12月		1425.0	

数据来源：根据清科报告整理得到。

（二）上海风险投资主要案例

根据清科集团旗下私募通数据显示，2015 年 7 月上海风险投资受资方中，排名第一的是上海金丰投资股份有限公司，该公司获得融资 21.98 亿美元，完成了该企业国企混合所有制改革。

其他月份中上海企业作为风投受资方的案例主要有，2015 年 2 月 4 日中路资本投资好厨师 500.00 万美元，上海乐快信息技术有限公司旗下产品好厨师是一个私人厨师 O2O 预订服务平台，通过 App 可以预定私人厨师到家做饭；2 月 28 日，中路资本投资“摸摸哒”宠物公司 500.00 万元人民币，摸摸哒是一家提供宠物上门洗澡服务的初创公司，可通过 App、微信公众平台、400 电话等方式预约上门服务；此外中路资本还投了“摸摸哒”的同类企业“美宠”数百万元人民币，美宠是一家为宠物提供上门美容服务的移动应用。

根据清科集团旗下私募通数据显示，2015 年 4 月份风险投资受资方中位于上海的有上海优刻得信息科技有限公司、上海丽人丽妆化妆品有限公司、上海拍拍贷金融信息服务有限公司。5 月 20 日，百视通发布了非公开发行股票结果暨股本变动公告，包括海通开元、上海国和投资和交银国际控股等 8 家机构共出资 12.76 亿美元参与了此次非公开股票发行的认购，公告称本次重组完成后，四家标的公司成为百视通的全资子公司，将通过对标的公司的业务整合和梳理，发挥协同效应，实现重组后上市公司的战略规划目标。

2015 年 9 月上海蔚来汽车获得高达 5.0 亿美元的融资额，上海蔚来汽车由李斌联合多位互联网经营创办，开发平民消费得起的环保互联电动汽车，该公司深受投资人追捧，包括汽车之家创始人李想、京东 CEO 刘强东等，红杉、愉悦资本、腾讯和高瓴资本也进行了投资。2015 年 9 月 18 日，搜房网宣布获得 IDG Capital、凯雷集团和公司 CEO 莫天全 4.0 亿美元至 7.0 亿美元的投资。2015 年 9 月上海洋码头网络技术有限公司获得 1 亿美元风险投资。

根据清科集团旗下私募通数据显示，2015 年 12 月份全国风险受资方中，位居第一的是携程旅行网，12 月 11 日，携程旅行网宣布获得 Priceline 集团和高瓴资本分别 5 亿美元的可转换债券投资。

（三）上海风险投资基金成立情况

私募通数据显示，2015 年信达国鑫国企混合所有制改革（上海）促进基金成立，目标规模 200 亿元人民币。该基金旨在为国企改革提供稳定而有力的资金支持，推动国有企业和社会资源对接，立足上海、辐射全国。

2015 年 3 月上海汇付互联网金融信息服务创业股权投资中心（有限合伙）成立，目标规模 2.5 亿元人民币，存续期 7 年，重点投向金融产品交易平台、大数据开发应用、P2P 网贷、众筹、配套的计算机软件等相关领域具有良好的市场前景的未上市企业，处于早中期的新三板或创业板企业。

私募通统计结果显示，2015 年 4 月新设立投资新三板基金高达 50 余只，且均为人民币基金，占 4 月基金总数的 4 成以上，基金总部已遍及北京、上海、深圳、宁波、重庆等等各大城市。从在新三板上各地区企业情况来看，北京 400 余家、上海 217 家、浙江高达 130 家，深圳市超过 100 家。而 4 月上海地区新三板基金 14 只、深圳成立基金 9 只、宁波鼎锋明道投资管理合伙企业（有限合伙）成立的新三板基金 5 只等等。

2015 年 6 月新募集基金中 Fudo Capital III L. P.、国开（北京）—交行新型城镇化发展基金和上海临港园区开发三只基金募资额较大，募资总额为 38.03 亿美元。

2015 年 7 月完成募资的基金中，北京文资光大文创产业基金由光大证券股份有限公司与北京市文化投资发展集团旗下北京市文化创意产业投资基金管理有限公司等出资成立，光大资本投资有限公司负责管理，该基金成立于 2015 年 7 月，目标规模 300.00 亿元人民币（约 48.81 亿美元），重点支持京津冀的文化产权交易平台、文创产业功能区等领域建设发展，基金的资金来源由光大证券募集，投资项目由文投集团负责提供，主要投资北京市广播影视、动漫、音像、传媒、软件和计算机服务等产业。光大资本投资有限公司于 2008 年 11 月在上海创立，为光大证券股份有限公司的全资子公司，是首批获得中国证监会批准设立的券商系直投子公司，注册资本金人民币 20 亿元人民币。

2015 年 8 月完成募资的基金中较为重要的是上海健康医疗产业投资基金，该基金成立于 2015 年 8 月，目标规模 30.00 亿元人民币（约 4.78 亿美元），首期规模 10.00 亿元人民币（约 1.59 亿美元），存续期 2+3 年，由

上海医药集团股份有限公司与上海瑞力投资基金管理有限公司管理的上海瑞力创新股权投资基金合伙企业（有限合伙）发起设立，由上海瑞力投资基金管理有限公司负责管理，投资方向为医药电商、新药研发、医疗器械以及围绕医疗健康生态圈和不同场景的其他投资机会。上海瑞力投资基金管理有限公司成立于 2011 年 9 月 5 日，注册资本为 4900.00 万元人民币（约 780.37 万美元），是上海国际集团按照上海市外商投资股权投资企业试点政策发起设立的中外合资基金管理公司，股东发起人还包括香港沪光国际投资管理有限公司，经营范围为受托管理股权投资企业的投资业务并提供相关服务、股权投资咨询。瑞力投资目前管理的资产规模超过 50.00 亿元人民币（约 7.96 亿美元），未来预期资产管理规模可达 300.00 亿元人民币（约 47.78 亿美元）。

第三节　上海联合产权交易所

上海联合产权交易所是经上海市人民政府批准设立的综合性产权交易服务机构，是国务院国有资产监督管理委员会选定的从事中央企业国有产权转让以及上海国有企业产权转让挂牌交易的指定机构，是集物权、债权、股权、知识产权等交易服务为一体的专业化市场平台，是立足上海、服务全国、面向世界，连接各类资本进退的专业化、综合性要素市场平台，是多层次资本市场的重要组成部分。

上海联合产权交易所是于 2003 年经上海市人民政府批准设立的具有事业法人资格的综合性产权交易服务机构，其前身是 1994 年 1 月 1 日上海市人民政府批准成立的“上海城乡产权交易所”，该交易所于 1994 年 4 月 20 日正式挂牌运行。1996 年 3 月 26 日，经上海市人民政府批准上海城乡产权交易所重组为上海产权交易所，上海市企业国有产权正式进场规范交易。上海产权交易所的行政主管部门是上海市国有资产管理办公室，在业务上接受上海市产权交易管理办公室对产权交易活动的监督管理，由此构建起上海产权市场“出资监管、市场监管、交易平台”三位一体的产权市场体制框架。1999 年 12 月 28 日，上海技术产权交易所正式开业，上海产权市场在全国率先走出了探索以技术资本化、资本人格化为特征的技术产权交易第一步，有效地加快了科技成果的产业化进程，拓展了中小型科技企业的融资渠道。2003 年 12 月 1 日，上海市委、市政府联合批复，同意合并上海产权交易所和上海技术产权交易所，组建上海联合产权交易所。这是上海贯彻落实党的十六届三中全会精神的一项重大举措，是促进上海产权市场快速发展的又一重要里程碑。2003 年 12 月 18 日，上海联合产权交易所正式揭牌运行。2014 年至今，上海联合产权交易所围绕“服务国资国企深化改革、服务上海科创中心建设、服务多层次资本市场建设”的使命任务和“转型升级、创新发展”的战略目标，全面加强平台建设。

截至 2015 年末上海联合产权交易所共有 9 个服务平台，其中正在筹建平台一个，以服务不同种类产权交易的需要。

第一，国资国企产权交易服务平台：为国企股权、物权、债权、知识产权流转服务，盘活国有存量资产，引入社会资本，创新增资业务，推进国资国企深化改革，推动混合所有制发展。

第二，科创项目（成果）交易服务平台（知识产权交易服务平台）：为科技信息集散、科技成果交易、科创需求对接、科技金融服务；为各类研发、创新主体和科创需求主体等提供交易及综合配套服务；为专利、著作权、商标权等提供确权、评估、项目融资、交易、鉴证等服务。

第三，金融资产交易服务平台：为银行间信贷资产、金融产品交易及相关金融机构股权、各类资管计划的流通提供服务；为银行及相关金融机构的业务合作提供平台和增值服务。

第四，私募股权融资服务平台：引入基金、投行等专业机构，为各交易主体提供全方位的金融服务；整合各类金融工具与交易标的，创新股权融资交易产品。

第五，实物资产交易服务平台：为不动产、交通运输设备、各类生产设备等各类实物资产以及租赁权、广告经营权、资产收益权、大宗商品等各类资产提供交易流转服务。

第六，文化体育产权交易服务平台：为文化企业产权、文化品牌、文化产业项目及赛事举办权、转播权、运动员转会权等提供交易流转服务。

第七，农村产权交易服务平台：为各类农村产权（农户承包土地经营权、林权、农村集体经营性资产、农业生产设备、小型水利设施使用权、

农业类知识产权等）提供信息发布、产权交易、法律咨询、资产评估、抵押融资等综合服务。

第八，碳交易服务平台：开展碳排放权交易、自愿碳减排交易、合同能源管理项目交易和投融资、环境低碳技术交易、清洁发展机制（CDM）项目交易、排污权交易等，并提供相关信息和技术服务。

第九，公共资源交易服务平台（筹建中）：为工程建设项目招投标、土地使用权和矿业权出让、政府采购等公共资源市场化配置服务；为行政事业单位资产、司法及行政罚没资产、涉诉资产、特许经营权等各类公共资产进场处置服务。

目前，上海联合产权交易所为各类产权交易设定了交易流程，如图 3－4 所示。第一步产权转让方提出转让申请；第二步由交易所发布转让信息；第三步产权购买方登记受让意向；第四步交易所交易双方签约，其过程是通过有效的竞价方式进行匹配；第五步在交易所的监督下结算交易资金，出具交易凭证。在整个过程中最为复杂的过程就是竞价匹配的过程，为此交易所提供网上在线交易服务，大大降低了竞价成本和竞价时间。

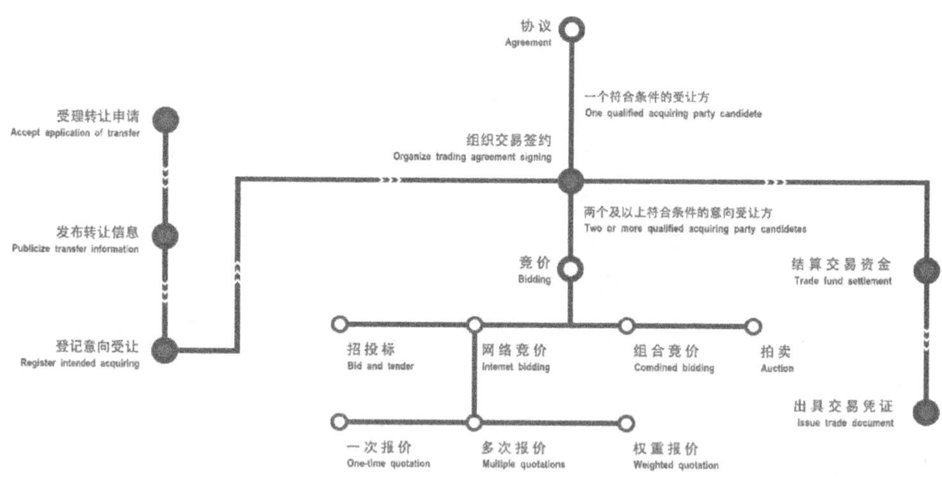

图 3－4　上海联合产权交易所产权交易流程

在整个过程中，交易所采取的是会员制交易模式，其会员分经纪会员、央企及异地业务会员、拍卖会员和律所会员。截至 2015 年末，上海联合产权交易所共有经纪会员 77 家，央企及异地业务会员 58 家，拍卖会员 26 家，律所会员7家。

根据2014年发布的《上海联合产权交易所上海经纪会员管理细则》规定，申请成为上海联交所经纪会员应符合以下基本条件：(1) 注册地在上海，且具有独立法人资格的企业；(2) 注册资金不得低于人民币100万元；(3) 具有固定的经营场所和必要的设施；(4) 具有健全的组织机构和严格的财务管理制度；(5) 具备产权经纪经营范围和从事产权经纪业务的专业人员；(6) 具备上海市执业经纪人协会会员资格；(7) 国家法律法规及上海联交所规定的其他条件。

根据2012年发布的《上海联合产权交易所央企及异地业务经纪会员管理办法（试行)》规定，申请成为上海联交所央企及异地业务经纪会员应符合以下基本条件：(1) 依法设立的企业法人，经营范围应包括产权经纪或投资咨询、产权中介服务等；(2) 至少有两名符合条件的交易员；(3) 注册资本不低于人民币100万元；从事产权交易自营业务的，注册资本不低于人民币500万元；(4) 具有固定的经营场所和必要的设施；(5) 具有健全的组织机构和规范的内部管理制度；(6) 上海联交所要求的其他条件。

根据2012年发布的《上海联合产权交易所专业会员——律所会员管理办法》规定，申请成为联交所律所会员的律师事务所，应当持有相关机构颁发的有效的律师事务所执业许可证，执业规范，无违规从业记录，且上一年度具备下列条件之一：(1) 拥有不少于100名执业律师且在全国范围内设立一家以上分支机构的具有一定规模的律师事务所；(2) 拥有不少于10名执业律师且由1—2名一级律师或在业内有影响力的知名律师领衔的律师事务所；(3) 拥有不少于20名执业律师，以包括为国资国企、产权交易、企业并购重组、银行金融等领域提供专业服务为主要业务的律师事务所。

根据2009年发布的《上海联合产权交易所拍卖会员管理办法》规定申请成为联交所拍卖会员的拍卖机构，应当具备以下基本条件：(1) 有相关主管部门核准的产权拍卖经营范围；(2) 拥有2名以上熟悉国有产权交易业务的专业人员；(3) 拥有A级以上拍卖资质；(4) 执业规范，无违规从业记录。

第四节 上海股权托管交易中心

2012 年 2 月 15 日，在上海金融资本市场改革创新向中小企业利好的背景下，上海股权托管交易中心（以下简称“上股交所”）正式启动交易。该中心是经国务院同意，由上海市人民政府批准设立，遵循中国证监会对中国多层次资本市场体系建设的统一要求，是上海市国际金融中心建设的重要组成部分，也是中国多层次资本市场体系建设的重要环节。

目前，上海股权托管中心由原先的 6 个部分扩展为 9 个部门，分别是市场开发部（挂牌管理部、报价管理部）、交易管理部（登记结算部）、创新业务部、挂牌审核部、市场监管部、信息技术部、计划财务部、办公室（人力资源部）、党委办公室（纪检办公室）9 个部门，集股份转让、登记结算、代理买卖、市场拓展、定向增资、企业购并等多种金融服务业务于一体，为一、二级市场投资者提供多样化的金融产品和综合服务。

上海股权托管交易中心目前已形成“一市三板”的格局：在一个市场——上海股权托管交易中心中形成非上市股份有限公司股份转让系统（“转让系统”、“E 板”）、中小企业股权报价系统（“报价系统”、“Q 板”）和科技创新板（创新型企业报价 N 板，是 New 板的简称），三个板块，为不同类型、不同状态、不同阶段的企业找到合适于企业发展的位置，得到相适的服务，是上股交满足中小企业多元化需求、拓宽中小企业融资渠道、促进实体经济发展的重要创新。

近年，上海股权交易中心交易规模大幅增长，截至 2016 年 7 月 31 日，上海股交中心挂牌企业总数 9394 家，其中 E 板挂牌企业 617 家，N 板挂牌企业 42 家，Q 板挂牌企业 8735 家，股权托管企业 170 家，股权融资 153.63 亿元，债权融资 28.4 亿元。

一、N 板市场

“科技创新板”，简称 N 板，主要服务于“四新”（新技术、新产业、新业态、新模式）和科技型企业。是贯彻落实上海市金融支持科技创新中心建设部署的重要举措，是上海国际金融中心建设的重要内容。“科技创新板”聚焦科创，首次尝试注册制，建立以信息披露为核心的挂牌审查机制，注重利用互联网综合金融服务平台提供多元化金融服务，通过推动设立科技创新母基金等方式，建立与投资机构良性互动机制，探索建立与其他多层次资本市场之间的对接机制，进一步完善我国服务于科创企业的多层次资本市场体系。

上海股权托管交易中心2015年11月22日发布了《上海股权托管交易中心科技创新企业股份转让系统管理办法（试行）》等制度，确立了科创板的交易规则。2015年12月28日，上海股权托管交易中心科技创新企业股份转让系统（简称“科技创新板”）开盘仪式在张江大厦隆重举行，“科技创新板”首批挂牌企业共27家，其中科技型企业21家，创新型企业6家；行业主要分布于互联网、生物医药、再生资源、3D打印等新兴领域；19家企业处于初创期，其余8家企业步入成长期。

科技创新板（全称“科技创新企业股份转让系统”，俗称“N板”）是上海市贯彻落实国家创新驱动发展战略，建设具有全球影响力的科技创新中心的有效措施，专为科技型、创新型中小企业量身定做的股份交易市场板块。科技创新板将试点进行一系列制度改革与创新，以提升市场的融资、交易、并购、投资退出等功能，从而帮助科技型、创新型中小企业与资本市场进行有效对接，全方位孵化培育科创企业。

（一）科技创新板挂牌

1. 挂牌条件。科技创新板重点服务于尚未进入成熟期但具有较好的成长潜力的科技型、创新型中小企业。科技创新板的挂牌条件如下：

（1）属于科技型、创新型股份有限公司；

（2）具有较强自主创新能力、较高成长性或一定规模；

（3）公司治理结构完善，运作规范；

（4）公司股权归属清晰；

（5）上股交要求的其他条件。

上述挂牌条件中，“科技型、创新型”的认定依据如下：

（1）企业研发投入强度（最近一年（或一期）研发经费支出与营业收

入的比例）不低于3%；

（2）直接从事研发的科技人员占比不低于10%；

（3）高新技术产值占营业收入的比例不低于50%；

（4）具有自主知识产权（发明专利、著作权等，企业自主研发及受让取得均可）；

（5）具有“新技术、新模式、新业态、新产业”的特征（参照《上海“四新”经济发展绿皮书》）。

不满足上述5条的科技型、创新型企业，也可充分披露其“科技型”、“创新型”的特征，并由其聘请的推荐机构发表专业意见。

“自主创新能力、较高成长性或一定规模”是专门为处于不同阶段的企业设置的差异化挂牌条件，认定依据如下：

（1）公司经研发后取得明显的技术突破；

（2）拥有自主知识产权的核心技术；

（3）获批取得特许经营资质；

（4）最近两年每年营业收入增长率均不低于30%；

（5）连续两年盈利，净利润累计不少于400万元；

（6）最近一年盈利，营业收入不少于2000万元；

（7）市值不少于2亿元，最近一年营业收入不少于2000万元，最近两年经营性活动产生的现金流净额累计不少于200万元；

（8）市值不少于3亿元，最近一年营业收入不少于2000万元；

（9）市值不少于6亿元，总资产不少于6000万元，净资产不少于4000万元。

（二）挂牌程序

根据科技创新板设定的交易规则，科技创新板的挂牌程序如图3－5所示。

存在以下情形之一的，申请挂牌公司可申请适用简易注册程序，豁免注委会审查：

（1）申请挂牌公司所聘请的推荐机构在申请文件受理前12个月内对其进行股权投资，投资金额不低于200万元，且推荐机构承诺自其所持股份在上股交登记托管之日起24个月内不转让的；

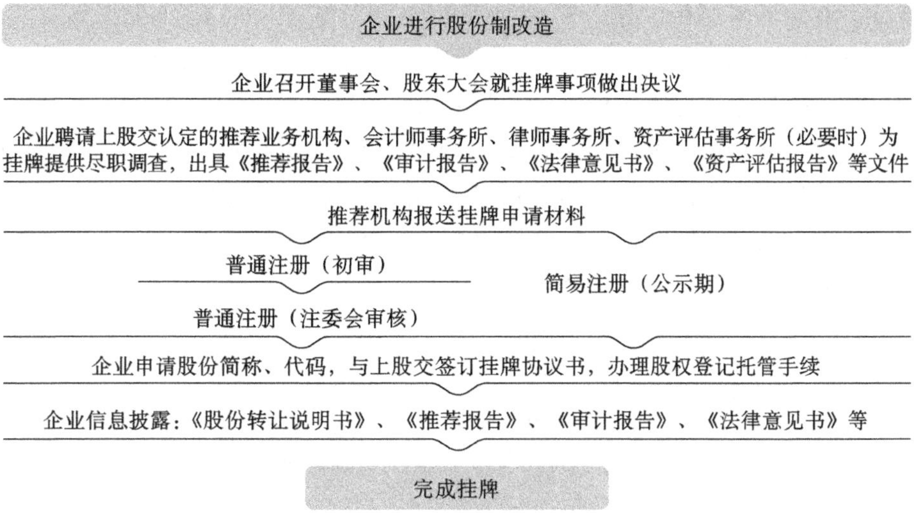

企业进行股份制改造

企业召开董事会、股东大会就挂牌事项做出决议

企业聘请上股交认定的推荐业务机构、会计师事务所、律师事务所、资产评估事务所（必要时）为挂牌提供尽职调查，出具《推荐报告》、《审计报告》、《法律意见书》、《资产评估报告》等文件

推荐机构报送挂牌申请材料

普通注册（初审）

普通注册（注委会审核）

简易注册（公示期）

企业申请股份简称、代码，与上股交签订挂牌协议书，办理股权登记托管手续

企业信息披露：《股份转让说明书》、《推荐报告》、《审计报告》、《法律意见书》等

完成挂牌

图 3－5　科技创新板的挂牌程序

（2）上股交及推荐机构认可的私募股权投资机构在申请挂牌公司申请文件受理前12个月内对其进行股权投资，投资金额不低于400万元，且私募股权投资机构承诺自其所持股份在上股交登记托管之日起24个月内不转让的；

（3）上股交认可的其他情形。

（三）科技创新板融资

现阶段挂牌公司可以通过私募股权或私募债权两种形式进行融资。私募股权融资即向合格投资者非公开发行股份、向管理层等内部人员实施股权激励等；私募债权融资为按约定到达一定期限后需要还本付息的融资方式，包括但不限于银行贷款产品（担保贷款、股权质押贷款、信用贷款等）、私募债、商业保理、融资租赁等。

上股交将依托融资服务中介，搭建互联网综合金融服务平台，采取互联网线上线下有机联动机制，优先支持“科技创新板”挂牌企业借助互联网平台开展私募股权融资、私募债权融资或其他私募融资业务。

需要注意的是，挂牌公司在进行非公开发行股份时，需尤其关注国家及上股交对私募融资、非公开发行股份的相关要求。挂牌公司及其聘请的财务顾问（如有）应当以非公开方式，向符合规定的合格投资者定向发行

股份，不得采用广告、公开劝诱和变相公开方式向非特定公众进行募集，更不得采用“上市”、“原始股”等虚假宣传进行资金募集，否则将面临承担上股交的自律监管及违规处分，并可能承担相应民事或刑事法律责任。

根据《证券法》第十条规定，公开发行证券，必须符合法律、行政法规规定的条件，并依法报经国务院证券监督管理机构或者国务院授权的部门核准；未经依法核准，任何单位和个人不得公开发行证券。

有下列情形之一的，为公开发行：

（1）向不特定对象发行证券的；

（2）向特定对象发行证券累计超过200人的；

（3）法律、行政法规规定的其他发行行为。

非公开发行证券，不得采用广告、公开劝诱和变相公开方式。

（四）科技创新板交易

1. 合格投资者要求。科技创新板主要服务于具有科技型、创新型特征，处于初创期或成长期的中小微企业。该类企业具有较高的成长性，但同时也伴随着较高的投资风险性。因此，投资者参与科技创新板一、二级市场投资，应具有较强的风险防范意识和较高的风险承受能力，一般以专业的机构投资者为主。

在科技创新板设立初期，仅接受依法设立具备风险识别能力和风险程度能力的法人机构、合伙企业，金融机构依法发行的理财产品及上股交认可的其他投资者参与投资。

此外，科技创新板挂牌公司的在册股东可以自由买卖本公司的股份及有权按比例认购本公司非公开发行的股份，挂牌公司在册股东、董事、监事、高级管理人员和员工不受合规投资者资质条件的限制，可以参与本挂牌公司的非公开发行股份。

2. 交易机制。科技创新板目前采用的是协议转让的方式，实行T+5交易，即投资者买入后卖出（或卖出后买入）挂牌公司股份的时间间隔不少于5个转让日。待科技创新板稳步运行后，下一步将根据国家统一部署，适时研究建立活跃二级市场的其他交易方式。

科技创新板挂牌公司股份转让时间为每周一至周五上午9:30至下午15:00，如遇国家法定节假日和其他特殊情况，股份暂停转让。

科技创新板股份转让申报的股份数量以“股”为单位，每笔委托股份数量应为1000股及以上。投资者账户中某一挂牌公司股份可转让余额不足1000股的，应一次性委托卖出。股份的报价单位为“每股价格”。报价最小变动单位为0.01元。

科技创新板股份转让价格实行涨跌幅限制，涨跌幅比例限制为前成交均价的50%，只有在挂牌公司股份成交首日及上股交认定的其他情形时不设涨跌幅限制。挂牌公司股份的前成交均价指前一转让日该股份所有成交的加权平均价；前一转让日无成交的，以前一转让日的前成交均价为当日的前成交均价。

（五）科创板与私募股权投资机构的互动

上海股交中心拟从“募、投、管、退”四个方面建立“互动机制”，具体方式如下：

1. 募集。大力发展上海股交中心科技创新母基金，为私募股权投资基金提供募集资金来源。积极吸引和集聚国内外优秀私募股权投资机构，发挥资金杠杆效应，撬动大众资金，引导社会资本投向“科创板”挂牌及拟挂牌企业。

加强上海股交中心私募股权投资基金份额报价系统（即PE/LP份额报价系统）功能，将其打造成为私募股权投资机构既可进行一级市场资金募集又可进行二级市场交易的平台。

2. 投资。搭建互联网金融服务信息平台，整合科技型、创新型中小企业相关信息资源。通过引入第三方、权威企业信用服务机构，为企业提供信息查询、共享及信息披露服务，并为投资科技型、创新型企业的投资人提供信息交互平台，此举将为私募股权投资机构提供投资决策参考。获得私募股权投资机构融资及推荐信（推荐拟挂牌企业为科技型、创新型企业）的企业将通过简易注册程序挂牌，挂牌手续更为便捷。

3. 管理。加强对于私募股权投资机构投资的“科创板”挂牌企业的市场监管，按照“上海股交中心引导、市场运作、专业管理、鼓励创新”的原则进行投资运作管理，防范投资风险。

4. 退出。发挥上海股交中心科技创新母基金对基金投资份额的受让功能，为其他基金的原有投资者提供退出渠道；借助上海股交中心PE/LP份

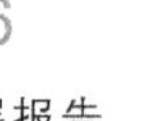

额报价系统，实现份额流动，拓宽退出渠道；通过“科创板”简易注册程序及交易费用减免相关机制的建立，促进交易，为私募股权投资机构或子基金退出降低成本，开辟便利的退出途径；通过与上交所战略新兴板等多层次资本市场建立便捷的对接机制，为私募股权投资机构提供更便捷的退出渠道和溢价平台。

二、各地对上海股权托管交易中心挂牌企业补贴政策

2014 年至 2015 年间，各地对上海股权托管交易中心挂牌企业补贴政策基本保持不变，嘉定区略有变化，张江国家自主创新示范区、崇明区、宝山区、北京东城区、湖南长沙市和山东烟台市在 2014—2015 年间修改或发布了补贴政策。

嘉定区补贴挂牌公司总额从不超过 200 万元降到不超过 100 万元。

宝山区：对成功挂牌的企业，按照实际中介服务费用发生额的 50% 给予扶持，最高 150 万元；区外企业将注册地迁至宝山并成功在上海股交中心挂牌的，再给予 50 万元奖励；鼓励各街镇（园区）进一步加大力度、推动企业上市或借助场外交易市场直接融资，每实现一家企业上市，奖励所属街镇（园区）20 万元，每实现或引入一家企业在“新三板”或上海股权托管交易中心挂牌，奖励所属街镇（园区）2 万元。本区企业拟申请进入上海股交中心挂牌并需要申请扶持基金的，按实际发生费用，最高 150 万元。外区迁入本区挂牌的，除挂牌扶持外，再给予最高 50 万元奖励。

崇明县：对成功挂牌的企业，按照实际中介服务费用发生额的 50% 给予扶持，最高 200 万元；县外企业将注册地迁至崇明并成功在上海股交中心挂牌的，再给予 50 万元奖励。

上海张江国家自主创新示范区：（1）完成股份制改造一次性补贴 50 万元；（2）进入上海股交中心 E 板挂牌一次性奖励 50 万元。

北京东城区：重点拟上市挂牌企业完成股份制改造后，奖励 100 万元人民币；上市挂牌成功后，奖励 50 万元人民币；通过上市挂牌融资达到 3000 万元人民币及以上的奖励 100 万元人民币。

湖南省长沙市：（1）新三板和区域性股权交易市场挂牌的企业，分别在挂牌后给予 50 万元和 30 万元的前期费用补助。（2）支持企业在场外市

场挂牌的资金从资本市场发展专项中列支。

山东省烟台市：（1）进入融资后备库的企业，经中介机构辅导由有限公司改制为股份有限公司的，对申请资本市场上市挂牌的企业给予20万元的奖励。（2）进入融资后备库的企业，已聘请中介机构进行上市辅导，并且支付了上市辅导、保荐及审计、法律服务、资产评估、工商登记变更手续等必要费用，对申请主板、中小企业板、创业板、境外上市的企业给予150万元奖励；对申请进入新三板挂牌企业，给予50万元奖励；对申请进入区域股权交易市场挂牌企业给予20万元奖励。（3）对完成主板、中小企业板、创业板上市的企业给予100万元奖励；对境外上市的企业给予150万元奖励。对在新三板挂牌的企业，给予50万元奖励。对在区域股权交易市场挂牌的企业，给予20万元奖励。（4）在企业转板后，可按照补差的方式享受相应的政策支持。（5）拟挂牌企业和已挂牌企业，投资新建符合国家产业和供地政策的项目，管委优先安排发展用地，优先办理立项、转报或核准手续。（6）拟挂牌企业在改制挂牌过程中，实际税负增加的，由区财政根据税收地方留成增加情况，给予补助。（7）对挂牌企业成功实现直接融资的，且募集资金实际用于区内投资的，按融资额1‰比例奖励企业高管人员。企业主要负责人奖金分配比例不高于60%。

第四章
上海科技保险新发展

从2008年上海确定为第二批科技保险试点城市（区）开始至今，上海科技保险业已历经了8个年头。未来上海科技金融创新试点，将涵盖四方面内容，包括：科技信贷、股权投资、资本市场和科技保险四大领域。在这8年的时间里，上海比肩其他试点地区的发展进行不断探索，取得了丰富的经验，本着切实服务科技创新，促进上海科创中心建设，助力中小科技型企业融资保障的思想，不断探索合适的保险险种和运作方式。

第一节　服务科技创新的保险发展特点

科技企业或研发机构在研发、生产、销售或其他经营管理活动中会面临财产损失、人身伤害、研发中断、民事赔偿责任等各种各样的风险，科技保险就是针对这些风险设计的一系列保险产品。

一、上海科技保险基本情况

科技保险的发起是由国家科技部和中国保监会共同组织和推动的，旨在支持高新技术企业发展，促进国家自主创新战略的实施。科技保险采取政策引导和商业化运作的经营模式，由政府提供财政补贴和税收优惠，通

过保险公司的商业化运作，为高新技术企业提供财产、人员、责任以及融资等方面的保险保障和服务，以提高高新技术企业的生存和发展能力。保监会和科技部联合下发的保监发［2006］129号文件规定，科技保险保险费支出纳入企业技术开发费用；国家财税［2006］88号文件规定，企业技术开发费在实行100%税前扣除的基础上，允许再按当年实际发生额的50%在企业所得税税前加计扣除。

（一）科技保险投保对象

凡在中华人民共和国境内合法经营的高新技术研发、生产的企业或机构均可投保科技保险。

根据科技部颁布的《国家高新技术产业开发区高新技术企业认定条件和办法》和《国家高新技术产业开发区外高新技术企业认定条件和办法》，高新技术的范围包括：

1. 电子与信息技术。
2. 生物工程和新医药技术。
3. 新材料及应用技术。
4. 先进制造技术。
5. 航空航天技术。
6. 现代农业技术。
7. 新能源与高效节能技术。
8. 环境保护新技术。
9. 海洋工程技术。
10. 核应用技术。
11. 其他在传统产业改造中应用的新工艺、新技术。

（二）科技保险的险种

1. 高新技术企业产品研发责任保险。
2. 高新技术企业关键研发设备保险。
3. 高新技术企业营业中断保险。
4. 高新技术企业财产保险。
5. 高新技术企业产品责任保险。

6. 高新技术企业产品质量保证保险。

7. 科技型中小企业履约保证保险。

8. 高新技术企业董事会、监事会、高级管理人员职业责任保险。

9. 高新技术企业雇主责任保险。

10. 高新技术企业高管人员和关键研发人员团体健康保险。

11. 高新技术企业高管人员和关键研发人员团体意外保险。

12. 高新技术企业环境污染责任保险。

13. 高新技术企业专利保险。

14. 高新技术企业小额贷款保证保险。

15. 高新技术企业项目投资损失保险。

16. 高管人员和关键研发人员团体人身意外伤害保险。

17. 高新技术研发营业中断保险。

18. 短期出口信用保险。

19. 中长期出口信用保险。

20. 进口预付款保险。

21. 国内贸易信用保险。

22. 其他保险产品及服务：出口票据保险、农产品出口特别保险、外派劳务信用保险、中小企业综合保险、国际商账追收、资信评估服务、保单融资服务。

二、上海科技保险发展特点

科技保险特点主要综合体现在政府主导安排部署、科技保险补贴政策支持、政府与保险公司大力合作等方面。

1. 政府主导部署安排。无论是从中央政府层次，还是试点城市（区）层面，科技保险的发展都是政府倡导发展并安排部署的。为了分散高新技术企业经营风险、鼓励研发和创新、引导高新技术企业参与科技保险，科技部、中国保监会先后下发了《关于开展科技保险创新试点工作的通知》和《关于进一步做好科技保险有关工作的通知》。从我国科技保险发展相对比较好的城市（区）来看，获取的最主要的经验之一是在中央政府统一主导下，各地方政府积极响应并规划部署本地区的科技保险发展计划。

2015年1月，科技部在《关于进一步推动科技型中小企业创新发展的若干意见》中提出：完善科技型中小企业融资担保和科技保险体系。引导设立多层次、专业化的科技担保公司和再担保机构，逐步建立和完善科技型中小企业融资担保体系，鼓励为中小企业提供贷款担保的担保机构实行快捷担保审批程序，简化反担保措施。鼓励保险机构大力发展知识产权保险、首台（套）产品保险、产品研发责任险、关键研发设备险、成果转化险等科技保险产品。

2015年3月中共中央国务院《关于深化体制机制改革　加快实施创新驱动发展战略的若干意见》指出，“研究保险资金投资创业投资基金的相关政策”。“建立知识产权质押融资市场化风险补偿机制，简化知识产权质押融资流程。加快发展科技保险，推进专利保险试点”。

2015年9月中共中央办公厅、国务院办公厅印发了《深化科技体制改革实施方案》，再次强调“建立知识产权质押融资市场化风险补偿机制，简化知识产权质押融资流程，鼓励有条件的地区建立科技保险奖补机制和再保险制度，加快发展科技保险，开展专利保险试点，完善专利保险服务机制”。

2016年4月21日，中国银监会、科学技术部、中国人民银行等部委联合印发了《关于支持银行业金融机构加大创新力度开展科创企业投贷联动试点的指导意见》，上海共有三家银行入选首批投贷联动试点银行，占全国总数的30%。

2. 政府科技保险补贴政策支持。依据《中国保监会关于加强和改善对高新技术企业保险服务有关问题的通知》（保监发［2006］129号），从2007年我国确定第一批科技保险试点城市（区）开始，各个试点城市（区）纷纷出台了关于科技保险补贴的相关政策措施，从而为企业投保科技保险和保险公司承保科技保险提供了重要的保障。

2015年8月上海市人民政府办公厅印发了《关于促进金融服务创新支持上海科技创新中心建设的实施意见》，其中针对增强保险服务科技创新的功能，在该文件的第（九）、（十）两条明确指出：

“（九）支持保险资金为科技创新企业提供资金融通。推进保险资金与本市创业投资引导基金和天使投资引导基金合作，鼓励保险资金通过投资创业投资基金、设立私募股权投资基金，或与国内外成熟的基金管理公司合作等方式，服务于成长阶段的科技创新企业。鼓励保险资金投资‘创业

苗圃—孵化器—加速器’科技创新创业孵化链条建设，筛选具有较好成长性的科技创新企业，开展长期股权、债权投资。（十）鼓励推出符合科技创新企业需求的保险产品。鼓励保险机构开发首台（套）重大技术装备、关键研发设备的财产保险、产品责任保险、产品质量保证保险、专利保险等产品，为科技创新企业、上海重点支持发展的重大战略项目提供保险保障服务。对符合条件的首（台）套重大技术装备保险、专利保险、科技型中小企业履约保证保险等，实施补贴、补偿等奖励和风险分担政策。探索开发科技创新企业创业保险产品，运用保险机制支持初创期科技创新企业发展。推动保险机构发展科技创新企业核心人员在职保证保险。推动国际商业医疗保险信息平台建设，完善涉外保险结算网络，为国际人才就医提供便利服务。发展专业科技保险经纪机构，促进科技保险产品的开发与运用。”

3. 政府与保险公司合作。政府与保险公司合作是我国试点城市（区）推动科技保险事业发展的一条重要经验，特别是在出口信用保险方面显得尤为突出。例如，科技部和中国出口信用保险公司联合出版了《出口信用保险科技专刊》；中国出口信用保险公司联合其他相关政府部门共同下发了《关于发挥信用保险作用，支持高新技术企业发展，促进科技兴贸有关问题的通知》。

2015 年 8 月，上海市人民政府发布了《关于本市发展众创空间推进大众创新创业的指导意见》，指出：创新科技信贷服务产品。鼓励发展商业银行科技支行，为轻资产、无抵押、高风险特征的创业企业提供金融服务。组建政策性融资担保机构或基金，为创业企业提供信用增进服务。继续完善科技企业信用贷、履约保、微贷通及个性化金融产品组成的信贷产品体系，开展“创投贷”信贷服务，扩大科技信贷的规模和惠及面。完善本市科技型中小企业和小型微型企业信贷风险补偿办法，引导商业银行加大对科技型中小企业和小型微型企业信贷支持力度。开发符合科技企业技术创新、产品创新规律的核心人员在职保证保险等科技保险产品，运用科技保险补贴等方式，降低科技企业创新风险，增强抗风险能力。

4. 商业保险机构和中介机构的功能得到较好的发挥。从我国科技保险试点城市（区）发展经验来看，一方面，开拓新的保险资源、放开商业保险公司的手脚、扩大了保险服务的领域是实现科技保险创新发展的一个重要手段。另一方面，充分发挥保险经纪公司的中介职能，例如深入科技企业提供差异化的保险经纪服务，协助有关政府部门和试点城市地方政府制定科技保险创新试点工作方案。在我国科技保险试点城市（区）中，充分发挥保险中介的风险管理和保险服务功能，作为苏州高新区和重庆市聘请的科技风险顾问，使其成了保险公司、地方政府和高新技术企业三者之间的桥梁和纽带，形成了“政府信用+商业信用+专业的保险经纪服务”的创新型保险模式。

2015 年 5 月被称为科创“22 条”的《关于加快建设具有全球影响力的科技创新中心的意见》正式对外发布，这是新形势下中央对上海的定位，也是上海面向未来的根本举措和发展机遇，明确指出“支持保险机构开展科技保险产品创新，探索研究科技企业创业保险，为初创期科技企业提供创业风险保障。支持保险机构与创投企业开展合作”，营造良好的创新创业环境。2016 年 6 月上海市科创中心科技金融部召开生物医药科技保险试点方案初稿意见征询会，邀请了上海市药监局、市医学技术情报所、曙光医院、医药企业、保监会、保险公司等相关人员参与讨论。

第二节　上海科技保险做法与服务对象分析

2015 年上海市积极创建国家科技与金融结合试点城市，加快构建“四大功能板块”（科技信贷、股权投资、资本市场和科技保险）。设计科技信贷融资服务体系（3+X），解决科技型中小企业贷款过程中“轻资产、信用低、渠道少”的难点问题。“3”即通过微贷通贷款、履约保证贷款、企业信用贷款等三种差异化的产品分别服务初创企业、成长企业、小巨人企业，组成了信贷融资服务体系的主要部分；“X”即根据科技企业个性化的特殊需求，开发了出口信用保险贷款、租赁融资贷款、转化项目贷款等产品。上海市政府批准出台《关于推动科技金融服务创新，促进科技企业发展的实施意见》，上海市财政设立 3 个 10 亿元专项资金以促进科技金融发展。专营性服务机构加快建设，金融产品创新力度不断加大，科技型中小企业履约保证保险贷款、知识产权质押贷款、科技小巨人企业信用贷款等得到推广。其中，履约责任保证保险贷款试点进一步扩大，信贷总额度由 1.5 亿元

增至5亿元；与浦发银行联合推出的“科技小巨人信用贷”，截至2015年，已有81家科技小巨人（培育）企业获得4.55亿元贷款资金。为支持平台线下工作开展，依托各区县科委、孵化器、银行、保险公司、担保公司，组建了一支100余人的科技金融、信贷、保险专员队伍，深入科技企业第一线了解融资需求，为科技金融服务平台提供强有力的支持。同时，张江专项共支持14家分园成立科技中小微企业融资服务平台和信用平台建设，并通过平台申报了114项科技保险、贷款贴息、股权改革、新三板挂牌、企业上市等专项资金。专利保险方面取得新突破，2015年，全国798家创新型中小微企业投保专利保险，保障金额1.34亿元。针对初创科技企业往往“渴求”金融活水的情况，上海积极尝试科技金融机制的创新突破。

科技保险政策主要通过政策支持促进保险公司在创新科技保险产品、完善出口保险内容、创新科技风险分担机制、探索保险资金支持科技发展新方式、加强与科技部门的沟通联系等方面的工作力度。实践中，上海市着重推进科技型中小企业履约保证保险、微贷通和保费减免业务，切实解决企业负担，促进创新突破。

一、上海市科技型中小企业履约保证保险的推行

2010年12月2日，上海市科委与市金融办联合推出“上海市科技型中小企业履约保证保险贷款”试点。针对此项试点，上海市科委专门对科技型中小企业进行了走访和座谈，发现科技型企业普遍具有轻资产、缺担保、无抵押的特点，通常很难获得银行贷款。为解决这一难题，上海市科委与北京中金保险经纪公司共同组织了“上海市科技型中小企业履约保证保险贷款”试点方案，方案中市科委与中国银行上海分行、上海银行、浦发银行上海分行合作，每家银行拿出5000万元贷款额度面向科技中小企业，市科委则为这3家银行分别匹配100万元的风险补偿准备金，并引入太平洋保险公司提供部分贷款风险保障，同时，企业购买短期贷款履约保证保险。该“科技金融”模式开创了国内“银行+保险公司”联合参与贷款产品的先例。

（一）贷款背景及目的

2010年始，上海市科委与相关单位推出了科技型中小企业履约保证保

险短期贷款试点，通过企业购买履约保险的方式，由政府、银行和保险公司共同分担贷款风险，为解决轻资产的科技型中小企业融资难问题开辟了新的途径。在试点基础上，2015 年科技型中小企业履约贷款在上海全市推行，进一步扶持和加快了科技型中小企业的健康发展，加强了中小企业信用体系建设。

（二）支持对象

凡符合上海市科委《上海市科技企业界定参考标准》范畴的上海本市中小企业（含内资或外资），优先支持主要产品或服务具有自主知识产权及核心竞争力的科技型中小企业。

（三）基本准入条件

1. 企业经工商登记，各项证照均在有效期内；
2. 企业在政府部门（如工商、税务、消防、环保、质检、公检法、海关等）及银行均无不良记录；
3. 企业有一定的实际经营年限，上年销售 1000 万—1.5 亿元，最近 1 年盈利，并能提供税单、对账单、水电费单等证明材料；
4. 借款额度与企业年销售额、净资产等经营情况相匹配，贷款直接用于企业生产经营活动；
5. 企业无对外担保；
6. 企业主要上下游客户群较稳固。

（四）贷款所需材料

1. 贷款申请书（在线填报并打印形成的标准格式文本一式四份）；
2. 企业工商执照、税务登记证、组织机构代码证（复印件下同）；
3. 法人代表及核心股东身份证；
4. 近 3 年年度及申报日当期的上报税务或经审计的企业资产负债表和利润表；
5. 科技资质证书或知识产权证书；
6. 本年度主要销售合同或订单；
7. 公司介绍或宣传材料（若无可免）；

8. 其他有助贷款申请的证明材料（若无可免）。

（五）企业贷款流程

2013 年起，为便捷中小科技型企业网上办事，提高履约贷款、创投贷、微贷通的办事效率，上海构建的“3 + X”科技信贷服务体系，逐步聚集了 20 家银行、4 家担保公司、8 家保险公司、31 家投资机构、8 家咨询中介机构共 71 家金融机构的工作人员，他们对每家申请贷款的科技企业进行全方位的考量和判定。2014 年，科技型中小企业履约保证保险贷、科技小微企业微贷通贷款、创投贷、科技小巨人信用贷、高新技术成果转化项目信用贷等 5 项贷款品种以及企业贷款保费补贴等，均已在这个平台实现网上申请，企业最快在 1 周内就能从相中他们的银行那里得到所需的贷款资金（见图 4 - 1）。截至 2015 年底，1628 家科技企业获得了银行贷款 69.09 亿元，其中科技履约贷款同比增长 50% 以上。

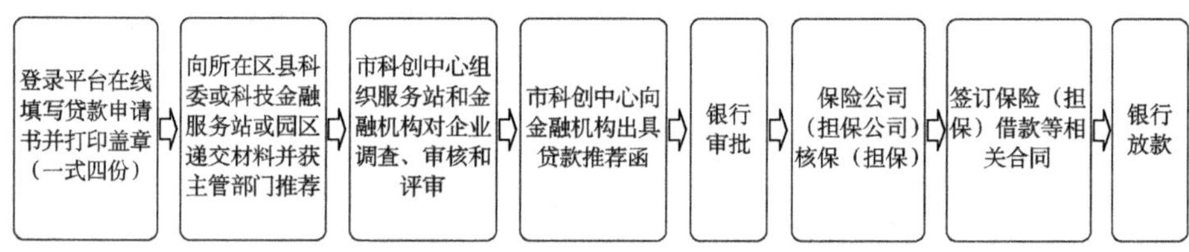

图 4 - 1　上海科技型中小企业履约贷款流程

二、上海市科技型中小企业微贷通的发展

2013 年上海发布科技型中小企业微贷通，2015 年 4 月 10 日上海市科技金融信息服务平台举行科技微贷通工作交流会，12 家科技金融服务站、10 家银行、3 家担保公司、2 家保险经济公司的约 70 人出席，对科技微贷通二期的流程和内容进行介绍，同时探讨了科技部门如何对小微企业贷款申请进行审核。2015 年底共有两期 15 批科技型中小企业获得微贷通推荐支持，截至 2016 年 6 月底推荐数字增加到 3 期 21 批。2015 年 8 月至 2016 年 6 月备案通过的微贷通企业如表 4 - 1 所示。

表 4－1　　上海科技型中小企业备案微贷通基本情况
（2015 年 8 月至 2016 年 7 月）

序号	申请企业	贷款银行	担保/保险公司	推荐金额（万元）	时间
1	上海谦讯网络科技有限公司	中国银行	创业接力担保	200	2016. 7
2	上海百弘计算机软件有限公司	中国银行	创业接力担保	150	2016. 7
3	上海稻盛电子科技股份有限公司	农商银行	创业接力担保	100	2016. 6
4	上海科涤环保科技有限公司	江苏银行	太平财产保险	200	2016. 5
5	上海普利生机电科技有限公司	中国银行	创业接力担保	100	2016. 5
6	上海奕行信息科技有限公司	兴业银行	太平财产保险	100	2016. 4
7	上海出奇信息科技有限公司	上海银行	太平财产保险	50	2016. 2
8	睿芯信息科技（上海有限公司）	杭州银行	大地保险	100	2015. 12
9	上海北辰软件股份有限公司	上海银行	浦东科技担保	150	2015. 12
10	上海海栎创微电子有限公司	中国银行	创业接力担保	200	2015. 12
11	上海恩尼克斯工业仪器有限公司	上海银行	浦东科技担保	150	2015. 11
12	上海和旭微波科技有限公司	中国银行	创业接力担保	100	2015. 11
13	上海泽浜信息科技有限公司	中国银行	创业接力担保	100	2015. 9
14	上海科源电子科技有限公司	上海银行	浦东科技担保	100	2015. 9
15	上海升途智能系统有限公司	南京银行	太平财产保险	150	2015. 9
16	洁誉科技（上海）有限公司	农商银行	浦东科技担保	100	2015. 8
17	上海新影捷信息技术有限公司	上海银行	浦东科技担保	150	2015. 8

（一）支持对象

凡符合上海市科委《上海市科技企业界定参考标准》范畴的上海本市小微企业（含内资或外资企业），优先支持主要产品或服务具有自主知识产权及核心竞争力的科技型小微企业。

（二）贷款额度、利率、期限和保费

1. 单笔贷款金额一般为 50 万—200 万元；

2. 贷款利率由银行根据信贷业务的风险确定，原则上不超过市场平均水平；

3. 贷款期限为6个月或12个月；

4. 担保、保险费为贷款本息和的2.5%；

5. 企业按时还本付息后可享受保费50%的财政专项补贴。

（三）基本准入条件

1. 企业经营正常，企业及主要经营者无不良信用记录，企业实际正常运营1年以上，经营者至少具有3年以上的相关行业经验；

2. 上年度纳税申报应税销售总额1000万元以下且有符合要求的订单；

3. 贷款用途明确、符合人民银行及银监会相关管理规定；

4. 贷款额度与企业年销售额、净资产等经营情况相匹配；

5. 企业贷前资产负债率原则上不超过70%；

6. 借款企业的法定代表人或实际控制人或控股股东及配偶提供个人无限连带责任保证担保。

（四）贷款所需材料

1. 贷款申请书（在线填报并打印形成的标准格式文本一式四份）；

2. 企业工商执照、税务登记证、组织机构代码证（复印件，下同）；

3. 法人代表及核心股东身份证；

4. 近3年及当期纳税资产负债表和利润表；

5. 公司章程；

6. 科技资质证书或知识产权证书；

7. 本年度主要销售合同或订单；

8. 公司介绍或宣传材料（若无可免）；

9. 其他有助于贷款申请的证明材料（若无可免）。

（五）贷款流程

1. 企业申请：企业登录上海市科技金融信息服务平台，网上填写《贷款申请意向书》并打印；

2. 向所属科技金融服务站递交加盖企业公章的《微贷通贷款申请书》一份及相关附件材料（材料清单见申请书，未办理贷款卡的企业可于放款前补办）；

3. 科技金融服务站形式审查；

4. 科技金融服务站为企业选择银行和保险、担保公司，企业向银行和保险、担保公司分别递交加盖企业公章的《微贷通贷款申请书》及相关附件材料（材料清单见申请书）一份和两份；

5. 科技金融服务站或银行和保险、担保公司进行企业调查；

6. 银行和保险、担保公司分别审核；

7. 上海市科技创业中心备案推荐；

8. 银行审批；

9. 担保、保险公司核保；

10. 银行放款。

（六）合作金融机构

1. 银行：兴业银行、上海银行、北京银行、南京银行、光大银行、民生银行、杭州银行、农商银行、江苏银行、浦发银行、中国银行、广发银行、上银村镇银行等及其下属部分支行。

2. 担保公司：上海创业接力担保公司、上海浦东科技融资担保有限公司、上海浦东融资担保有限公司。

3. 保险公司：中国大地财产保险股份有限公司、中国太平财产保险股份有限公司、中国太平洋财产保险股份有限公司。

三、上海市科技型中小企业保费补贴

为贯彻落实《科技保险创新试点城市（区）备忘录》精神，引导高新技术企业参与科技保险，发挥科技保险对企业的支持保障作用，帮扶企业应对资金困难，上海市对科技型中小企业实行保费补贴。

（一）申请条件

1. 获得《上海市科技型企业履约责任保证保险贷款》或《科技企业微贷通》的贷款企业。

2. 按贷款和担保或履约保险合同的要求，对本次贷款发生的本金和利息部分进行了偿还后。

3. 贷款过程中无拖欠利息等情况。

4. 还款后一年内申请有效。

（二）申请材料

1. 保费补贴申请表；

2、银行借款合同；

3. 保险（担保）合同；

4. 银行借款凭证、还款凭证；

5. 保险（担保）费用发票。

（三）申请流程（见图4-2）

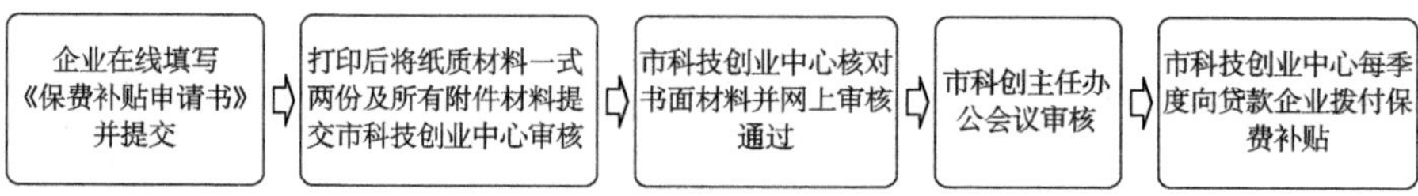

图4-2　上海科技型中小企业保费补贴申请流程

2016年上半年上海市有101家企业获得保费补贴共计约349.6万元，补贴比例为缴纳保费的50%。科技企业保费补贴的执行为了给科技创新型企业穿上“保护衣”，进一步推动企业创新发展的目标。

第三节　上海科技保险创新发展趋势

截至2015年5月底，上海保险业通过保证保险累计为531家科技型中小企业20.2亿元贷款提供支持，累计实现保费收入4070.06万元，赔付支出1480.42万元。上海保险局与上海市科委在原有科技贷项目基础上，开发了微贷通产品，将贷款履约保证保险扩大至营业收入不超过1000万元的科技小微企业，“微贷通”项目目前稳步推进，上海市科委计划每年4亿元的授信额度，为更多的中小企业助力缓解融资难、融资贵问题。同时在奉贤区2014年试点推动专利综合保险的基础上，将专利综合保险的试点扩大到

杨浦区和静安区。目前专利综合保险已为70家企业提供了近千万元风险保障。上海科技保险长足发展的同时，也存在阻碍。

一、科技保险发展面临的问题

科技保险认知度不高、政府对科技保险支持体系不完善、科技保险专业人才匮乏、政府与保险公司合作力度不强等问题。

（一）科技保险认知率不高

科技保险的认知率不高是目前阻碍科技保险发展的重要因素。为进一步提高社会各界对科技保险的认知程度，保监会、科技部、人保财险等做了许多宣传工作，例如专场宣讲会、“网络推介”等。虽然通过中央电视台等新闻媒体对科技保险推行工作进行过宣传报道，也在《中国金融》等专业媒体上发表过科技保险的相关专题文章，以求扩大科技保险的认知度和社会影响力。然而，宣传效果并不尽如人意。根据相关调查研究却发现，对于“科技保险”，约超过2/3的企业不知道是什么；同时在从未参保过的企业中，将近50%的企业并不了解科技保险，从而导致他们没有投保科技保险。因此，科技保险的创新发展需要良好的社会环境，需要提高大众对其的认知率。

（二）政府政策支持体系不够完善

科技保险作为一种重要的“政策性”保险，中央及各地方政府相继出台相关政策措施，以促进科技保险的顺利发展，进而促进高技术企业创新水平的提高。例如中央政府先后下发了《关于印发实施〈国家中长期科学和技术发展规划纲要（2006—2020年）〉若干配套政策的通知》（国发［2006］6号）、《关于加强和改善对高新技术企业保险服务有关问题的通知》（保监发［2006］129号）、《关于确定第一批科技保险创新试点城市的通知》（国科发财字［2007］1427号）、《关于进一步做好科技保险有关工作的通知》（保监发［2010］31号）以及各个试点城市（区）政府也先后下发了相关配套政策。在科技保险发展的初期阶段，相关政策措施有待进一步落实。

尽管部分科技保险试点城市（区）政府纷纷出台了对于科技保险的补贴政策，并且这种财政补贴确实一定程度上推动了科技保险的发展。然而，现有的实际调研表明基于产品的级差补贴办法引导作用有限，因此，需要考虑财政补贴的力度是否有效。为了进一步促进科技保险的发展，政府一直呼吁要对参保科技保险的企业进行税收优惠政策，然而目前财政部、税务部门至今没有出台关于参保科技保险的相关实施细则，从而导致这项税收优惠政策在北京、上海、天津、重庆四市没有得到很好地落实。

（三）科技保险专业人才匮乏

与传统保险险种相比，科技保险对专业保险人才的要求更高，不仅需要具备扎实的保险理论知识和实践经验，而且还要对高技术企业的风险管理有充分的认识。因为只有充分地了解高技术企业的风险管理才能更好地经营、涉及甚至是创新科技保险产品。然而，从目前我国科技保险试点的实践经验来看，既了解保险知识又了解高新技术风险的高端保险人才却相对匮乏。许多保险公司在开展科技保险业务时缺乏专业的科技保险人才和专业的团队，从而无法满足高新技术企业投保的需求。由于我国对保险人才特别是科技保险人才的教育培训体系满足不了保险业的发展需求，在短时间内很难培养出足够的科技保险人才和高端人才，从而满足不了科技保险业的发展需求，进一步制约了我国科技保险业的发展。

（四）科技保险险种不够丰富且分布不均衡

到目前为止，我国科技保险险种不够丰富，并且险种销售分布相当不均衡。尽管目前，财政部和保监会已经确定了30多种科技保险产品，但这30种科技保险仅由5家保险公司提供，更重要的是并不是每一家保险公司都能提供这30种科技保险产品。同样，在实际的科技保险产品销售中，只有科技企业财产保险、出口信用保险、特殊人员意外伤害保险等几种科技保险产品形成了一定的销售规模。其中，实现销售额比例最大的一项科技保险产品是高技术企业出口信用保险。

二、上海科技保险发展趋势

科技保险需要一个长期的、循序渐进的发展过程，需要监管部门、保险公司、高新技术企业、研发机构等主体同时采取一定的对策。

（一）把握保险本质，有效转嫁风险

科技保险，是运用保险作为分散风险的手段，对科技企业或研发机构在研发、生产、销售、售后以及其他经营管理活动中，因各类现实面临的风险，而导致科技企业或研发机构的财产损失、利润损失或科研经费损失等，及其对股东、雇员或第三者的财产或人身造成现实伤害而应承担的各种民事赔偿责任，由保险公司给予赔偿或给付保险金的保障方式。保险业内人士指出，虽然科学技术是第一生产力，但在科学技术的开发与应用中，也会不可避免地伴随着风险的发生，而保险可以为新技术的开发、应用与推广起到保驾护航的经济补偿作用。例如，燃气灶具是家家户户使用的产品，但厂家在产品开发和推广运用时，必然担心因产品质量导致消费者严重的人身伤害，使企业面临法律诉讼甚至高额经济赔偿。企业对这类产品一般都购买了产品责任险，在一定程度上消除了商家和消费者的后顾之忧，无疑有利于燃气灶具的广泛推广和使用。

又如，汽车零部件产品生产存在较高风险，产品有缺陷很容易造成车毁人亡。如果企业投保了关键研发设备保险、企业产品责任保险、企业产品研发责任保险等科技保险险种，就能在很大程度上分散风险。

除了护航普通科技型企业的科研技术及其产品外，由于科技工程具有特别的风险，加之深受多种因素影响与制约，无论采取多么严密的防范措施，亦无可能完全避免事故的发生。因此，科技企业更有必要以保险作为转嫁风险损失的工具和后盾。

目前在国内财产保险市场上，险企承保的科技工程保险业务主要包括海洋石油开发保险、航天工程保险、核能工程保险等，其共同特点就是高额投资、价值昂贵，且分阶段进行，险企既可按工程的不同阶段承保，又可连续承保。以海洋石油开发保险为例，其承保海洋石油开发工程所有人或承包人的海洋石油开发工程从勘探到建成、生产整个开发过程的风险。

该险种一般可分为普查、勘探、钻探、建设等四个阶段，每一阶段均有若干具体的险种供投保人选择，且每一阶段均以工期为保险责任起讫期。如中国人保为海洋石油开发工业提供的险种有钻井船一切险、钻井平台一切险、平台钻机一切险、井喷控制费用保险、渗漏污染保险、油管铺设一切险、海上石油开发工程建造险、雇主责任保险等许多项。

（二）加大税收优惠、保险补贴力度，调动科技型企业积极性

根据保监会和科技部联合下发的［2006］129号文件规定，科技保险保险费支出纳入企业技术开发费用；财税88号文件规定，企业技术开发费在实行100%税前扣除的基础上，允许再按当年实际发生额的50%在企业所得税税前加计扣除。科技保险要在激烈竞争中生存和发展，在建设外部环境的同时，要进行科技保险具体业务的创新，加大税收优惠、保险补贴力度。政府与行业需要采取有效的协同策略，发展履约贷、微贷通、保险补贴及新兴科技保险业务，联手科技部门、银行、证券、基金、担保等行业，创建基于科技保险的综合金融服务。通过综合金融服务推出多样化、一体化服务。

研究、发展和推行保险再造策略。科技保险可以使传统的保险业务流程再造成为可能，业务和技术的紧密结合可以实现业务创新。组织和管理再造：发展科技保险必须及时调整其组织结构，实现从垂直结构到交互式扁平结构的转化。客户策略：实现客户中心为导向的策略，紧密围绕高新技术企业，实施客户关系管理。通过收集资料，形成源数据库，在源数据库的基础上，进行市场细分，建立客户数据仓库，然后应用数据挖掘技术对客户信息进行整理、分析，建立数据模型及利润分析模型。在此基础上，保险行业可以了解每一位高新技术企业客户的需求特点及潜在的利润，从而有条件为高新技术企业设计一对一的、高附加值的产品和服务。

建设上海全球科创中心，需要推动科技保险创新，优化现有科技型中小企业贷款保证保险项目，协调政府相关部门探索试点推广至“四新企业”，为更多的创新型中小企业提供融资保障，支持上海科技创新中心建设。

第五章
上海科技金融服务平台发展

第一节 上海科技金融综合服务平台

科技金融服务平台是一个由政府主导、吸收金融机构与中介组织参与的公共服务平台，也是一种旨在为缓解科技型中小微企业融资难、加速科技成果转化等而设立的综合性服务平台，其中，包括科技金融信息服务平台、科技专家咨询服务系统、科技金融专业投融资机构等。这些平台的主要功能是通过信息沟通和增值服务，提高投融资效率。我国正在开展的科技金融结合试点的阶段性目标之一，就是要实现促进科技金融结合的中介组织即科技金融服务平台的发展。

近年来，全国已有上百家不同类型的"科技金融服务中心"面向科技型中小企业提供投融资服务。根据科技金融综合服务平台建设主体的不同，主要划分为政府主导型的科技金融服务平台、金融机构主导型的科技金融服务平台、民间市场化机构主导型的社会化科技金融服务平台三种类型。

上海市科委科技创业中心在借鉴国内外先进科技金融综合服务平台实践经验时，充分发挥政府的主导作用，以增强金融体系的资源集聚效应和资源配置功能为出发点，高起点地规划和建设科技金融服务体系，构建以政府投入为引导，企业投入为主体，政府资金与社会资金、股权融资与债权融资、直接融资与间接融资有机结合的多元化、多层次、多渠道科技金融，构建了开放兼容的科技金融综合服务平台，以有效地支持科技型中小

微型企业发展。

一、上海科技金融综合服务平台的构建和基本结构

（一）上海科技金融综合服务平台的构建

上海市科技创业中心作为建设创新型城市的战略安排，致力于“转化科技成果、落实科技创新政策、孵化科技企业、培育科技企业家”，努力营造良好的创新创业环境，建设上海科技创新创业体系，形成全市创新创业服务网络，进而推进上海科技创新创业服务站点建设，逐步实现了上海科技创新创业服务全覆盖。

上海市申报促进科技和金融结合试点城市方案获批后，通过多年努力，已建立健全与上海科技型中小企业以及高新技术产业化发展相适应的“4+1+1”科技金融服务体系，即建设“四大功能板块”（科技信贷、股权投资、资本市场和科技保险），搭建“一个平台”（科技金融支撑条件保障平台），建立健全“一个机制”（科技金融保障机制）。“四大功能板块”中，科技信贷部分的试点工作要求将重点推动银行、小贷、担保等融资服务机构开展机制创新和模式创新，加大科技信贷投放量；股权投资部分的试点工作要求将重点围绕种子期、初创期科技企业的资本需求特点，大力扶持天使投资和早中期风险投资发展；资本市场部分的试点工作要求将重点推进科技资本市场体系建设，建立健全企业上市扶持机制，引导、支持科技企业利用资本市场进行多种形式的融资和再融资；科技保险部分的试点工作要求将重点创新和推广科技保险险种，研发科技融资保险产品，有效发挥保险市场在科技企业融资中的服务和促进功能。科技金融支撑服务平台的试点工作要求将重点建设科技金融综合信息和信用平台，科技企业的信用体系基本建立，科技金融中介机构的服务水平明显提高，科技金融人才队伍基本形成。科技金融保障机制部分的试点工作则要求创新科技金融财税政策扶持机制：创新财政资金投入方式；设立科技信贷风险分担机制；设立风险投资引导和补偿资金；完善税收扶持政策；实施科技金融创新奖励；开展股权与分红激励试点，建立科技金融结合试点组织保障机制和通畅的沟通协调机制。

近年来，上海大力促进科技和金融结合，建立了一整套以平台为载体，以3+X科技信贷体系为核心，以科技金融专员为抓手的覆盖网上网下的最新O2O科技金融服务体系，零距离全周期服务于全市的科技型企业，尤其关注为科技型中小微企业解决融资难、融资贵的问题，取得较好成效。

针对造成科技企业融资难和融资贵的信息不对称问题，上海市依托科创中心搭建了上海科技金融信息服务平台，发挥“信息”与“服务”两大功能，即在建设全市科技企业信息数据库的基础上，向科技企业发布政策资金信息、金融产品信息，向金融机构发布企业金融服务需求，向政府相关部门提供融资动态和统计研究信息，解决信息不对称问题；同时采取灵活多样的手段、以平台为载体提供创新性科技金融产品线上申请、提供企业融资申请、项目对接、项目查询服务，为金融机构提供专家咨询、科技企业信用评价等服务。

为夯实平台的信息与服务两大功能，平台在建设之初就确定了将多方共建作为建设思路，着力体现“共建促共赢，专员推互动”的平台特色。政府各部门由上海市科委主导，上海市金融办、市经信委、上海金融领导监管“一行三局”等相关政府部门参与协调，各类金融机构包括银行、保险公司等以及天使投资、风险投资机构，以及专业机构（融道网）参与建设与运行，不仅做到了各个板块的专业化运作，也实现了科技型中小微企业融资批量化、便利化的目标。

平台自2013年4月投入试运行以来，取得了明显的社会效益。截至2016年9月底，已与21家银行、3家担保公司、5家保险公司、131家投资机构、8家咨询中介机构建立了合作关系，发布近2000条经筛选的贷款需求信息，242个股权融资项目。平台收录各类科技金融、专项资金政策多达429项，涵盖国家和上海本市各区县的科技金融相关政策。科技企业库共收录各类认定项目4000余项，企业6000余家，科技金融专家库现有42名专家。科技型中小企业履约保证保险贷、科技小微企业微贷通贷款、科技小巨人信用贷、创投贷、高新技术成果转化项目信用贷等多项贷款品种以及企业贷款保费补贴等均已在平台实现网上申请。截至2016年7月底，平台已累计受理企业贷款申请约1892余家/次，基本涵盖上海全市科技企业总量的1/10左右。

（二）上海科技金融综合服务平台的基本结构

近年来，上海组建完善了以政府为主导、由金融机构和各类市场机构参与共建的综合性科技金融服务平台系统。该平台以政府创新基金为引导，以信息服务平台为基础，以投融资平台为主体，以中介服务平台和信用担保平台为两翼。担保公司本质上属于中介机构，但在高新技术企业融资过程中，担保公司经常与银行等金融机构合作，为科技型企业融资提供服务。为了强化这种服务功能，将担保公司从中介机构中分离，成立了专门的信用担保平台，连同中介服务平台一起作为科技金融服务平台的两翼，共同为促进上海科技与金融的有效结合而服务。

1. 基础平台——信息服务平台。这是科技与金融资源对接的有效载体，主要功能是为科技型中小企业提供公益性投融资服务，包括收集企业信息、开展融资辅导、促进融资对接等。重点是整合优选科技型中小企业资源，打造统一融资服务申请通道，促进有效融资需求的形成，加强科技型企业与金融机构的动态对接。它是构建科技金融综合服务平台的必要基础。

信息服务平台以科技型企业信用信息库、企业外部信用评级数据库、担保机构外部信用评级数据库以及科技型企业融资网络为核心，将政府部门、各金融机构、信用担保机构，资信评级公司与科技型企业联系起来，实现各类信息的透明化、共享化，改变科技型企业的信息环境，从而为其提供良好的发展环境。

2. 主体平台——投融资平台。包括商业银行融资平台和风险投资机构融资平台。商业银行融资平台主要提供商业银行贷款申请、审核、后续服务等。符合条件的融资企业首先按照平台要求向有关部门提交融资申请书，提供相关证明文件、财务报表等材料，同时向信用担保平台提供担保；投融资平台服务中心会同银行对项目情况进行分析，结合信息服务平台提供的申请公司基本信息及信用情况，决定是否通过审核；对通过审核的项目，融资企业在支付一定比例保证金或提供相应质押品及担保费的基础上，投融资平台为该项融资寻找适合的合作银行，协商贷款事项；对成功融资的项目，平台有责任督促企业按期还款并将还款具体情况记录保存在企业信用信息库中。

风险投资机构融资平台则与风险投资机构保持长期合作关系，在上海科技金融服务平台网站上定期发布风险投资关注的技术或项目类型，供融资企业参考。融资企业申请某一风险投资机构的股权投资，需提交相关申请资料，并统一由平台管理。平台将初审通过的项目申请材料交由风险投资机构进行审查。风险投资机构将申请结果统一通知平台，在网站上公示审核结果。

3. 其他平台——主要是中介服务平台与专家服务平台。中介服务平台包括信用评价公司、信托公司、保险公司、会计事务所、律师事务所等。融资企业在融资前需将本企业的基本材料提交给上海科技金融服务平台，并由相应的会计师事务所对融资企业的会计报表和各项统计资料、业务报告进行审核，审核完毕后将结果提交给上级监管部门，并据此决定是否为融资企业提供贷款。

由科技金融专员、信贷专员及各类科技、创新、创业、上市和投融资专家组成的专家服务平台是网上网下有效贯通科技金融服务的智能高速通道，是推进科技金融综合平台整合社会资源、深入沟通科技企业金融需求，快速高效为各类科技型企业设计、提供急需金融产品服务的核心队伍。

二、上海科技金融综合服务平台的运作业绩

从 2015 年至今，上海科技金融综合服务平台运作取得了显著的业绩。

（一）完善“3 + X”科技信贷体系

2015 年，上海市科创中心结合近年来的工作实践，充实了 3 + X 科技信贷产品管理制度，涵盖了申请、受理、审核、评审、服务队伍、风险补偿、跟踪统计、保费申请等各环节，从而为科技贷款高效有序运作提供了完备的制度保障。以平台为载体，以 3 + X 科技信贷产品为核心的科技信贷体系得到进一步完善，科技金融信贷工作取得较好成效。2016 年，中心科技贷款实现额为 14. 8086 亿元，共 422 笔，5 年来累计实现科技贷款 68. 94 亿元，服务企业 1645 家，其中，履约贷累计贷款 37. 69 亿元，服务企业 1190 家。

（二）推进科技金融信息平台建设

在上海市科技金融信息服务平台实现基本业务受理审核网络化的基础上，上海市科创中心完成了科技贷款受理审核、保费申请受理、股权融资服务、科技金融专家和专员注册登记等管理系统的开发，打造了“网上申请、联络站审核、线下调查、网上评审、串联审批、网上跟踪”新审核流程。近年来，平台已集聚科技企业和金融资源，实现了与区县、企业、金融机构信息互交功能，受理审核的效率得到了显著提高。到 2016 年 9 月底，平台访问量达 1277 万次，发布信息 9000 多篇。

（三）强化科技金融服务体系

致力于全覆盖服务于上海全市的科技型企业，上海市科创中心进一步强化了金融服务体系的建设。一是扩大银行产品经理队伍。与 21 家银行、3 家担保公司、4 家保险公司建立了紧密型的科技贷款合作关系，通过联席会议、研讨会、评审会、微信群等形式，开展经常性交流协调。二是强化科技金融服务站建设。依托区县科委，科技金融服务站在原有基础上增加到了 63 个，科技金融服务的范围进一步扩大。三是深化了科技金融专员队伍培育。上海市科创中心通过多次开展培训和完善工作制度及流程，为科技金融专员进行了专业性强的系统培训，提高了专员们的专业服务能力和水平，科技金融专员由建立之初的 100 人增至 230 人，科技金融专员队伍成为科技金融服务的有力抓手。四是建立科技金融专家队伍。目前，在平台上注册登记的各类科技金融专家 42 人，其中，贷款评审专家 23 人、股权融资培训专家 15 人、改制上市辅导专家 9 人。中心充分发挥专家在审贷、培训、制度完善等方面的智库作用，提升了工作和服务效率。

（四）科技贷款放贷规模增长显著，2015 年科技贷款总额近 15 亿元

纵观 2015 年全年，科技贷款总额近 15 亿元，其中科技履约保信贷额度近 11 亿元，较 2014 年总体增长约 2 成；小巨人信用贷信贷额度约 3.7 亿元，与 2014 年持平；科技微贷通信贷额度近 1600 万元，该产品较上年大幅下降。新增创投贷额度近 1000 万元，具体科技贷款情况详见表 5－1。

表 5－1　2013—2015 年度科技贷款完成情况统计表　单位：万元/笔

科技信贷产品	2013		2014		2015		历年累计	
	信贷额	贷款家数	信贷额	贷款家数	信贷额	贷款家数	信贷额	贷款家数
科技履约保	111035	365	89336	292	108371	328	376982	1190
小巨人信用贷	50956	85	35616	75	37155	79	239984	349
成果转化信用贷	28360	20	0	0	0	0	64110	47
科技微贷通	1150	9	4650	35	1560	14	7360	58
创投贷					1000	1	1000	1
合计（含其他）	191817	483	129602	402	148086	422	689436	1645

数据来源：上海市科技金融信息服务平台。

（五）科技履约贷款顺利执行

1. 科技履约贷申请与执行情况。科技履约贷是上海市“3＋X”科技信贷体系中主要的贷款产品。截至 2016 年 7 月，企业申请量呈持续增加态势。统计表明，2016 年 1—7 月共有 437 家企业申请履约贷，同比增长 40.06%（见表 5－2）。在已申请履约贷的 437 家企业中，首次申请履约贷的企业数量有 168 家，占申请企业总数的 38.44%；续贷企业的数量为 269 家，占比为 61.56%（见表 5－3）。

表 5－2　履约贷各期执行情况表

序号	项目	第 1 期	第 2 期	第 3 期	第 4 期	第 5 期	累计
1	执行时间	2010. 10—2011. 07	2011. 08—2012. 09	2012. 10—2013. 09	2013. 10—2014. 08	2014. 09—2015. 12	截至 2015. 06
2	申请企业	87	403	714	568	475	2247
3	贷款企业	49	156	299	242	268	1014
4	贷款金额（万元）	16400	51870	103788	84594	59738	316391
5	参与银行	3	5	7	13	20	/

数据来源：上海市科技金融信息服务平台。

表 5－3　2016 年与 2015 年 1—7 月科技履约贷企业申请分月对比统计表

单位：笔

年份＼月份	1 月份	2 月份	3 月份	4 月份	5 月份	6 月份	7 月份	合计
2016 年	47	41	82	74	58	62	73	437
2015 年	48	25	58	68	68	45	44	312
增长率	－2.08%	64.00%	41.38%	8.82%	－14.71%	37.78%	65.91%	40.06%

数据来源：上海市科技金融信息服务平台。

2. 履约贷申请企业区县分布情况。2016 年 1—7 月，浦东新区企业申请的数量为 78 家，位居第一（见表 5－4）；其次是闵行区和杨浦区，分别占比 13.5% 和 9.4%。据统计，凡设立科技金融服务站的区县，履约贷申请量和贷款落实率都比较好。区县科技金融服务站在宣传科技金融政策，贴近服务企业，推动履约贷和微贷通业务的开展方面发挥了很好的作用。在上海市科创中心的审核推荐下，共有 241 家企业通过、3 家暂缓、8 家待审。

表 5－4　申请企业分布情况表

区县	企业申请	形式审查				科创中心推荐		
		通过	初审核		未审核	通过	暂缓	待审
			重新提交待审	退回修改				
浦东新区	78	46	12	14	6	44	1	0
闵行区	59	47	4	4	4	44	0	2
杨浦区	41	29	4	3	5	25	2	0
嘉定区	31	20	1	3	7	20	0	0
青浦区	30	17	2	8	3	16	0	0
奉贤区	28	11	6	4	7	9	0	0
金山区	28	18	6	1	3	14	0	1
松江区	27	16	5	3	3	15	0	1
徐汇区	23	14	5	3	1	12	0	1
宝山区	18	11	1	1	5	9	0	2
闸北区	17	8	4	3	2	7	0	1
虹口区	13	5	3	4	1	5	0	0
崇明县	10	6	3	1	0	5	0	0

续表

区县	企业申请	形式审查				科创中心推荐		
		通过	初审核		未审核	通过	暂缓	待审
			重新提交待审	退回修改				
普陀区	10	4	6	0	0	4	0	0
长宁区	10	5	1	3	1	5	0	0
黄浦区	8	3	2	2	1	3	0	0
静安区	6	5	1	0	0	4	0	0
总计	437	265	66	57	49	241	3	8

数据来源：上海市科技金融信息服务平台。

3. 履约贷服务站受理审核情况。2016 年 1—7 月各服务站受理审核通过 300 个项目（见表 5－5）。其中，上海市科创中心所属的科技创业公司受理审核通过 106 个项目，占比 35.3%。从分月度统计看，7 月份服务站审核通过 41 家企业，退回修改 15 家企业（见表 5－6、图 5－1）。统计数据表明，各服务站收到企业网上申请和书面材料后，一般会在 15 个工作日内完成对企业调查和上会评审工作。

表 5－5　　　　履约贷服务站受理审核情况表

状态＼区县		科技创业公司	浦东新区	闵行区	杨浦区	金山区	青浦区	徐汇区	闸北区	生物医药中心	股交中心	合计
通过		106	51	49	34	21	18	13	8	0	0	300
已审核	企业重新提交待审	19	11	3	4	6	2	5	3	0	0	53
	退回修改	20	16	4	6	1	14	3	2	0	0	66

数据来源：上海市科技金融信息服务平台。

表 5－6　　　　2016 年 1—7 月履约贷服务站受理情况

状态		1 月份	2 月份	3 月份	4 月份	5 月份	6 月份	7 月份	合计
通过形式审查		34	16	65	34	55	55	41	300
已审核	企业重新提交待审	0	0	1	1	6	11	34	53
	退回修改	8	16	3	7	7	10	15	66

数据来源：上海市科技金融信息服务平台。

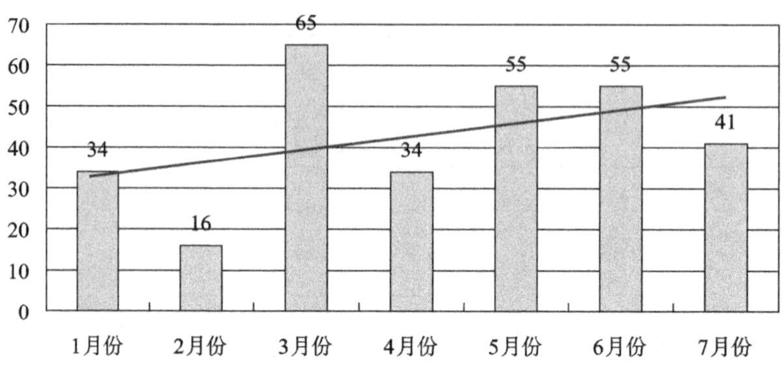

图 5 -1　2016 年 1—7 月科技金融服务站受理审核月度情况

数据来源：上海市科技金融信息服务平台。

4. 履约贷评审推荐情况。2016 年 1—7 月，上海市科创中心共举行了 28 次科技履约贷专家评审会，通过形式审核的项目有 300 个。在专家评审意见基础上，上海市科创中心向银行推荐贷款 287 项，同比增长 37.98%；推荐金额约为 11 亿元，同比增长 44.3%。其中，2016 年 7 月推荐的企业数量比 2015 年 7 月推荐的企业数量多 19 家，增长了 52.78%。

5. 银行金融机构审批落实情况。为督促银行金融机构加快审核进度，上海市科创平台系统设置了金融机构审批超过 30 天、60 天、90 天警戒线，每月统计公布，同时对超期限审批项目，加强对银行协调，督促审批，对企业提出更换银行的要求，予以及时办理。截至 2016 年 7 月 31 日，上海市科创中心向银行推荐贷款 287 家企业，总金额约为 11 亿元，平均推荐贷款金额 383.5 万元/家。银行完成审批的企业有 184 家，审批金额 6.56 亿元，未审项目 90 家。其中，超 30 天 24 家、超 60 天 14 家、超 90 天的 10 家（见表 5 -7）。

表 5 -7　2016 年与 2015 年 1—7 月科技履约贷款科创中心推荐月份统计表

单位：笔/万元

年份	类型	1 月	2 月	3 月	4 月	5 月	6 月	7 月	合计
2016 年	笔数	24	16	39	52	57	44	55	287
	金额	9900	5250	14390	18250	21800	18300	22180	110070
2015 年	笔数	22	28	20	28	18	56	36	208
	金额	6650	9200	7450	10500	8450	19880	14150	76280

数据来源：上海市科技金融信息服务平台。

（1）银行审核情况。以贷款推荐量和审批额为标准，2016 年 1—7 月中国银行以 80 家企业和 2.98 亿元的总业绩，位列第一。紧接着是上海银行和兴业银行，推荐贷款企业分别是 40 家和 32 家（见图 5－2）。

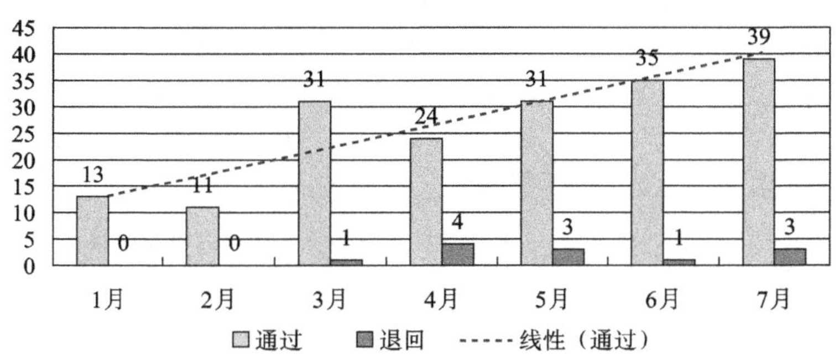

图 5－2　2016 年 1—7 月科技履约贷银行月度审核情况

数据来源：上海市科技金融信息服务平台。

（2）担保、保险机构审核情况。截至 2016 年 7 月 31 日，已担保、保险完成审核的企业为 208 家，总金额约为 7.72 亿元。其中，超过 60 天未审核的数量合计有 13 笔，超过 90 天未审核的数量有 19 笔（见表 5－8、图 5－3）。

表 5－8　　担保/保险机构审核情况表

担保/保险	科创中心推荐		担保审批情况						
	2016 年 1—7 月		担保已审核			未审核	超 30 天	超 60 天	超 90 天
			通过		退回	合计笔数			
	笔数	金额（万元）	笔数	金额（万元）	笔数	笔数	笔数	笔数	笔数
太平财产保险	88	33240	58	20733	0	30	4	5	8
创业接力担保	71	29050	71	29050	0	0	0	0	0
太平洋财产保险（中金）	47	17130	31	10537	0	16	2	2	6
大地保险	46	18250	24	8811	0	22	4	2	4
太平洋财产保险（恒康）	23	8100	12	3758	0	11	4	4	1
浦东科技担保	12	4300	12	4300	0	0	0	0	0
浦东融资担保	0	0	0	0	0	0	0	0	0
总计	287	110070	208	77189	0	79	14	13	19

数据来源：上海市科技金融信息服务平台。

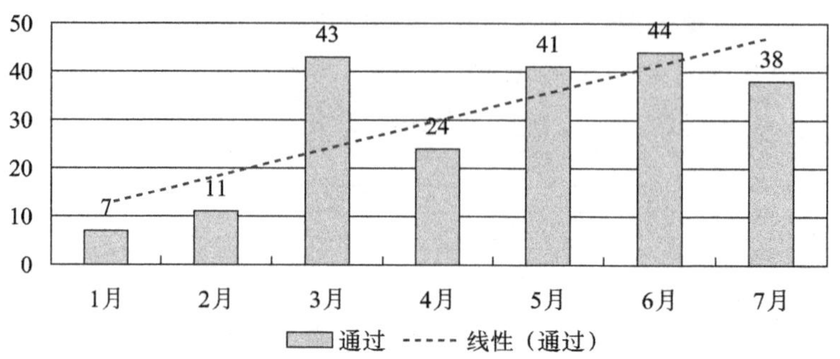

图 5-3　2016 年 1—7 月科技履约贷担保、保险月度审核情况

数据来源：上海市科技金融信息服务平台。

三、2015 年上海市科技金融综合服务平台工作动态与社会影响

（一）上海市科创中心举办 2015 年第一场项目路演活动

2015 年 1 月 15 日下午，上海市科创中心举办的该年第一场项目路演活动人气爆棚。该场创业讲座和项目路演活动由上海市科创中心与乔杰创业服务公益平台联合举办，邀请上海交通大学安泰管理学院黄采金副教授作《快速突破创业成长瓶颈的奇招》演讲，并进行了 6 个融资项目的路演，200 多创业者和 40 多家投资机构参加本次活动。

（二）科技部火炬中心调研上海市科技信贷工作

2015 年 1 月 23 日上午，科技部火炬中心金融发展处李文雷处长一行在上海市科创中心召开座谈会，调研上海市科技信贷工作开展情况。中国银行、浦发银行、太平洋保险公司、创业接力担保公司等相关金融机构的负责人参加了该座谈会。

（三）上海天使投资生态圈的发展趋势与政策建议研讨会举行

2015 年 2 月 11 日下午，由上海市科技创业中心、上海金融业联合会、上海大学上海科技金融研究所、华东科技杂志社共同举办的上海天使投资生态圈的发展趋势与政策建议的研讨会顺利举行。会议邀请了上海市金融办、上海市创业投资行业协会、投资机构、律师事务所等相关机构围绕天使投资的现状和趋势就天使投资过程中遇到的法律问题、政策问题、文化差异、中国经济的宏观趋势等诸多方面展开讨论与交流。最终与会的专家学者一致肯定了天使投资对科技型中小企业的发展促进作用，并认为天使投资的未来发展趋势肯定是以行业深耕、产业链细作、抱团合作、分工协作为主，引导产业资本逐渐渗入的运作模式，天使投资领域必定赢来新一轮的发展黄金期。

（四）微贷通工作交流会举行

为加快落实科技微贷通贷款的推进工作，搭建科技金融服务站和金融机构沟通交流的平台，上海市科技金融信息服务平台于 2015 年 4 月 10 日下午举行科技微贷通工作交流会。大会不仅对科技微贷通二期的流程和内容进行了介绍，还对科技部门如何进行小微企业贷款申请进行审核进行了探讨，本次活动吸引了 12 家科技金融服务站、10 家银行、3 家担保公司、2 家保险经济公司的约 70 人出席。

（五）第二期上海科技金融高级研修班成功举办

由上海市科委主办的第二期上海科技金融高级研修班于 2015 年 5 月 8 日至 6 月 6 日期间成功举办，采用每周五上课一天，最后一次课程周五周六联排的方式。由各区县科委、科技园区和金融机构的 85 位分管领导及负责人参加了培训，学员普遍反映通过研修班的学习，收获很大，不仅加深了对上海科技金融发展最新情况的了解，而且深刻理解了科技与金融的相互关系，希望今后能定期组织这样的交流活动，不断提高自身的工作水平和服务质量。

（六）张江示范区科技融资与企业信用管理服务平台建设试点专题培训议程

为进一步围绕“四新”经济培育，加强上海市经信委、市张江高新区管委会工作合作，充分发挥张江高新区“新载体”作用。2015 年 7 月 9 日，张江示范区科技融资与企业信用管理服务平台建设试点专题培训在上海大学科技楼 8 楼报告厅举行。上海大学副校长唐豪出席仪式并致欢迎词。与此

同时，由上海市经信委与市张江高新区管委会共同推进的企业信用管理服务平台建设、重点领域人才实训基地建设的7家企业作为第二批试点单位接受了牌匾。张江示范区人才实训基地建设试点以培育和集聚新技术、新产业、新模式、新业态（以下简称“四新”经济）发展的急需人才为核心，通过在重点领域特色产业基地设立以企业为主、产学研合作的人才培养实训基地，结合“四新”经济发展，探索人才培育的新模式，为深入推进张江示范区人才高地建设积累经验。

（七）科技金融服务站培训暨工作研讨会召开

2015年7月31日，科技金融服务站培训暨工作研讨会在上海市科创中心召开。会上，上海股交中心、徐汇慧谷孵化器和金山科技投资公司签约成为新的科技金融服务站，更好地为所在领域和地区提供科技信贷服务；上海市科创中心科技金融部朱文龙部长介绍了2015年上半年科技履约保的总体运行情况；上海银行市南管理总部小企业融资部总经理张永康深度剖析了小微企业信贷业务风险的“七宗罪”；上海市银监局创新处王鑫泽处长分析了2015年上半年上海信贷市场的运行状况并透露了有望出台的鼓励科技金融创新的政策内容；最后各科技金融服务站的成员就当下的工作情况进行了总结交流，并讨论了科技履约贷款的审核标准。

（八）上海出台金融服务创新支持上海科创中心建设的实施意见

2015年8月21日，上海市《关于促进金融服务创新支持上海科技创新中心建设的实施意见》（以下简称《实施意见》）正式亮相，包括了八大方面、20条政策措施，操作性强。据有关方面透露，科技创新和产业化需要金融支持，同时也为金融体系的创新发展拓展了空间。只有坚持金融和科创“双轮驱动”，上海才能更好地服务全国发展大局。下一步，上海国际金融中心与科技创新中心建设将更紧密结合，相互促进、联动发展。2015年出台的《实施意见》联系上海实际，从地方政府推进金融服务创新、营造良好科技金融服务环境的角度，坚持需求导向、创新导向、操作导向。

一是推进多样化信贷服务创新；二是发挥多层次资本市场的支持作用；三是增强保险服务科技创新的功能；四是推动股权投资创新试点；五是加大政策性融资担保支持力度；六是强化互联网金融的创新支持功能；七是

鼓励创新创业服务平台与金融机构加强合作；八是建立科技金融服务工作协调机制。

《实施意见》涉及的一批重点工作已经或将要“落地”。目前，上海市互联网金融行业协会已成立；上海股权托管交易中心科技创新板2015年9月推出，大型政策性融资担保基金计划于2015年年内成立；开展股权众筹业务试点、投贷联动融资服务方式创新以及张江科技银行、现代科技投资银行的筹建都在积极争取中。

（九）科技金融研修班一行赴北京考察学习

2015年9月22日至24日，上海市科创中心组织上海科技金融高级研修班学员及科技金融服务站工作人员赴北京学习支持科技创新创业金融扶持政策和经验。研修班一行分别考察了北京银行中关村分行、海淀区金融办与经信委、清华园启迪创业孵化器、中关村创业大街和中国中小企业股份转让系统，与当地的同行进行了沟通交流，填补了自己知识的空缺。通过考察学习，学员们表示此次收获颇深，将把考察中的所学、所感、所悟、所思运用到日常工作中来，进一步深化和完善上海支持科技“双创”的政策措施，并希望今后能多提供这样的机会。

（十）张江高新区科技金融服务月开幕

为引领和带动张江高新区科技金融工作，营造“大众创业、万众创新”的创新氛围，更好地发挥科技企业的创新活力，让企业成为科技创新的真正主角，“张江高新区科技金融服务月”开幕仪式暨张江高新区企业投融资政策和操作方法培训会于2015年10月23日下午在上海证券交易所交易大厅隆重举行。开幕式特邀上海市张江高新区管委会有关领导，张江高新区相关园区、企业代表，天使、VC、PE等投资机构代表，银行、证券、保险、小贷等金融机构代表，科技创新企业代表等400多位共聚一堂，就企业和企业家普遍关注的投融资政策等方面的问题展开了积极讨论。

（十一）2015年科技金融高峰论坛成功举行

2015年10月27日，由中华人民共和国科学技术部、上海市人民政府、浦发银行联合在上海市东郊宾馆会议中心举办了2015年科技金融高峰论坛。

浦江创新论坛学术咨询委员会副主任、中国科技金融促进会理事长、研究员王元，上海市市委常委、常务副市长屠光绍，国家科技部副部长李萌，以及来自科技部、上海市相关监管部门的领导嘉宾等出席论坛。论坛以"共建科技金融生态圈"为主题，积极探讨在科技革命和产业变革悄然兴起的当下，金融企业作为创新驱动型经济发展重要助力，如何搭建"全方位、专业化、一站式"的创新型金融服务平台，以及如何灵活对接并探索解决科创企业的全程金融需求等问题，共同展望金融力量推动人才、资本、技术、信息等各方资源和优势的聚合优化，共同打造"科技金融生态圈"。会上，浦江创新论坛学术咨询委员会副主任，中国科技金融促进会理事长、研究员王元还对《中国科技金融生态年度观察（2015）》进行了解读。

第二节　上海社会化科技金融服务平台

由政府主导的科技金融公共服务平台是科技与金融相结合的重要桥梁，也是我国政府在市场经济下充分发挥政府应有作用的创举，是推动科技创新与金融创新的有效助推器，其优势十分显著。然而，政府的主导作用也要把握适度的界限，否则也容易导致政府越位及缺位问题。现实中，科技金融公共服务平台产生越位主要反映在科技金融担保、引导基金等方面市场化程度较低、政府干预较多、资金效率不高等方面。如当前科技企业担保中政府财政性担保处于主导地位，民间担保所占份额很低；科技中小企业信用担保体系过分依赖于政府担保，造成政府财政负担加重，政府承揽的风险过多，政府的财政风险放大；而科技中小企业金融风险本来就是市场现象，政府担保越位表明政府承担了过多本来可由市场管理和分散的风险。反之，科技金融公共服务平台的缺位现象，主要是指本来应当由政府生产和提供的科技金融公共产品和公共服务，科技金融公共服务平台却没有充分尽职尽责，导致科技金融公共供给不足。目前缺位主要表现在两方面：一是政府没有发挥信息集大成的政府优势，建设解决科技企业信息不对称的信用信息体系；二是政府主导的科技金融对中小科技企业的支持覆盖面很低。鉴此，弥补政府主导的科技金融公共服务平台不足的社会化服

务平台应运而生。

一、上海社会化科技金融服务平台现状

当前上海各类科技金融社会化服务平台主要体现在科技金融研发合作、产业链合作、官产学研合作等方面的产业联盟建设。众多科技金融产业相关者共同参与，共同整合产业资源、市场资源、政府资源等。

科技金融社会化服务平台具有以下优势：其一，单一科技金融公共服务平台是“输血”，容易造成政府失灵；而政府及各类市场机构整合的社会化科技金融服务平台则是“造血”，是可持续的商业模式。其二，目前科技企业金融需求越来越个性化、多元化及综合化，单一机构提供的科技企业金融支持难以满足其需求，需要科技金融公共及社会化服务平台互相协调、补充，合作提供全方位服务。其三，单一金融机构从事科技企业金融支持有自身瓶颈和优势：如小额贷款公司、担保公司等存在资金和信用瓶颈，却拥有中小科技企业信息收集和成本优势（“有腿没钱”）；银行等金融机构服务科技中小企业具有成本及信息瓶颈，却拥有资金优势（“有钱没腿”）。不同类型机构取长补短，容易形成有效缓解科技企业信息不对称的金融支持集成模式。总之，科技金融社会化服务平台形成了有利于科技金融创新的社会评价机制、社会激励机制、社会监督机制。

当前上海各类科技金融社会化服务平台主要有以下几种有特色的模式：

（一）由园区管理部门牵头的“全国高新园区信用联盟”（半社会化科技金融服务平台）

2016 年 6 月 23 日由上海市张江高科技园区、成都高新区、武汉东湖高新区、天津滨海高新区、长沙高新区五家国家级高新区联合发起成立全国高新技术园区信用联盟，苏州工业园等 23 家园区成为首批会员单位。

全国高新技术园区信用联盟将着力打造成一个全国企业信用资源共享平台，通过引导和帮助联盟成员开展信用体系建设，鼓励企业信用信息共享，以信用联盟为整体争取更为有力的信用政策，促进信用政策环境的发展。信用联盟将结合各园区金融资源，积极推进信用金融的创新，加大对科技中小企业的金融支持力度。同时，信用联盟将积极推进落地全国高新

技术园区信用体系跨区域合作机制，共建园区统一信用服务标准和信息互通的奖惩机制，推动全国高新技术园区信用体系的建设落地。

（二）由上海张江高科技园区牵头的“信用张江”模式（半社会化科技金融服务平台）

融资难、融资贵问题一直是摆在科技型中小企业创新发展面前的“拦路虎”，“信用张江”模式是上海张江高科技园区管理委员会，为解决困扰科技型中小企业创新发展融资难、融资贵问题，从2013年初开始构建园区信用体系，由张江高科园区企业信用促进中心联合专业级企业信用数据服务商——斯睿德开发实施，率先开创了“一个数据库”、“一套评价体系”、“多个应用领域”为基本框架的“信用张江”模式，以园区信用体系为核心，融合大数据征信及创新型风险评估模型，通过将园区企业信用评级有效融入金融机构风控模型中，成功帮助园区企业实现信用融资，打造了园区信用生态圈，夯实了园区科技金融发展的基础。“张江模式”有效提升了园区科技金融的服务水平，在打造创新金融环境方面作出了切实实践。截至目前，“信用张江”模式已经成功帮助超过500家园区企业从金融机构获得支持，累计获得银行机构融资金额约50亿元，获得担保机构担保金额约12亿元，券商机构推荐“新三板”挂牌企业38家。“信用张江”模式被认为值得在全国高新技术园区复制推广。

（三）由杨浦区政府主导的杨浦金融港（半社会化科技金融服务平台）

2015年6月26日，以推动线下互动交流、金融创新为主旨的综合服务平台——杨浦区科技金融联合会正式宣告成立。该平台由杨浦区金融服务办公室、上海信隆行投资联手打造，旨在通过互联网金融平台O2O的方式完善中小企业服务体系。该平台汇总了杨浦区各部门对本地科技企业的支持政策，通过创新金融产品，聚集各界资本对接区内企业，将政策对企业的支持作用发挥出了最大的经济与社会效应。

已上线的杨浦金融港网站上，目前有一融贷、一融赋、一融淘三个专区，上述三个专区分别对应间接融资、直接融资和在线互动业务平台，以一站式整合服务和模块分区结合的方式，为辖区内企业提供可扩展型的在线服务。目前已有杨浦本地的30多家债权机构入驻，平台上线当日即获得

1 亿元担保授信额度。而通过信隆行自有平台体系，区内科技企业还将对接全国近 30000 家 PE/VC 机构及上市服务机构，未来还将有更多与科技型企业发展相关的创新金融业服务加入杨浦。

（四）由社团主导的浦东科技金融服务联合会（社会化服务平台）

作为上海市首家科技金融领域的社团组织，联合会致力于搭建科技和金融对接的平台，通过建设“信用 + 信息”的服务体系，开展融资对接、政策宣讲、创业孵化、管理培训、理论研究等工作，促进科技金融产品（服务）创新，缓解科技企业融资难。目前，拥有机构会员 37 家，覆盖银行、PE/VC 和担保、证券、信用评级、智囊机构等领域。

作为一个承接政府职能转变的社会组织，浦东科技金融服务联合会被赋予实现“金融机构与科技企业有效对接及缓解中小企业融资难”的使命。其拥有的浦东科技投融资综合服务平台是全国唯一一个获科技部立项支持的科技投融资网络服务平台（浦东科技投融资综合服务平台，www. pdtif. com）。此平台类似于汇聚金融产品的“淘宝商城”，科技企业可以比选各类金融机构和金融产品；金融机构则如同在“淘宝商城”开了一个网店，拓展了一条成本低廉的营销渠道。

在线上服务的同时，浦东科技金融服务联合会还在线下积极开展服务。2015 年举办了创业在浦东系列活动、第二届医疗器械创新投资峰会、第十二届中国国际金融论坛等活动，解决金融机构与中小科技企业信息不对称的问题。此外，还联合高校以及其他社会机构，开展科技金融、资本运作、公司战略等课程培训，组织评选最具投资价值企业、最佳科技金融服务机构、最佳科技金融创新产品等活动，帮助金融机构和科技型企业成长壮大。

（五）由浦发银行主导的中国科技金融天使联盟（社会化服务平台）

2014 年 11 月 1 日，浦发银行主导，相关政府部门、科研机构、银行、天使投资、创投、股权基金、券商、各板交易所参与的中国科技金融天使联盟成立。

中国科技金融天使联盟以打造中国硅谷银行为战略目标，搭建跨界的服务平台，打造科技小巨人服务体系，企图为科技型企业提供综合化金融服务平台，并尝试探索机制、产品、服务等方面创新。

浦发银行与美国硅谷银行共同成立了中国第一家拥有独立法人资格的科技银行——浦发硅谷银行，创新推出“科技小巨人”综合服务方案和“小微科创金融服务”体系等，截至2016年6月，浦发银行服务的科技型企业客户数超过16000户，其中授信客户数超过4500户，贷款余额超过800亿元。浦发银行在全国设立了14家科技支行和科技特色支行。此外，浦发银行还构建了纵贯总、分、支行三级的立体化、多层次、覆盖全国的科技金融专业服务网络，组建专业团队，设计专属产品，建立专门流程，为科技型企业提供涵盖各个发展阶段的一站式、全程化金融服务。特别是在产品创新方面，运用投资银行思维提供股、债、贷三位一体的综合金融服务，通过贷投联动、股权+债权、融资+融智等多工具组合灵活满足科技企业的综合需求。

在目前服务科技企业的现有基础上，浦发银行将努力提供业态跨界、市场跨界、平台跨界、O2O（即Online To Offline，将线下商务机会与互联网结合在了一起，让互联网成为线下交易的前台）跨界等四大跨界服务，为科技型企业客户打造一个满足各时期需要的四大服务联盟，即天使联盟、成长联盟、上市联盟、战略联盟，从而最终成就科技型企业的发展壮大。中国科技金融天使联盟是浦发银行打造科技“小巨人”服务体系的重要一步。今后浦发银行还将继续探索并成立“成长联盟”、“上市联盟”、“战略联盟”等新型金融服务平台，力求以专业化的服务覆盖科技型企业的全生命周期。

二、上海社会化科技金融服务平台存在的问题

与阿里巴巴、印度等先进社会化科技金融服务平台相比，上海社会化科技金融服务平台在核心龙头企业主导行业上下游及互联网的科技金融服务平台、科技金融非正式服务平台等方面存在差距及缺陷。同时，上海社会化科技金融服务平台发展还面临体制、机制障碍。

（一）上海核心龙头企业主导的行业性、互联网属性科技金融服务平台不成气候

金融业本质是一种信息产业。阿里巴巴是一个巨大的数据采集和加工

中心，也是一个评估科技中小企业信用的体系及数据库。其通过阿里巴巴、支付宝、天猫、淘宝等一系列平台，对卖家进行定量分析，前期搜集包括平台认证和注册信息、历史交易记录、客户交互行为、海关进出口信息等，再加上卖家自己提供的销售数据、银行流水、水电缴纳甚至结婚证等。同时，还引入了心理测试系统，判断企业主的性格特征。所有信用信息汇总后，将数值输入网络行为评分模型，以此为依据进行广泛的科技企业信用评级及金融服务。因此，阿里巴巴企业服务平台区别于一般私人公司，具有电子商务行业性及服务中小企业的社会性，其服务对象许多是中小科技企业，应该说，其中小科技企业服务内容已经上升及转化为社会化供应链科技金融服务平台。

由于上海企业创新及发展环境存在问题，改革开放以来，尽管上海出现了一大批中小企业，但中小企业在上海生存比较困难，中小企业冒尖的很少。最近一二十年，上海几乎没有出现非常有影响力的私企或者国企，更没有出现阿里巴巴、腾讯这样的互联网巨头。因此，也无法出现核心企业主导的行业性、互联网属性的社会化科技金融服务平台。

（二）上海非正式组织的科技金融服务平台薄弱

印度班加罗尔科技金融服务平台的一大特色就是其科技金融机构与美国硅谷沙丘路（风险投资公司聚集地，Sand hill Road）有着广泛联系，存在一个靠私人人际关系、非正式组织的印美科技金融合作服务平台。通过印美双边非正式组织的科技金融服务平台，沙丘路风险投资机构容易把各种科技金融创新氛围、理念、信息、资金及经验的火种播撒到印度班加罗尔。

而上海历来重视政府及正式机构的作用，非正式组织的科技金融服务平台作用经常被忽略及轻视。从而导致科技金融创新的软环境支撑力不足。上海已经有各类众创空间、孵化器、技术交易所等服务机构的布局，但这些机构的发起、建设及运营很多由政府主导，专业化和市场化程度还不太高，尚难适应上海建设科创中心的发展需要。据统计，上海已有创业孵化园区 71 家，孵化器 149 家，加速器 14 个。但是真正形成品牌，具有一定行业声誉和创新特征的并不多，需要进一步提升专业技术孵化能力和运营服务水平。在移动互联网、云计算、大数据、人工智能等技术发展的推动下，

科技创新模式和科研组织形式正在悄悄发生变化，科技创新活动的“大众化”、“社会化”特征越来越明显，上海的科技服务业要努力适应这些变化趋势，提升服务能力，营造良好的科技金融软环境。

（三）上海社会化科技金融服务平台面临体制、机制障碍

成熟完善的社会化科技金融服务平台需要合理、公平的体制、机制。比如，美国硅谷银行最大的成功经验就是投贷联动，但在我国金融分业监管体系下，作为金融中心的上海，要进行金融跨界服务同样有许多阻滞之处；首先企业和社会信用体系不够健全，使得风险投资机构和商业银行的投资决策必须面对并承担较高的道德风险，从而挫伤了金融机构参与的信心和积极性，导致投融资供给效率偏低。其次缺乏相应的知识产权保护体系，中小微企业的监督管理体系等配套机制，而这些配套机制也是目前上海的薄弱环节。

三、上海社会化科技金融服务平台创新思路和建议

（一）政府将社会化科技金融服务平台能够自主管理的事务交给其管理

为进一步推动各类社会化科技金融服务平台的成长及成功，上海相关政府主管部门积极转变职能，将社会能够自主管理的事务交给社会管理，为科技金融社会化组织发展让渡空间。同时，为社会化科技金融服务平台争取各项政策优惠（如政府购买服务、办公用房、人才培养、开展活动等提供支持），形成科技金融工作推进合力。

（二）激发各类社会化科技金融服务平台的发展活力

借鉴各国利用半官方、非官方机构、非正式机构促进科技金融做法，建立科技金融“政府与社会合作”渠道，充分发挥行业协会、产业联盟、中介组织、大学、研究机构、科技金融龙头企业及科技金融非正式机构等在创新上海社会化科技金融服务平台的关键作用。扶持现有各类科技金融产业联盟（尤其是核心龙头企业主导的行业性、互联网属性科技金融服务平台）发展，组建科技创新和科技金融市长（区长）咨询委员会、上海科

技金融研究院之类的半社会化、社会化组织。

（三）完善上海社会化科技金融服务平台所需的体制、机制环境

第一，多层次金融市场体系还有待进一步健全，以满足新商业模式、新业态在科技创新方面的需求；第二，金融机构体系也需要更加契合科技企业的融资需求，无论在直接融资还是间接融资方面；第三，金融机构需要开发出更有针对性的科技金融产品、工具体系，“不能拿提供给制造业的金融产品、工具来服务科技企业”。此外，为了提高社会化科技金融服务平台的效率、降低融资的成本，要完善上海科技企业金融支持的基础环节——上海科技金融信用体系；在上海现有企业信用体系基础上，靠政府和社会各方面力量加快建立科技企业的信用体系。

第六章 上海科技金融政策支持体系新发展

第一节 2015 年上海科技金融政策发展概况

在建设科技创新中心的背景下，上海不断完善科技金融政策体系，推动金融服务创新，加强对科技企业的金融支持。2015 年，上海主要印发了《关于促进金融服务创新支持上海科技创新中心建设的实施意见》（沪府办〔2015〕76 号）、《关于上海银行业提高专业化经营和风险管理水平进一步支持科技创新的指导意见》（沪银监发〔2015〕146 号）、《上海市天使投资风险补偿管理暂行办法》（沪科合〔2015〕27 号）、《关于本市发展众创空间推进大众创新创业的指导意见》（沪委办发〔2015〕37 号）和《关于进一步促进科技成果转移转化的实施意见》（沪府办发〔2015〕46 号）等关于科技金融的文件。

一、促进金融服务创新，支持科技创新中心建设

根据上海科技创新中心建设对金融服务的新要求，为进一步推进科技与金融的深层次融合，上海市政府办公厅于 2015 年 8 月 21 日印发了《关于促进金融服务创新支持上海科技创新中心建设的实施意见》（以下简称《实施意见》）。该《实施意见》着眼于科技创新企业不同发展阶段，特别是初期阶段企业的融资需求，着眼于缓解融资瓶颈问题，从 8 个方面提出 20 条

具体政策措施支持科技型企业发展壮大：

一是推进多样化信贷服务创新。争取国家金融管理部门支持，鼓励条件成熟的银行业金融机构，在上海设立从事股权投资的全资子公司，开展投贷联动融资服务方式创新。推动民间资本进入银行业，支持实力雄厚且有长期投资意向的民营企业在沪发起设立股权分散的张江科技银行等民营银行，建立适应科技创新企业发展需要的组织机构和管理制度。支持商业银行加强科技金融专业队伍建设，加大对科技创新企业的信贷支持力度。发挥货币政策、外汇政策支持作用，引导银行业金融机构加大对科技创新企业信贷投放。

二是发挥多层次资本市场的支持作用。支持推进上海证券交易所进一步完善市场体系。推动上海股权托管交易中心设立科技创新板，设置和引入符合科技创新型中小微企业需求的制度安排，推动建立与其他多层次资本市场间的对接机制。支持科技创新企业通过资产证券化方式盘活存量资产，拓宽融资渠道。探索设立为科技创新企业提供全生命周期金融服务的现代科技投资银行，支持不同成长阶段的科技创新企业发展壮大。积极争取试点成立区域性小微证券公司，专门服务于区域性股权市场，并通过加强与众创空间、科技创新企业孵化器等创新创业平台的合作，为处于初创期的科技创新企业提供专业化服务。

三是增强保险服务科技创新的功能。鼓励保险资金通过投资创业投资基金、设立私募股权投资基金，或与国内外成熟的基金管理公司合作等方式，为科技创新企业提供资金融通。鼓励保险机构开发首台（套）重大技术装备、关键研发设备的财产保险、产品责任保险、产品质量保证保险、专利保险等符合科技创新企业需求的保险产品。对符合条件的首台（套）重大技术装备、专利保险、科技型中小企业履约保证保险等，实施补贴、补偿等奖励和风险分担政策。

四是推动股权投资创新试点。发挥政府引导基金的引导和放大作用，鼓励更多社会资本发起设立创业投资、股权投资和天使投资，缓解科技创新企业“最先一公里”的资金来源问题。加快私募股权投资基金份额报价转让系统建设，提升转让服务功能，丰富资本市场股权投资退出渠道。推动股权投资企业开展境内外双向投资，扩大上海本市外商投资股权投资企业试点（QFLP）范围，支持上海市优质股权投资企业到境外设立基金开展

投资，引进新技术、新业态，促进产融结合。

五是加大政策性融资担保支持力度。设立大型政策性融资担保机构（基金），创新考核等运作机制，通过融资担保、再担保和股权投资等形式，与上海市现有政策性融资担保机构、商业性融资担保机构合作，为科技型中小企业提供信用增进服务，着力打造覆盖全市的中小微企业融资担保和再担保体系。

六是强化互联网金融的创新支持功能。鼓励持牌金融机构依托互联网技术，实现传统金融业务与服务转型升级，积极开发基于互联网技术的新产品和新服务。允许符合规定的科技金融创新企业接入相关支付清算系统。引导、支持相关机构依法合规在沪开展股权众筹业务，支持各类股权众筹融资平台创新业务模式、拓展业务领域，推动符合条件的科技创新企业通过股权众筹融资平台募集资金。规范市场秩序，引导互联网金融健康发展，支持互联网金融企业组建行业协会等自律组织，推进互联网金融行业信息披露工作。加强部门联动，完善上海互联网金融领域监管协调与风险预警防范机制。

七是鼓励创新创业服务平台与金融机构加强合作。发挥创新创业服务平台的桥梁作用，支持众创空间、创新工场等新型孵化器与天使投资、创业投资、互联网金融机构等开展合作，创新投融资服务。鼓励有条件的区县和科技园区利用熟悉区域内科技创新企业的优势，建立科技创新企业数据库，协助金融机构开展科技金融服务和产品创新。加强科技创新企业信用体系建设，着力解决科技创新企业和金融机构之间的信息不对称，促进金融机构与科技创新企业有效对接。

八是建立科技金融服务工作协调机制。建立由上海市政府相关部门和驻沪金融管理部门组成的上海本市科技金融服务工作协调机制，定期召开联席会议，共同对科技金融服务工作措施的落实情况及成效进行评估，研究科技金融服务面临的新情况、新问题，及时监测金融运行风险，积极促进金融更好地为上海科技创新中心建设服务。

其中，开展投贷联动融资服务方式创新，成立注册资本金 50 亿元的融资担保机构（基金），推动上海股权托管交易中心设立科技创新板，设立现代科技投资银行，鼓励保险资金为企业提供资金融通是该《实施意见》的亮点。

二、推动银行业进行模式和机制创新，加强创新生态系统建设

2015 年，上海银监局印发了《关于上海银行业提高专业化经营和风险管理水平进一步支持科技创新的指导意见》（以下简称《指导意见》），该《指导意见》从 5 个方面提出了具体实施措施，旨在指导上海银行业通过模式和机制创新，围绕“创新链”建设“金融服务链”，加强科技资源和金融资源的结合，全方位支持创新体系中各个环节、各类主体的金融需求。

一是推进“创投型”信贷机制创新支持科技型中小企业。该《指导意见》所要推动的“创投型信贷模式”，可以总结为“六专”：专营的组织架构体系、专业的经营管理团队、专用的风险管理制度和技术手段、专门的管理信息系统、专项激励考核机制、专属客户的信贷标准。针对创业期企业高成长、高风险、轻资产的特征，该《指导意见》支持商业银行科技支行和科技资源集中区域的分支机构向专业化经营组织探索转型，专门为创业期企业打造创投型信贷模式。

二是建设商业银行与多方联动的金融服务平台。该《指导意见》鼓励商业银行建立“1 + N”的多元化渠道，通过与各级政府部门、创投机构、科技园区、科研机构、行业协会等机构和组织对接联动，整合创新平台服务模式，为客户营造良好的科技金融环境；鼓励商业银行与风险投资（VC）等专业投资机构建立紧密合作关系实现银投联动，协同发挥各自优势。

三是加大对科研基础设施和科技创新布局的金融支持力度。该《指导意见》鼓励银行业金融机构支持重大创新功能型平台和科技创新集聚区的建设；鼓励政策性银行使用开发性金融工具支持科研基础设施建设，包括科研院校投资、构造大型科学装置和其他基础设施等；鼓励商业银行加大对重大战略项目和众创空间，包括孵化器、加速器、创业社区等创新创业载体的信贷支持力度；鼓励金融租赁公司利用融资租赁方式，支持大型科研基础设施融资。

四是创新金融产品促进科技成果转移转化。该《指导意见》鼓励银行业金融机构开发符合技术贸易特点的金融产品，创新技术类无形资产交易融资的担保方式和风险管理技术，支持技术收储机制建设，并为知识产权交易相关基础设施提供金融服务；鼓励商业银行和财务公司通过并购贷款等工具支持本土企业以境外投资并购等方式获取关键技术，创新能满足科

技中介服务机构需求的金融产品和服务，支持科技中介服务集群化发展。

五是鼓励采取多样化的风险分担方式。该《指导意见》鼓励商业银行在完善风险定价的基础上，采用多种风险补偿手段，通过合法途径分享科技型中小企业的股权和选择权等权益，实现投贷联动；商业银行可以使用互换、远期、利率掉期、利率期权等技术，实现信贷风险与收益的跨期匹配。通过流程、机制和风险管理工具创新，商业银行可以改变重抵押担保、重过往业绩、重当期利润回报的传统信贷模式，在风险可控前提下，将信贷服务前移到企业创业期阶段，实现可持续的信贷商业模式。

三、完善天使投资风险补偿机制，引导社会资本投入

为引导社会资本加大对种子期、初创期科技型企业投入力度，上海市科学技术委员会、上海市财政局和上海市发展和改革委员会于 2015 年 12 月 29 日印发了《上海市天使投资风险补偿管理暂行办法》（以下简称《管理办法》）。该《管理办法》从以下五个方面进行了规定：

一是风险补偿的适用范围和条件。该《管理办法》指出：风险补偿的适用范围为 2015 年 1 月 1 日后投资于上海市种子期、初创期科技型企业的创业投资机构（以下简称“投资机构”）；种子期企业是指成立时间不超过 3 年、职工人数不超过 50 人，且资产总额不超过 500 万元人民币、年销售额或营业额不超过 500 万元人民币；初创期企业，是指职工人数不超过 200 人，且资产总额不超过 2000 万元人民币、年销售额或营业额不超过 2000 万元人民币；科技型企业是指按照上海市科技企业相关标准界定的企业。

二是风险补偿的标准。该《管理办法》针对风险补偿标准分两档设定：对投资机构投资种子期科技型企业项目所发生的投资损失，可按不超过实际投资损失的 60% 给予补偿。对投资机构投资初创期科技型企业项目所发生的投资损失，可按不超过实际投资损失的 30% 给予补偿。每个投资项目的投资损失补偿金额不超过 300 万元，单个投资机构每年度获得的投资损失补偿金额不超过 600 万元。

三是风险补偿的管理机构。该《管理办法》规定，风险补偿由上海市科委、市发展改革委和市财政局组成的工作小组负责管理和实施；工作小组下设办公室，办公室设在市科委，负责工作小组日常工作。

四是风险补偿的申请及受理程序。该《管理办法》规定，申请风险补偿的投资机构，须在每年的第一季度或第三季度向办公室报送风险补偿申请表，并附机构备案登记、项目投资情况以及经会计师事务所审计核实的退出或清算情况等材料；办公室对投资机构提出的风险补偿申请委托有关部门或机构进行审核，并提出审核意见，报工作小组；工作小组审议后形成风险补偿方案，上海市财政局根据工作小组审定的补偿方案和市科委的用款申请，拨付补偿资金。补偿资金的拨付，按照财政国库管理制度的有关规定执行。

五是风险补偿的监督管理。该《管理办法》规定：投资机构弄虚作假，或与被投资企业合伙骗取补偿资金的，一经查实，上海市科委将会同市发展改革委、市财政局负责追回已拨付的补偿资金，并按照《财政违法行为处罚处分条例》的相关规定进行处理；风险补偿的项目信息以及补偿资金的编制、使用、监督等情况，由市科委依法向社会公开。

四、完善金融支持政策，助力众创空间发展

为深入实施创新驱动发展战略，进一步营造良好的创新创业生态环境，中共上海市委办公厅和上海市人民政府办公厅于 2015 年 8 月 8 日印发了《关于本市发展众创空间推进大众创新创业的指导意见》。其中，关于金融支持的政策主要包括以下三个方面：

一是促进天使投资发展。扩大天使投资引导基金规模，天使投资引导基金参股天使投资形成的股权，5 年内可原值向天使投资其他股东转让。对经由市场主体评价且符合一定条件的创业投资管理运营人才，居住证转办户籍年限可由 7 年缩短为 2—5 年。对在上海市管理运营的风险投资资金达到一定规模且取得经过市场检验的显著业绩的创业投资管理运营人才及其核心团队，予以直接入户引进。开展互联网股权众筹融资试点，增强众筹对大众创新创业的服务能力。

二是创新科技信贷服务产品。鼓励发展商业银行科技支行，为轻资产、无抵押、高风险特征的创业企业提供金融服务。组建政策性融资担保机构或基金，为创业企业提供信用增进服务。继续完善科技企业信用贷、履约保、微贷通及个性化金融产品组成的信贷产品体系，开展“创投贷”信贷服务，扩大科技信贷的规模和惠及面。完善上海市科技型中小企业和小

型微型企业信贷风险补偿办法，引导商业银行加大对科技型中小企业和小型微型企业信贷支持力度。开发符合科技企业技术创新、产品创新规律的核心人员在职保证保险等科技保险产品，运用科技保险补贴等方式，降低科技企业创新风险，增强抗风险能力。

三是探索跨境投融资服务。在中国（上海）自由贸易试验区和张江国家自主创新示范区，试点境外创投企业和天使投资人投资境内非上市企业。依托有关机构设立科技企业境外融资专门服务窗口，支持本土科技企业开展境外人民币融资。试点开展设立境外股权投资企业，支持企业直接到境外设立基金开展创新投资。

五、支持金融产品开发，促进科技成果转移转化

为进一步激发创新活力和创造潜能，上海市人民政府办公厅于 2015 年 11 月 5 日印发了《关于进一步促进科技成果转移转化的实施意见》。其中，通过支持金融产品开发，进一步促进科技成果转移转化的政策主要包括以下两个方面：

一是支持商业银行开发科技成果转化信用贷款产品，开展知识产权质押贷款，股权质押贷款等贷款业务。政府对符合条件的科技型中小企业贷款给予风险补偿。对于创业投资机构投资种子期、初创期科技型企业发生的实际投资损失，可按照损失额的一定比例给予风险救助。

二是支持保险机构开发符合科技成果转化特点的保险品种，包括关键研发设备、研发中断、产品研发责任、产品质量保证、新产品试用、环境污染责任等保险，为科技成果转化提供保险服务，进一步完善科技成果转化过程中的保费补贴政策，支持科技成果转移转化。

第二节　上海科技金融政策支持体系的现状评估

2011 年，科技部、中国人民银行、中国银监会、中国证监会、中国保监会联合下发了《关于确定首批开展促进科技和金融结合试点地区的通知》

（国科发财〔2011〕539号），明确了首批16个试点地区，上海市是其中之一。开始试点以来，上海的科技金融政策体系逐渐完善，但也需要不断优化。

一、科技金融政策框架构建完成

2010年，科技部、人民银行、银监会、证监会、保监会联合印发了《促进科技和金融结合试点实施方案》（国科发财〔2010〕720号），明确了促进科技和金融结合的指导思想、基本原则、总体目标、试点内容及组织实施。《实施方案》要求，在试点工作中，要着力做好以下工作：一是要优化科技资源配置，创新财政科技投入方式；二是要引导金融机构加大对科技型中小企业的信贷支持；三是要引导和支持企业进入多层次资本市场；四是要进一步加强和完善科技保险服务；五是要建设科技金融合作平台，培育中介结构发展；六是要建立和完善科技企业信用体系；七是要组织开展多种科技金融专项活动。通过开展试点工作，为全面推进科技金融工作提供实践基础，为地方实施科技金融创新营造政策空间，以试点带动示范，不断完善体制，创新机制模式，加快形成多元化、多层次、多渠道的科技投融资体系。

2011年，科技部等八部门出台了《关于促进科技和金融结合　加快实施自主创新战略的若干意见》（国科发财〔2011〕540号），提出了八点意见：充分认识科技和金融结合的重要意义；优化科技资源配置，建立科技和金融结合协调机制；培育和发展创业投资；引导银行业金融机构加大对科技型中小企业的信贷支持；大力发展多层次资本市场，扩大直接融资规模；积极推动科技保险发展；强化有利于促进科技和金融结合的保障措施；加强实施效果评估和政策落实。

为进一步发挥金融促进科技产业化和支持科技企业特别是科技型中小企业发展的作用，推动上海市“十二五”时期“创新驱动、转型发展”的进程，上海市于2011年12月6日出台了《关于推动科技金融服务创新促进科技企业发展的实施意见》（沪府发〔2011〕84号），提出了科技金融发展的目标和任务：立足国家科技创新发展战略，面向战略性新兴产业发展和高新技术产业化，依托上海国际金融中心建设优势，抓住建设张江国家自

主创新示范区的契机，以市场化为导向，以体制、机制改革为动力，力争通过3年左右的创新试点，建立健全与上海科技企业和高新技术产业化发展相适应的科技金融服务体系与政策环境，丰富业务产品体系，拓宽科技产业化投融资渠道，切实解决当前科技企业创新发展的融资瓶颈，促进上海科技与金融融合发展，初步把上海建成全国科技金融服务中心，发挥上海在我国科技金融服务体系建设中的示范引领作用。为了完成以上目标和任务，《关于推动科技金融服务创新　促进科技企业发展的实施意见》（以下简称《实施意见》）从以下四个方面对上海发展科技金融提出了要求：

一是完善科技金融机构体系。多样化和差异化的科技金融机构，有助于资金向科技企业的流动，为此该《实施意见》鼓励设立专门为科技企业服务的科技金融支行；鼓励具备科技金融服务能力的社会资本参与设立融资担保公司；吸引更多国内外知名风险投资基金和风险投资管理公司落户上海；吸引各类资本在本市投资设立小额贷款公司。

二是推进科技金融产品和服务创新。该《实施意见》明确提出，要建立健全与上海科技企业发展相适应的科技金融服务体系，拓宽科技产业化投融资渠道：引导上海银行业建立符合科技企业成长特点的融资服务机制，制定专门的科技企业信贷政策；鼓励银行业金融机构积极开展科技金融服务产品创新，扩大知识产权质押、股权质押、订单质押、应收账款质押、保证保险贷款、票据贴现等融资业务总量；积极开展科技投融资服务模式创新，鼓励商业银行、担保公司、创业投资公司、科技金融服务公司等开展“投贷联动”、“投贷保联动”、“保贷联动”等服务创新；市、区县两级政府进一步完善科技企业改制上市支持政策和工作推进机制，加大对科技企业改制上市的资金支持力度；推动科技企业发行中小企业集合债券、集合票据和集合信托等产品，重点缓解科技企业中长期融资困难；探索发展创业人员人身险、创业企业财产险、创业职业保险、产品责任险等科技保险产品，为科技企业及创业人员提供保险保障服务；鼓励金融及投资咨询等机构为科技企业的兼并重组提供并购贷款和各类中介服务，推动科技企业并购市场发展。

三是加大财政政策对科技金融的支持力度。该《实施意见》提出，通过发挥财政政策的引导和放大作用，增强金融机构服务科技企业的动力，促进金融产品和工具的创新：完善科技金融财政支持措施，建立健全科技型中小企业信贷风险分担机制，进一步调动商业银行在信贷投向方面支持和促进本市科技型中小企业发展的积极性；创新财政专项资金运用方式，以国有投资公司投资参股等形式，重点引导商业性融资担保机构为科技型中小企业服务；进一步扩大市、区县两级财政的中小企业融资担保专项资金规模，加大对商业性担保机构的风险补偿力度；鼓励区县开展科技型中小企业政策性融资担保业务；市财政将通过中小企业发展专项转移支付项目，重点对各区县实际发生的支持中小企业改制上市经费补助支出给予专项转移支付扶持；进一步扩大市、区县两级财政的创业风险投资引导基金规模，并通过与社会资本共同发起或配投等方式，引导更多资金投资早期科技企业。

四是健全科技金融服务支撑体系。该《实施意见》提出，通过科技金融服务平台促进科技企业与金融机构更好的对接，并为科技企业提供专业的评估咨询服务；各科技园区要组建科技型中小企业融资服务中心，为园区内企业提供政策服务、金融创新、中介服务等一门式多方位服务；发挥上海股权托管交易中心的功能作用，为本市非上市科技企业的改制、股权登记、托管及非公开转让交易等提供服务；建立科技金融专家库，为科技企业提供咨询服务；进一步推进科技企业信用征信、评级等中介服务体系建设，努力营造良好的科技金融发展信用环境。

2015 年，上海制定的《关于加快建设具有全球影响力的科技创新中心的意见》对发展科技金融提出了新的要求：

一是扩大政府天使投资引导基金规模，强化对创新成果在种子期、初创期的投入，引导社会资本加大投入力度，对引导基金参股天使投资形成的股权，5 年内可原值向天使投资其他股东转让。创新国资创投管理机制，允许符合条件的国有创投企业建立跟投机制，并按照市场化方式确定考核目标及相应的薪酬水平。允许符合条件的国有创投企业在国有资产评估中使用估值报告，实行事后备案。对已投资项目发生非同比例增减资，而国有创投企业未参与增减资的经济行为，允许国有创投企业出具内部报告。

二是支持保险机构开展科技保险产品创新，探索研究科技企业创业保险，为初创期科技企业提供创业风险保障。支持保险机构与创投企业开展合作。

三是支持商业银行设立全资控股的投资管理公司，与银行形成投贷利益共同体，探索实施多种形式的股权与债权相结合的融资服务方式，实行投贷联动。发挥民营银行机制灵活优势，创新科技金融产品和服务。鼓励商业银行科技金融服务专营机构加大对科技企业信贷投放力度。组建政策性融资担保机构或基金。建立政策性担保和商业银行的风险分担机制，引导银行扩大贷款规模、降低中小企业融资成本。

四是加快在上海证券交易所设立"战略新兴板"，推动尚未盈利但具有一定规模的科技创新企业上市。争取在上海股权托管交易中心设立科技创新专板，支持中小型科技创新创业企业挂牌。探索建立资本市场各个板块之间的转板机制，形成不同发展阶段科技创新企业服务的良好体系。探索建立现代科技投资银行。建设股权众筹平台，简化工商登记流程，探索开展股权众筹融资服务试点。

国家层面和上海层面关于科技金融的相关政策，明确了上海科技金融的发展方向，规定了具体的任务，确定了上海科技金融政策的整体框架。在以上政策的指导下，上海在工作机制上成立了由政府主要领导牵头，科技、财税、金融办以及"一行三局"等部门共同参与的协调推进机制，其中国家开发银行在上海专门设置了科技金融处；不断创新财政科技投入方式，加强对金融资本和民间投资的引导和带动；建立了科技金融信息服务平台，汇聚了科技型中小企业信息和各类投融资信息；开展了科技企业信用体系建设、科技金融专员服务等；科技金融专营服务机构应运而生，科技信贷、创业投资、科技债券、科技信托、科技担保、科技小贷、科技保险等金融产品和金融服务都有不同程度的发展。

二、科技金融政策体系逐步完善

近年来，为了推动科技金融服务体系的完善，上海出台了多项科技金融政策文件（见表6－1），形成了设计科技信贷、创业投资、科技债券、科技信托、科技担保、科技小贷、科技保险、融资租赁等科技金融政策体系。

表6－1　　上海市主要科技金融政策（2008—2015年）

序号	文 件 名 称	发文年份
1	关于促进本市小额贷款公司发展的若干意见	2008
2	关于本市开展小额贷款公司试点工作的实施办法	2008

续表

序号	文 件 名 称	发文年份
3	上海市集聚金融资源　加强金融服务　促进金融业发展的若干规定	2009
4	关于本市促进知识产权质押融资工作的实施意见	2009
5	关于本市加大对科技型中小企业金融服务和支持的实施意见	2009
6	关于促进本市小额贷款公司发展的若干意见	2009
7	上海市人民政府贯彻国务院关于进一步促进中小企业发展若干意见的实施意见	2010
8	关于促进上海市小额贷款公司发展的若干意见（2010年修订版）	2010
9	上海市知识产权质押评估实施办法（试行）	2010
10	上海市知识产权质押评估技术规范（试行）	2010
11	关于加强金融服务促进本市经济转型和结构调整的若干意见	2010
12	关于鼓励和促进科技创业的实施意见	2010
13	关于推进本市中小企业上市工作的实施意见	2010
14	上海市融资性担保公司管理试行办法	2010
15	上海市国有创业投资企业股权转让管理暂行办法	2010
16	上海市创业投资引导基金管理暂行办法	2010
17	关于本市加快融资性担保行业发展进一步支持和服务中小企业融资的若干意见	2010
18	上海市政府关于推进股权托管交易市场建设的若干意见	2011
19	关于推动科技金融服务创新促进科技企业发展的实施意见	2011
20	上海市小型微型企业信贷风险补偿办法	2012
21	上海市科技型中小企业信贷风险补偿暂行办法	2012
22	关于推进本市小微企业融资服务平台建设的指导意见	2012
23	关于贯彻《国务院关于进一步支持小型微型企业健康发展的意见》的实施意见	2012
24	上海市科技企业界定参考标准（试行）	2012
25	关于本市开展中小微企业融资租赁担保试点工作的通知	2013
26	中小微企业融资租赁担保业务试点方案	2013
27	关于加快上海创业投资发展的若干意见	2014
28	关于促进本市互联网金融产业健康发展的若干意见	2014
29	关于本市进一步促进资本市场健康发展的实施意见	2014
30	上海市天使投资引导基金管理实施细则	2014

续表

序号	文 件 名 称	发文年份
31	上海市借用中长期国际商业贷款管理试点暂行办法	2014
32	关于加快建设具有全球影响力的科技创新中心的意见	2015
33	上海市科技企业界定参考标准	2015
34	关于深化人才工作体制机制改革　促进人才创新创业的实施意见	2015
35	上海市优秀科技创新人才培育计划管理办法	2015
36	关于促进金融服务创新　支持上海科技创新中心建设的实施意见	2015
37	关于上海银行业提高专业化经营和风险管理水平　进一步支持科技创新的指导意见	2015
38	上海市天使投资风险补偿管理暂行办法	2015
39	关于本市发展众创空间　推进大众创新创业的指导意见	2015
40	关于进一步促进科技成果转移转化的实施意见	2015

科技金融政策体系的日益完善，为上海科技金融的发展明确了具体的任务，构成了上海发展科技金融的制度保障体系。经过5年的试点工作，上海不断创新科技金融发展的体制、机制，为今后推进科技金融工作提供了实践基础，基本形成了多元化、多层次、多渠道的科技投融资体系。

特别是2015年出台的《上海市天使投资风险补偿管理暂行办法》更是弥补了上海关于天使投资政策和风险补偿政策的“短板”。上海原来实施的创业投资风险补偿政策主要是市科委2006年出台的《上海市创业投资风险救助专项资金管理办法（试行）》（沪科合［2006］第030号），但该政策的救助门槛较高（需投资“高新技术企业”或“高新技术成果转化项目”发生的损失才能救助；投资机构需按1∶1缴纳风险准备金），导致部分投资种子期、初创期（即天使投资）的项目，在发生损失时，无法享受风险补偿政策。天使投资作为创新创业的助推器和发动机，对推动创新创业有重要作用。根据《上海市天使投资风险补偿管理暂行办法》的规定，通过部分补偿投资损失的方式，能够鼓励天使投资基金多投初创期、早中期的科技企业，帮助和促进科技企业快速成长。

三、科技金融政策与科创中心城市建设的目标存在差距

目前，上海的科技金融政策体系虽然已经形成，但还存在以下较为突

出的问题：

一是财政投入方式有待转变。财政用于科技金融的直接补贴效率有待提升，引导企业加大研发投入的杠杆效应有待进一步加强，直接补贴尚未与税收优惠、政府采购等政策充分协同。财政对民间资本的撬动作用不够，财政“行政审批”式投入有待进一步转化为“市场发现”式投入。同时，对于一些处于种子期和初创期的科技型企业来说，政府提供的资金资助是有限的，创业者获得财政补贴的难度也较大。比较突出的问题是，企业在申报不同科技创新项目时需要填写不同的材料，这大大增加了企业的工作负担，园区运营商在协助申报过程中有时还会收取一定的费用，这些问题都影响了企业申请财政补贴的积极性。

二是创业投资政策有待进一步完善。目前，由于受《中华人民共和国商业银行法》（第四十三条的规定：“商业银行在中华人民共和国境内不得从事信托投资和证券经营业务，不得向非自用不动产投资或者向非银行金融机构和企业投资，但国家另有规定的除外。”）和贷款通则的限制，商业银行仍无法向 PE、VC 发放私募股权贷款，再加上创业投资退出机制不健全，创业投资的规模小，推动科技创新的作用仍然有限。而商业银行以利益最大化为经营目标，往往要求提供抵押担保、质押担保等，既不可能在科技企业的种子期和初创期为其提供大量资金，也不能比创业投资者更迅速、更准确地把握产业动态、企业状况和风险状况，难以适应科技创新过程的多元化和多变化的特点。但上海的创业投资较北京相比仍然存在较大差距。根据清科研究中心对 2015 年天使投资市场投资地域的统计，上海的天使投资案例为 341 起，而北京的天使投资案例为 902 起。

三是推动国际合作的科技金融政策有待加强。全球化正在对科学研究的对象、方向、范围、水平，科学家之间的学术交流和合作方式以及学科交叉研究的发展产生重大而深远的影响。在这种背景下，科技金融政策也应致力于为科技型企业开展国际合作提供服务，但上海的科技金融政策在这方便还存在较大不足。

同时，上海支持科技金融发展的税收政策、人才政策、科技政策等相关政策也存在不理想之处，与建设具有全球影响力的科技创新中心的任务要求存在差距。

第三节 完善上海科技金融政策支持体系

科技主管部门、金融主管部门应与相关部门加强协调和合作，继续积极探索构建科技资源和金融资源互动的政策环境，推动科技金融机构的发展，完善财政资金、科技保险、科技债券、科技信贷、科技小额、创业投资、资本市场投资服务等科技金融的产品和服务体系，拓宽科技型企业的融资渠道。

一、改善财政投入方式

政府角色应该由“投入推动型”向“引导推动型”转变，通过市场化运作，充分发挥财政资金的乘数效应和杠杆作用，引导更多民间资本进入科技创新领域。

一是改变资助企业研发活动的财政投入方式。要改进政府研发计划项目的形成机制，应增加产业界和企业界在编制应用研究、试验发展类研究研发计划的话语权，重点资助来源于市场需求的研发项目，从源头上实现科技与经济的结合。同时，改变资助投入的程序，先由企业申报，然后根据企业的研发项目的价值大小、实际纳税数额多少、纳税增长速度高低等核心指标，再结合企业信誉、行业等因素，设计量化评价方案，据此评价申请企业研发资质和能力，分配首轮投入经费；然后对比分析投入前后企业效益变动情况，综合考虑企业发展现状和前景，以决定企业获得下一轮政府投入的资格和资金。特别地，政府资金投入应以产业链为着眼点，向产业链上的龙头企业以及发展前景好的中小微企业集中投入。通过对产业链和企业的选择性投入，力求产业链竞争力的提升，以提高研发费用的投入效率。同时，应加强对财政支持的研发活动进行跟踪和评估等，提高资金利用效率。

二是安排科技创新专项奖励资金。由财政局、经信委、发改委联合制定《上海市科技创新专项奖励资金管理办法》，每年安排相应的资金用于科技创新的奖励，采取市场化运作的方式，引导社会各方面加大对科技创新的投入。发挥财政的杠杆作用，带动社会投资，形成鼓励科技创新的浓厚氛围。

三是在科技园区设立科技创新种子基金。由相关政府部门或产业园区牵头，吸纳社会资本进入，建立针对上海重点发展产业的创新创业种子基金，引导社会资本的参与（如小额贷款公司、天使投资、风险投资等）的进入。同时，应该完善种子基金的运作机制，包括项目评估机制、多元投融资机制、项目退出机制等。相关政府职能部门也应成立服务器，通过孵化器向创新创业企业投资，股权由孵化器与创业者合理分配，如果孵化成功，政府收回初始投资；如果孵化失败，政府承担投资损失。

二、优化风险投资配套政策

为推动风险投资的发展，上海市应完善配套政策，促进科技成果转化、推动科技型企业发展。

一是制定税收优惠政策和财政扶持政策，鼓励民间资本进入风险投资领域，为创新创业提供资金支持。对于一次性以现金形式全额购买创业企业股份，持有股份满 3 年的，每年的投资金额可以列入个人收入税基减免中。同时，为鼓励商业天使投资，上海可制定《上海天使投资条例》，对工薪阶层从事天使投资给予税收优惠。

二是继续做大天使投资引导基金的规模。上海各区县和各科技园区可制定配套政策，围绕各自的优势产业，充分发挥天使投资引导基金的“杠杆效应”，支持种子期和初创期企业的科技型企业发展。

三是创新风险投资的服务模式。可大力发展“天使 + 孵化”的创业服务模式，完善孵化器市场化运作模式，推广持股孵化等激励机制，充分调动相关单位和人员的积极性，推动科技创新从量变转为质变。

三、出台科技金融的国际合作政策

为了推动科技金融的国际合作，上海可以采取以下政策措施：

一是制定“全球创新创业合作计划”，成立国际性的双边或多边合作基

金，为创新创业企业提供政策性贷款，鼓励创新创业企业加强国际合作，通过引入国际资本，以全球化思维整合产业发展资源。

二是鼓励张江、金桥、漕河泾等产业园区与美国硅谷、以色列马塔姆、印度班加罗尔等产业园区进行国际合作，特别是充分利用“双自联动”的改革契机，借助中国（上海）自由贸易试验区和张江国家自主创新示范区的政策优势，充分整合国内国际资源，推动科技金融实现“跨越式”发展。

三是学习国际经验。比如，以色列通过引入国际资本，以全球化思维整合产业发展资源做法也非常有借鉴价值。以色列—美国跨国产业研发基金（BIRD）是历史最悠久的双边合作基金，为创业企业提供政策性软贷款，类似的还有与新加坡合作的 SIIRD 基金、与韩国合作的 KORIL 基金、与加拿大合作的 CIRDF 基金等。以色列“全球企业合作计划”则资助跨国公司与创业企业开展研发和产业化合作。为消除外国企业并购以色列科技企业形成的障碍，2011 年国会修订了《鼓励产业研究开发法》，对政府征收向国外转让受助项目的许可费设置了上限。同年，以色列工贸部还推出了一项 1 亿谢克尔的“印中计划”，鼓励科技企业加强与印度、中国的合作。

四、创新互联网金融政策

上海可在互联网金融政策方面进行创新，借助新技术推动科技金融发展。

一是发展科技众筹平台。借助商品众筹、债券众筹和股权众筹等众筹模式，引导发展科技众筹。制定科技众筹的减税计划，投资者在科技众筹平台上的现金投资金额可以冲销投资者申报的应税收入总额，持有股份满 3 年的，可免交部分税款。

二是利用新技术推动互联网金融发展。鼓励科技金融机构运用大数据技术和区块链技术打破数据孤岛的困境，降低征信成本，提高征信公信力，从而破解科技型企业的征信难题，解决科技型企业“融资难”和“融资贵”问题。

第七章
上海区域性科技金融政策创新探索

第一节　张江示范区科技金融政策支持体系

作为上海建设具有全球影响力科创中心的核心载体，以及全国和上海科技创新的先行先试区域，张江国家自主创新示范区充分发挥“先行先试、示范引领”作用，充分利用国际国内“两个市场、两种资源”，促进科技、金融、贸易、产业的多维度融合，推动人才、资本、技术、知识的多要素联动，加强产学研、内外资、政社企的多主体协同，着力打造国际化循环、全球化配置的创新创业生态系统，促进制度创新、金融创新、科技创新的深度融合。截至2015年11月，张江示范区总收入3.22万亿元，出口创汇594.59亿美元，实缴税费1424.59亿元，净利润1673.03亿元，分别同比增长10.2%、9.3%、8.9%和5.5%。

一、聚焦全球科创中心，强化政策制定落实

张江建设国家自主创新示范区经过3次扩大管理范围，目前全市80%的知识密集区域均纳入张江高新区，17个区县531平方公里内拥有22个园区，基本形成与上海城市创新带和战略性新兴产业发展地带相吻合的沿江沿海、沿沪宁线和沪杭线三大创新带。张江国家自主创新示范区在科技和金融结合改革试点方面，努力发挥上海国际金融中心、上海自贸区建设的

条件与优势，充分借助上海科技金融政策支持体系的基本框架，积极探索科技与金融结合的新模式、新途径。近年来，张江管委会按照市委、市政府的要求，在广泛调研和征求各方意见的基础上，按照创新创业价值链和服务链的内在逻辑，聚焦上海科创中心建设，初步形成了以纵向和横向两个块面为引领，与张江示范区“五个突破”（即股权激励、人才特区建设、科技与金融结合、财税政策改革和管理体制）相互匹配、相互支撑的科技金融政策支持体系：从纵向政策看，主要是由国家政策（既有参照国家赋予中关村相关创新政策、也有根据张江特点形成的国家试点政策）、市级政策和各园区政策三个层级组成；从横向政策看，主要分为产业规划政策、企业（含科技金融、人才要素）政策、财税政策、政府服务政策等。

2015年，上海认真贯彻落实党的十八大和十八届三中、四中、五中全会精神，学习贯彻习近平总书记系列重要讲话精神，以2015年度市委一号调研课题为引领，深入实施创新驱动发展战略，加快建设具有全球影响力的科技创新中心，相继出台了一系列具有前瞻性、操作性、突破性的行动纲领和实施意见（参见表7－1），有力地支持和推动了上海科技金融的发展。

表7－1　2015年上海市层面与科技金融相关的若干重要政策文件

时间	政策名称	备注
2015年5月	《关于加快建设具有全球影响力的科技创新中心的意见》（“科创22条”）	
2015年7月	《关于深化人才工作体制机制改革　促进人才创新创业的实施意见》（“人才20条”）	
2015年7月	《上海系统推进全面创新改革试验　加快建设具有全球影响力的科技创新中心方案》	国务院2016年4月12日批复
2015年8月	《关于促进金融服务创新　支持上海科技创新中心建设的实施意见》	
2015年11月	《关于进一步促进科技成果转移转化的实施意见》	
2015年11月	《关于加快推进中国（上海）自由贸易试验区和上海张江国家自主创新示范区联动发展的实施方案》（“双自联动”方案）	

在上述政策文件的指导下，张江国家自主创新示范区紧紧围绕上海建设具有全球影响力的科技创新中心的要求和张江示范区建设世界一流科技园区的规划目标，在科技金融领域加快政策先行先试，在将中关村相关政

策延伸至张江的同时，结合张江特色，围绕创新人才引进、知识产权、信用服务、精准融资、培育新兴产业等方面，细化完善相关扶持政策。张江管委会于2015年7月制定出台了《张江国家自主创新示范区推进具有全球影响力科技创新中心建设的总体行动计划（2015—2020年）》，这是上海建设全球科技创新中心的第一份行动方案。按照方案，张江园区将重点围绕实现开放式创新程度最高，运用型创新要素最集聚，改革试验举措最丰富，主导产业成果转化率最高，“四新经济”代表性企业最集中，科技金融活力最显著，创新创业者最向往的发展目标，在2015年全面推进上海全球科技创新中心建设，在科技金融方面尤其强调着力优化科技融资服务。

与此同时，在科技部等中央有关部委和上海市委、市政府的领导与支持下，张江示范区不断强化政策落实和推进。从国家层面来看：（1）国务院批复同意的企业股权激励试点、科技与金融结合改革试点政策有序推进落实；（2）国务院批准同意、财政部与国家税务总局下发的〔2013〕13号文对于中关村、东湖和张江等3个国家高科技园区的税收政策得到落实。从市级层面来看：（1）深化行政审批权下放园区试点。共有16个园区参加试点，19项行政审批权全部下放，行政审批事项的时间平均缩短1/3以上，部分审批事项实现月内办结。（2）企业股权与分红激励试点取得积极进展。协调推进31个单位（项目）进行试点，开展上市公司股权激励试点实证研究和总结工作会议，评估试点情况和研究梳理存在问题。（3）人才高地试点政策有序推进。市委、市政府聚焦创新创业人才团队建设，落实已出台的各项政策，形成张江示范区人才的集聚效应。（4）推动国家试点政策落地。会同市税务局推进4项税收政策落地张江，拟制了具体方案、相关文件和操作规程，并会同示范区内企业4项税收政策培训工作。（5）引入上海自贸区金融创新政策。发挥自贸区金融开放创新优势，形成各类金融工具协同，推动金融创新更好地服务科技创新企业，推动股权投资企业开展境内外双向投资。从各园区层面来看，2015年紫竹高新区制定《紫竹国家高新区关于创建具有全球影响力的科技创新中心的实施意见》，扶持企业创新发展，成立紫竹新型孵化器等众创空间，对处于不同发展阶段的企业，从认定资助、基础设施资助、贷款贴息、营运资助、租房资助等方面给予扶持，并从人才、研发、上市扶持、知识产权、自主品牌建设等方面给予政策支持与帮助，着力营造良好的科研、产业、创业和生活配套环境。

二、强化信用体系建设，优化创新创业环境

自 2013 年成立张江园区企业信用促进中心以来，示范区内积累了大批科技金融机构和小微企业，但是融资难的问题并没有得到根本的解决，很重要的障碍就是信用体系建设的滞后。为此，张江示范区以科技金融支撑科技创新，以信用体系建设作为中小型科技企业获取金融服务与支持的最基础环节，不断优化创新创业环境建设，率先开创了“信用张江”模式，以“一个数据库”“一套评价体系”“多个应用领域”为基本框架，成功帮助园区企业实现信用融资，打造园区信用生态圈。截至目前，“信用张江”模式已整合园区 80% 以上的企业动态数据，成功帮助超过 500 家园区企业从金融机构获得支持，累计获得银行机构融资金额约 50 亿元，获得担保机构担保金额约 12 亿元，券商机构推荐“新三板”挂牌企业 38 家。2015 年 9 月，为深入贯彻落实国务院《关于上海张江国家自主创新示范区发展规划纲要（2013—2020 年）的批复》精神，推动张江示范区企业信用建设的创新发展，张江管委会、上海市经济信息化委决定在张江示范区开展企业信用管理服务平台建设试点，并制定出台了《上海张江国家自主创新示范区企业信用管理服务平台建设试点实施办法》，以国家和上海本市有关法律法规及社会信用体系建设要求为依据，以推进张江示范区企业信用管理为核心，围绕企业信用信息的采集、共享、评价、使用和信用产品的创新应用，探索信用管理服务新模式，营造诚实守信的创新创业环境。

（一）构建大信用管理系统

张江企业信用促进中心开国内先河，面向产业聚集区构建了“园区支持企业进行信用评级—信用促进中心整合信息—信用评价对接企业和金融机构—形成基于信用评级产品”的信用管理体系。信用促进中心将政府的科技金融服务与企业信用体系建设有机融合，将信用产品全面嵌入对中小企业的融资产品，从而帮助轻资产的科技型中小企业仅凭信用报告而无需担保物可轻松获得贷款。同时，信用促进中心对合作的“三个一批”（一批银行贷款机构、一批券商、一批担保公司）给予不同程度的“补奖”，如按照自然年度对银行出的坏账按比例补贴，对推动企业上“新三板”的证券公司发放奖金等。

（二）强化制度与平台建设

张江示范区通过制度与平台建设，不断强化科技金融供需双方之间的互信以形成良性循环，逐步打破金融机构和高科技企业之间的信息不对称。就制度建设而言，张江示范区邀请专家制定了信用评价的模型和模板，并与11家银行和一批担保机构等签订合作协议，规范了政企合作的模式。就平台建设而言，张江示范区通过联合开展科技融资服务试点平台和企业信用管理服务平台试点建设，探索形成了信息和中介服务模式、基于小企业全生命周期融资需求的集团模式等多种创新服务模式，为园区搭建企业信用管理大数据服务平台。

（三）建立企业信息数据库

在棱镜征信的协助下，张江示范区建立了企业信息数据库，涵盖园区绝大多数企业。以张江园区为例，目前注册企业有1万多家，持续稳定经营的约3000家，而这中间有2200家企业已经纳入企业信用信息数据库，占比高达73%，而这中间90%都是中小企业，主要分布在集成电路、生物医药、IT软件以及文化创意四大行业。企业信息库的建立，使园区全面掌握园区内企业的情况，包括企业数量、类型、企业基本情况和相关经营数据等。企业信用库建立的最大难点在于数据多方面地收集。张江示范区通过企业自行申报企业相关数据、接入政府公共信息数据，如工商、质检、司法等，以及接入棱镜征信强大的企业数据库，形成园区企业的综合、全面、多维度的画像。

（四）推进评价成果的应用

张江示范区还积极推进信用评价成果的运用。在企业信息库建立的基础上，张江企业信用促进中心委托棱镜征信，对采集而来包含企业工商数据、财务数据、司法数据、舆情数据等进行处理、分析、建模，进而进行企业信用评级。而信用评级报告将成为园区监管企业、企业向园区申报政策资金的重要依据。目前，从应用性的角度出发，张江示范区的信用评价体系包含企业资源体系和社会发展体系两个部分，并可根据企业的申请出

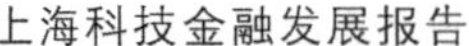

具第三方的评估报告。张江示范区与金融机构签订的合作协议也是以推动产品的使用作为融资重要目标来实现。目前，逾1800家企业完成网上“自评”信用报告，超过150家企业提出“他评”报告申请，其中4/5获得了签约金融机构的资金支持，还有一批企业通过新闻报告获得了金融机构的融资支持。

（五）成立全国性信用联盟

2016年6月，张江示范区还倡议并联合武汉东湖高新技术开发区、成都高新技术产业开发区、长沙高新技术产业开发区、济宁国家高新技术产业开发区4家国家级高新园区发起成立了“全国高新技术园区信用联盟”，29家国家级高新技术园区作为第一批会员加入联盟。全国高新技术园区信用联盟通过引导和帮助联盟成员开展信用体系建设，推广已有的比较成熟的信用体系模式，如上海的“三清单”信用管理模式、“信用东湖”模式、“信用张江”模式等，构建统一的园区信用服务标准，争取更有力的信用政策，促进信用政策发展，不断推出具有共性的创新金融产品，推进全国高新技术园区信用体系跨区域合作机制发展。

三、探索张江科技银行，创新金融服务模式

由于科技企业融资具有无抵押、无担保等特点，准确把握其信贷风险难度较大。2015年，张江示范区以健全“双创”服务体系为重点，不断健全和完善科技金融服务体系。

（一）筹建张江科技银行

从金融服务模式来看，张江的一大亮点是正在筹办张江科技投资银行和民营张江科技银行。张江科技投资银行拟借鉴美国硅谷银行模式，将采取股权、债权相结合的融资模式，并且吸引民资进入，实现股权多元化。民营张江科技银行则着眼于信贷服务创新，以创新创业人才、科技型中小微企业和科技园区为目标市场，围绕科技创新和新兴产业的研发链、转化链、产业链、服务链布局金融产品和服务，构建与科技金融相适应的专业化、创新性运营模式和机制。目前，民营张江银行在张江管委会和金融监

管部门的积极筹备下，已初步敲定8家发起人，正处在尽职调查阶段。不同于已获批的首批5家民营银行，筹备中的民营张江银行主打的是专业的科技金融服务，瞄准科技创新的全链条，包括科技研发、成果转化、生产制造、推广应用和技术服务等各个环节，基本覆盖科技创新的全过程。张江银行的架构也与普通银行有较大不同，将在董事会下设科技金融产品开发委员会，在运营层面设立创新创业人才服务部等。

（二）试点融资服务平台

张江将继续推进园区内的科技融资服务平台建设试点，支持商业银行科技金融服务专营机构为科技企业提供服务，引导科技企业数据库与银行业机构和金融管理部门良好对接，创新互联网+金融风险管理模式。目前，张江高新区共有22个科技融资服务平台，服务园区企业3.2万家，对接各类金融产品供应商2300余家。张江专项资金支持平台企业贷款贴息3.7亿元，撬动社会资金370亿元。此外，张江还在12家具备条件的分园建立了企业信用管理服务平台，为企业提供信用评级等服务。这些公共服务平台积累的数据和资源，将为张江银行的风控提供多一重的保障。统计显示，目前张江高新区共汇聚科技型、创新型企业7万余家，成为全国科技创新和新兴产业的战略高地，以及上海全球科创中心建设的核心载体。

（三）整合社会组织资源

张江还进一步整合社会组织的科技金融资源，在2014年9月16日成立了“张江科技金融服务联盟”。该联盟在张江管委会指导下，由上海市创业投资行业协会、上海市科技企业联合会、上海市创业投资行业协会、上海市金融业联合会、上海股权投资协会、上海国际股权投资基金协会、上海市科学技术研究所协会、上海小额贷款公司协会、上海市租赁行业协会、上海科技成果转化促进会、上海科技企业孵化器协会等10家相关行业的社会组织联合发起成立，是面向张江有关分园、张江中小微企业融资服务平台、科技企业孵化器、上海市金融机构以及张江高新技术企业、科研院所、大学和其他社会组织开放的松散式协作组织。成立一年多以来，该联盟通过加强信息沟通和经验交流，推动建立内外联动、资源共享、优势互补、互惠共赢的科技金融合作网络，提升科技金融服务水平，对张江示范区的

科技金融改革创新工作形成了重要支撑，有效增强了示范区整合和利用各类金融资本的能力，促进了科技资源和金融资源的有效对接。

（四）开展园区服务活动

为贯彻落实《张江国家自主创新示范区推进具有全球影响力的科技创新中心建设的总体行动计划（2015—2020年）》，搞活张江示范区科技金融活动氛围，2015年10—11月，园区还开展了“张江示范区科技金融服务月”活动，针对示范区内企业需求举办投融资创新政策和操作办法培训会，通过引领各园区科技金融服务平台、各类投资机构和金融服务机构对接园区企业不同层次的融资需求，分类组织开展天使、VC、PE等投融资对接活动，集中推送银行、证券、保险等科技金融创新产品，牵引和带动各园区科技金融服务活动深入开展，共同探讨促进科技金融结合最佳模式，促进科技成果的孵化、转化和产业化，服务“大众创业、万众创新”和园区企业发展。此外，张江还设有资助科技金融服务和企业融资的机制，比如对并购按发生费用的一定比例进行补贴、对贷款进行贴息等。

四、落实相关配套政策，鼓励推动金融创新

为了落实国家、上海市和浦东新区出台的相关科技金融政策，张江示范区在科技金融的机构扶持、产品创新、融资激励和人才吸引等方面出台了一系列配套支持政策。

（一）科技金融机构扶持政策

张江示范区在租房、税费补贴和风险补偿等方面给予科技金融机构财政支持，形成了一套专门的科技金融机构扶持政策，引导和培育各类风险投资、创业投资机构，发挥国有创投机构功能，用好银行、保险、投资机构等各类金融资源，打造科技金融综合服务平台，建立和完善股权、债权、产权相结合，覆盖创新企业全生命周期的科技投融资体系。相关扶持政策包括：支持分园管理机构建立或委托建立的小微企业融资服务平台（科技融资服务平台）为科技企业提供便利化、批量化和多元化融资服务，支持创业投资机构为张江示范区高成长性科技型企业提供投资，鼓励保险公司

向张江示范区科技企业提供科技保险和贷款担保，推进覆盖张江示范区各分园的科技金融服务平台建设，整合协调科技金融服务资源，并对构建覆盖张江示范区“一区多园”的科技金融服务平台、小微企业融资服务平台（科技融资服务平台）、科技支行、保险公司和创业投资机构，按其达到的服务绩效给予一次性补贴。

（二）科技金融产品创新政策

为了促进金融产品创新，张江示范区于2014年4月出台了《上海张江国家自主创新示范区促进科技金融服务和企业融资资助办法》，可一直试行到2015年12月31日。按此办法，2015年张江示范区在风险补偿、担保费用补贴、贴息、科技保险费用补贴等方面实施了一系列相应的支持政策，鼓励各类金融机构积极围绕个人信用、客户关系、知识产权质押、股权质押、联动担保等进行科技金融产品的开发与创新，重点支持企业使用股权质押贷款、信用保险及贸易融资等新型金融产品，并对创新发展的科技金融服务新产品、新技术、新模式、新业态，按其取得的实际成效给予资助，以克服科技型中小微企业的融资障碍。例如，在贷款贴息方面，对一年期流动贷款给予贷款金额2%的资金支持，资金支持总额不超过40万元；在科技保险方面，推出科技型中小企业履约保险贷款，补贴50%的保费。同时，张江示范区还出台相关政策，争取开展商业银行投贷联动试点，创新科技信贷模式；优化科技信贷风险分担机制，集合政府资源扩大政策性担保基金规模，提高代偿能力。目前，张江示范区已汇集至少200款科技金融服务产品，形成“1+2n”的扇形重点突破格局，即以一个综合授信平台为服务支点，有n个科技金融产品和n条科技融资渠道在支点周围延伸成服务平台的扇面。

（三）直接融资奖励扶持政策

目前，张江示范区会同市场经济信息化委、市金融办共同研究制定上海股权托管交易中心建设“科技创新板”的方案正式获批。为鼓励企业在多层次资本市场融资，支持企业在上海证券交易所战略新兴板、上海股权托管交易中心科技创新板上市挂牌，张江示范区对企业在直接融资过程中需要支付与上市或发债有关的一定费用给予一定补贴，努力降低科技型企业的融资费用和融资成本。例如，在上市融资方面，对企业改制、上市备案、上市各资助100万元，新三板改制费用资助额不超过50万元，挂牌费用资助额不超过30万元；在债券融资和信托融资方面，对科技型企业进入各类融资试点平台所发生的费用，给予最高80万元的补贴。2015年以来，张江又提出对园区内的科技型中小微企业融资给予一次性补贴，如对企业向银行的贷款在贷款期限内按银行同期利率的百分比给予一次性补贴；对企业债券融资、融资租赁、信用保险等按比例给予一次性补贴；对购买科技保险（除履约保证保险）的企业，按其年销售收入额确定保费补贴比例和额度；对实现股份制改造和进入国内外资本市场融资的企业，分别给予不同额度的一次性补贴；对张江示范区内并购方企业因并购重组发生的中介服务费，根据实际发生额按比例给予一次性补贴。目前，张江股权交易中心一板与Q板已有5000多家企业挂牌。

（四）股权激励吸引人才政策

2011年7月，上海浦东新区推出《关于推进张江核心园建设国家自主创新示范区的若干配套政策》（简称为《张江新十条》），并出台了股权激励、人才集聚等十条配套政策，其中针对股权激励试点所提出的“代持股专项资金”配套政策属国内首创。2012年1月，根据《张江国家自主创新示范区企业股权和分红激励试行办法》的有关规定，针对知识产权职务发明成果向个人权属转化等难点问题，张江示范区明确了相关政策措施；针对股权奖励分期缴纳个人所得税政策尚未在张江实施的实际情况，浦东新区政府在张江核心园设立了总规模为5亿元的代持股专项资金；针对股权激励备案制的操作问题，上海市政府成立了市股权激励试点协调小组，建立各部门协同推进机制。2015年以来，围绕《关于加快建设具有全球影响力的科技创新中心的意见》（“科创22条”）和《关于深化人才工作体制机制改革促进人才创新创业的实施意见》（“人才20条”）等文件中出台的多项股权激励吸引人才政策，张江在加快落实国家赋予张江示范区的股权激励和人才税收优惠政策的同时，全面启动国际人才实验区建设，并在“双自联动”区域特别制定了“人才五条”，其中明确推行股权激励制，职务科技成果发明收益中个人和团队分配可超70%；获得股权投资奖励人员个人所得税可在5年内缓交。张江核心园区现已集聚海归、留学生、外籍专家4.5

万人，两院院士169人，中央“千人计划”专家586人（见图7-1）。

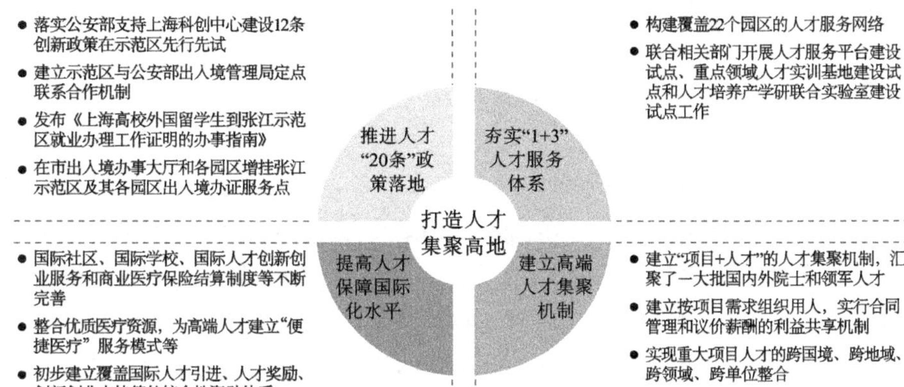

图7-1　张江示范区人才政策的主要内容

第二节　上海自贸区科技金融政策支持体系

上海自贸区位于浦东境内，属中国自由贸易区范畴，成立于2013年9月29日。2014年12月28日，全国人大常务委员会授权国务院扩展中国（上海）自由贸易试验区区域，将面积扩展到120.72平方公里，涵盖上海市外高桥保税区、外高桥保税物流园区、洋山保税港区和上海浦东机场综合保税区、金桥出口加工区、张江高科技园区和陆家嘴金融贸易区七个区域。作为我国改革开放和创新发展的两大高地与核心载体，上海自易区和张江国家自主创新示范区的主体都齐聚浦东新区，使得浦东承担的国家战略使命更加凸显。针对自贸区和示范区65平方公里叠加区域，2015年11月，上海市政府发布了《关于加快推进中国（上海）自由贸易试验区和上海张江国家自主创新示范区联动发展的实施方案》（“双自联动”方案），从科技金融扶持等方面提出了18项任务措施。从这个角度而言，上海自贸区的科技金融政策兼具浦东新区先行先试的制度优势和张江示范区的创新基因，同时也有自己的独特案例和个性内容。由于张江示范区的科技金融政

策在前一节做了介绍，本节将重点关注浦东新区的科技金融政策和上海自贸区的科技金融案例。

一、浦东新区的科技金融政策支持体系

自2005年设立浦东综合配套改革试点以来，上海市委、市政府一直将科技金融体制改革作为试点工作的重要内容。经过10年的改革探索，浦东新区以制度优势集聚创新资源、撬动社会资本，科技型中小企业已进入繁荣发展阶段。2014年底，上海自贸试验区的“扩区”不仅是空间上的拓展，更为浦东乃至上海的科技创新与金融创新的融合带来了诸多有利条件。

（一）聚焦“双自联动”，强化科技金融政策支持

近年来，浦东新区以张江国家自主创新示范区、中国（上海）自由贸易试验区联动（以下简称“双自联动”）为契机，在科技金融政策支持体系构建上，也有自己独特和更高要求：即要按照国务院批复精神，聚焦“双自联动”成为引领创新驱动、科学发展的示范区域。为促进这一目标的实现，国务院赋予浦东新区在一定领域可以享有国家创新政策的覆盖，采取先行先试，由此构成了浦东新区科技金融政策支持体系具有复合性强（国家、市和区域多重性政策的叠加）、覆盖面广（以创新创业为核心，引申各类配套政策）、时效性大（体现一定时间段）的基本特征。

同时，上海市委、市政府与各有关部门，聚焦浦东新区创新创业环境营造，制定出台了一系列鼓励创新创业的政策，为健全和完善新区支持创新创业的科技金融政策支持体系奠定了良好的基础。尤其是自2006年国家颁发“60条”政策后，上海出台了“36条”，从科技投入、税收激励、金融支持、政府采购、引进消化吸收再创新、创造和保护知识产权、人才队伍等方面初步形成了上海支持创新创业的科技金融政策支持体系框架；2007年重点从人才发展、科技“小巨人”工程、大型科学仪器设施共享等方面对上海“36条”政策进行了补充和完善；2008年为推进经济发展方式转变和产业结构调整，重点出台了针对创意产业、节能环保、技术改造等方面的科技金融支持政策；2009年重点围绕高新技术产业化出台了一系列政策，对知识产权质押融资工作进行了探索；2010年重点出台了高新技术产业和

战略性新兴产业发展政策、国家技术创新工程上海试点方案及其配套政策、科技人才和税收优惠政策等；2011 年，围绕创新驱动转型发展，从产业引领、促进第三产业发展、构建人才高地、张江国家自主创新示范区建设等方面出台了一系列科技政策；2012 年，围绕“十二五”科技发展规划，进一步推动战略性新兴产业与第三产业的发展、继续通过降低风险，帮助中小企业拓宽融资渠道并鼓励中小企业开拓国际市场；2013 年，切实落实《张江国家自主创新示范区发展规划纲要（2013—2020 年）》，推进行政审批权下放，突出政策试点和先行先试，推动新技术、新业态、新模式、新产业的总量增长、质量提升，打造上海建设全球科技创新中心的核心载体和示范区域；2014 年以来，伴随着上海自贸试验区的拓展，上海按照习近平总书记提出的“加快向具有全球影响力的科技创新中心进军”的全新要求，发布了全国首个省级地方政府促进互联网金融发展的文件——《关于促进本市互联网金融产业健康发展的若干意见》；2015 年，为认真贯彻《中共中央、国务院关于深化体制机制改革加快实施创新驱动发展战略的若干意见》，上海出台了《关于加快建设具有全球影响力的科技创新中心的意见》，浦东新区也随即出台了《上海建设具有全球影响力的科技创新中心浦东新区行动方案（2015—2020）》。

相应地，浦东新区结合国家和上海市出台的上百项科技类政策配套落实，也先后颁发出台了相应的实施规范，初步形成了以创新创业工作链为基础的 9 个块面的上海科技金融政策支持体系框架，主要包括：科技投入类（包括市级财政科技专项、区县财政科技专项）；成果转化类（包括产业专项资金、科技产业化计划、成果转化和软件产品）；技术引进类（包括引进技术的吸收与创新年度计划、消化吸收自主研发资助和重大技术和装备引进消化再创新）；知识产权类（包括专利新产品、专利资助、知识产权示范企业、自主品牌建设专项资金和标准化推进专项资金）；融资类（包括权益融资、债权融资和科技信用融资）；科技人才类（包括人才引进、支持评审、人才开发、人才激励以及海外人才）；产学研创新类（包括企业研发机构、仪器设备、科技园区、科研基地以及研发公共平台）；企业自主创新类（包括上海创新型企业、科技“小巨人”工程、企业自主创新专项资金以及中小企业发展专项资金）；政府采购自主创新产品类（包括政府首购、政府订购以及重大基础设施采购自主创新产品）。

（二）创新多层融资体系，完善制度环境

浦东新区为满足科技型中小企业在不同的发展阶段面临的资金需求，积极创新“股权+债权”融资体系，不断完善法律和信用制度环境。

1. 在直接融资方面，着力构建覆盖科技型中小企业种子期、创业期和成长期的股权投资体系，有效引导和放大社会资本投入。

（1）面向种子期企业，重点深化科技投入体系改革解决创业孵化融资问题。浦东新区借鉴英国、以色列等国际经验，在国有资本经营预算中安排20亿元专项资金成立科技投资理事会，下设浦东科投、张江科投两个投资平台，实施决策方式、盈利方式、考核激励机制等改革，投资平台遵循国际惯例、坚持市场化运行，以不损害创业者激情、保证创业者控制权为前提，评估创业项目绩效和产业贡献度，重点对高科技创业团队进行投资支持，国有资本投资平台弥补了市场空白，发挥了天使投资（AI）作用，为社会资本进入提供了引导信息，有效培育上千个创业项目转化为种子期企业。

（2）面向初创期企业，重点以母基金撬动风险投资基金（VC）解决资金规模问题。浦东新区在浦东科投平台下，设立规模为10亿元的创业风险投资引导基金作为母基金，通过“协议配投”、“有限合伙人（LP）”、“有限合伙人+普通合伙人（LP+CP）”三种出资方式，与国内外知名创投机构合作成立风险投资基金21只，撬动社会资本400亿元。通过母基金带动多方创投基金，选择多个项目，两次风险分散，实现了集聚创业资本和机构、激活风险投资市场、推动高科技产业发展等功能性目标，成为科技中小企业初创期融资的重要来源。在引导基金和风险投资基金的支持下，交技股份、康耐特等科技企业已成功上市，中微半导体、聚力传媒、万得信息、凯赛生物等一批科技企业已成长为行业细分领域的龙头企业。

（3）面向成长期企业，重点与私募股权基金（PE）合作解决科技成果产业化问题。据统计，企业种子期、初创期和成长期三阶段资金需求比例为1:10:100，进入成长期的科技企业，主要面临科技成果产业化问题，融资需求急剧增加，浦东新区投资平台与私募股权基金合作，共同设立生物医药产业基金、新能源产业基金等多只10亿元规模的高科技产业基金，通过股权投资、海内外并购等方式，重点支持一批科技成果产业化项目，助推战略性新兴产业迅速发展。

2. 在间接融资方面，着力构建符合中小科技企业资产特征的债权融资体系，丰富银行等金融机构科技金融产品。

（1）以政策性金融工具引导商业银行信贷，重点拓宽科技企业贷款渠道。科技型中小企业具有轻资产、高风险特征，缺乏满足商业银行贷款条件的抵押品。浦东新区充分发挥政策性金融征信作用，以科技资产评估、贷款贴息、培育自主创新中小企业（即“慧眼工程”）、设立担保专项资金、发展科技贷款专营机构和小额贷款公司等方式，引导金融机构加强对科技型中小企业的资金支持。

（2）创新知识产权质押和信用贷款方式，重点解决科技企业首贷难问题。针对科技型中小企业知识产权评估难、首贷难问题，浦东新区设立知识产权中心和知识产权质押融资专项资金，为企业提供知识产权评估和质押服务。2015 年 11 月 23 日，在浦东新区知识产权局直接指导下，由浦东科技融资担保有限公司、中国银行、知识产权评估机构、会所、律所、知识产权企业等共同组成的浦东新区知识产权融资促进会正式成立，首批会员单位共计 30 家。力争 5 年内，服务对象覆盖新区所有知识产权企业。这标志着在上海加快科创中心建设、探索多措并举支持“双创”的大背景下，浦东新区集聚多种专业资源、通过知识产权促进科技企业融资的创新举措进入组织化、规模化探索阶段。以此为基础，浦东新区还通过梯度化风险补偿和奖励措施，鼓励商业银行开展知识产权直接质押融资和信用贷款业务。

（3）创新投资联动融资方式，重点破解科技企业融资需求错配问题。长期以来，科技企业创业初期只能依靠自有资金或风险投资，步入成熟期后才能吸引银行贷款。为破解这一资金需求错配问题，浦东新区投资 3 亿元成立科技金融服务有限公司，在风险投资机构评估和股权投资基础上，与银行联手为企业提供资金支持，形成股权投资和信贷融资合作模式。科技金融服务有限公司还与商业银行和信托公司联合发行集合信托理财产品约 20 亿元，用于支持科技企业发展。此外，浦东新区也高度重视优化科技金融生态环境，在国内首次从制度安排和法律框架方面体现“鼓励创新、宽容失败”的发展理念，为科技金融体制改革提供了法律保障。同时，新区还成立了科技金融服务联合会，搭建信息化服务平台，完善信用环境，加强金融机构与科技企业的信息交流，初步实现了线上、线下科技金融服务的良性互动。

（三）推动中小企业挂牌，打造浦东板块

全国股转系统是国务院作出的重要战略部署，是中小企业对接资本市场、加速自身成长的有效途径。自2014年8月引入做市制度后，新三板市场便开始爆发式增长。浦东新区高度重视“新三板”在解决中小企业融资发展、促进产业升级与经济结构转型中的重要作用，鼓励并积极推进浦东新区企业赴“新三板”挂牌，借助资本市场加速发展。2015年，浦东新区金融服务局（上市办）邀请了全国中小企业股份转让系统公司（俗称“新三板”公司）专程赴上海为浦东的50多家已挂牌公司和近20家在审的拟挂牌公司开展专题培训，帮助他们明确机遇与发展规划、风险与责任，促进中小企业持续健康规范运营，推动中小企业借助“新三板”市场迅速发展壮大，加快打造新三板市场的“浦东板块”。

目前，浦东新区正在积极调研，酝酿推出促进企业上市专项基金管理办法，将分为培育期基金和挂牌基金，扶持阶段前移，重点向科技创新型企业倾斜，推动新区中小企业赴新三板挂牌，加速打造新三板市场的“浦东板块”。正在酝酿中的上市扶持政策，将进一步加大广度和深度，由此前主要聚焦在上市环节，延伸到前端的改制重组、私募融资、场外市场挂牌和后端的再融资、并购等领域。目前，浦东已有56家全国股转系统挂牌公司，近20家在审拟挂牌公司，另有近50家企业已与券商签约，正积极推进挂牌申报工作，力争2016年初实现新三板挂牌公司超过100家，同时重点打造信息技术、生物医药、集成电路、计算机软件、物联网等高、新、尖行业明星企业。

二、上海自贸区的科技金融创新案例

金融创新和科技创新是上海自贸区的重中之重。2014年以来，上海通过四批、38个金融创新案例的发布，有效宣传推广了自贸试验区金融创新政策，切实促进了上海国际金融中心建设和全球科创中心建设。2015年10月30日，中国人民银行会同商务部、银监会、证监会、保监会、国家外汇

管理局和上海市人民政府，正式联合印发《进一步推进中国（上海）自由贸易试验区金融开放创新试点 加快上海国际金融中心建设方案》。这份上海自贸区“新金改”方案，是新阶段深化上海自贸区和上海国际金融中心建设的纲领性文件，其中的重要内容就是“支持科技金融发展，探索投贷联动试点，促进创业创新”，推进上海自贸区建设与上海全球科创中心建设的有机结合。2015 年 12 月 7 日，上海自贸区第五批的 12 个金融创新案例发布，其中就包含了 4 个科技金融创新案例。

（一）初创期科技企业投贷联动金融服务方案

在科技金融建设中一直走在前列的上海，正积极争取投贷联动试点，即允许银行在上海自贸区先行先试，以企业权证的未来增值空间来抵补科技型企业的信贷风险。结合国际经验和上海银行业基层探索，上海银监局于 2015 年 8 月发布了上海银行业支持科技创新的指导意见，推动“六专机制”建设，重点探索投贷联动、风险分担以及损失抵补等制度创新。其中明确指出，鼓励商业银行在完善风险定价的基础上，采用多种风险补偿手段，通过合法途径分享科技型中小企业的股权和选择权等权益，实现投贷联动。

2012 年，浦发硅谷银行获银监会批准成立，是 1997 年以来首家获准成立的合资银行，由上海浦发银行和美国硅谷银行各持股 50%。浦发硅谷银行积极借鉴母行美国硅谷银行的业务模式和服务科技企业的经验，推出了针对上海自贸区内初创期科技企业的投贷联动金融服务创新案例，基于信用或未来应收账款给予信贷。在早期研发阶段，没有营业收入和抵押品情况下，浦发硅谷银行向公司提供 2 年的无抵押无担保的中长期贷款；后期产生营业收入后，则可以使用应收账款质押融资额度。同时，浦发硅谷银行引入母行美国硅谷银行独特的创业风险评估理念，加强与企业所在行业 A 轮投资人之间的合作，进行企业风险评估。此外，该方案还具有特色的风险补偿安排，以配套的认股权证补偿银行的风险成本，不增加企业的融资成本和财务负担。因此，该方案既贴合早期企业需求，又降低了融资成本，帮助初创企业成功生产出首批样品，并打通国内优质下游合作渠道，成功实现 B 轮融资以及公司估值翻倍。截至 2015 年上半年，浦发硅谷银行总资产规模 3.16 亿美元，营业收入 660 万美元，净利润 64.5 万美元。公司存款

余额14609万美元，较2014年年底增长31%，贷款余额为9553万美元，较2014年年底增长17%。

在2015年5月之前，浦发硅谷银行与杨浦区合作开展科技金融试点，通过“硅谷动力贷”产品，采取“债权先行，股权跟进”方式，为杨浦区内的科技创新型企业提供人民币贷款和投融资咨询服务。2015年5月，浦发硅谷银行获得中国银监会批复，获准其为客户提供人民币银行产品及服务。随着人民币业务启动，浦发硅谷银行的专业银行产品线更为完整。人民币业务落地后也在硅谷银行与浦发硅谷银行之间形成客户转化。对于硅谷银行在美国的企业客户如果有人民币需求，浦发硅谷银行可以实现对部分企业的境外授信转换为人民币授信。

除了浦发硅谷银行，目前开展“投贷联动”探索的银行，更多地采取与投资机构合作的模式。例如，上海首家民营银行华瑞银行与君联资本合作，对创业型企业楼口公司发放了首笔5000万元“共创贷”。具体模式为，由华瑞银行给予楼口5000万元免抵押担保的贷款支持，企业配给华瑞银行一定比例的认股期权，君联资本则以股东身份协助完成企业资金以及后续经营情况的监管。截至2015年年末，辖内9家银行以“投贷联动”模式为105户科技型小微企业提供融资余额10.2亿元。2016年1月份，在2016年全国银行业监督管理工作会议上，银监会已明确提出要“推进投贷联动融资试点工作”。

（二）“远期共赢利率”业务模式

初创型科技企业起步伊始，即便具有较强的技术实力和良好的产品市场远景，但由于企业一没成熟产品、二没销售收入、三没实物资产可以担保，距离实现营收尚待时日，因此被大多数银行甚至民间融资机构拒之门外。银行不愿轻易向初创科技企业伸橄榄枝，主要是出于放贷成本（也就是贷款利率）与银行所承担的风险不匹配。企业的高风险期匹配高利率，低风险期配以低利率，是商业银行贷款的市场规律和风控要求。

2015年，面对科技型企业“高风险、轻资产、估值难”的特质，央行倡导商业银行突破传统信贷模式，试点“科技金融利率定价方式创新”。上海银行在人民银行支持下，围绕上海“创新驱动，转型发展”战略，将科技金融作为中小业务特色加以培育，在体制机制、业务模式、产品服务等方面开展积极探索，在沪上业内率先推出了成长型小企业“远期共赢利率”业务模式，针对科技型企业特点，根据信贷资金的实际使用效率，在信贷周期结束时最终确定贷款的实际使用利率。通过这一动态分享企业成长收益的业务模式，可以有效弥补银行对轻资产成长型科技企业的信贷风险，达到银行愿意贷、企业放心贷的目的，真正实现银企共赢。在具体操作上，由上海银行在贷款发放时先行收取相对较低的前期利息，待企业基于贷款支持得到成长发展，并满足借款合同中双方约定的触发条件后，再收取延期支付的远期利息。可约定的触发条件包括财务类指标、债务类指标、股权类指标、业务类指标等多种条件，触发时间一般为贷款本金存续期间及贷款本金归还后 1 年以内。远期利息金额也由双方遵循平等自愿原则，协商约定。

这种银行与科创企业之间全新的“第一公里”合作模式，类似古代“田忌赛马”的智慧：通过“出场顺序”的调换，让风险与利息“错配”一下，取得意想不到的转败为胜奇效。在实际案例中，上海银行浦东科技支行对初创型科技企业进行授信审批时，基于对公司创始人团队、行业前景、商业模式和市场壁垒等因素的充分考量，主动在贷款中承担一定的风险敞口，承诺追加公司部分免担保授信额度以作备用。但是，银行按照“远期共赢利率”业务模式的规定，要求双方在贷款合同中约定，若公司在未来一定时期内引进新一轮股权投资，则须向上海银行浦东科技支行额外支付一笔“远期利息”。

“远期共赢利率”业务，是以整个成长周期来考虑，企业发展“低段”时虽然风险高，但给予低利率支持其冲过第一公里，“高段”时再反过来高利率补偿前期的投入。该业务改变了投贷联动中“投贷分离”的传统方式，在不突破现行法规情况下，从利率定价角度切入，破解银行开展“投贷联动”的难题。目前，“远期共赢利率”业务模式面向的客户群体主要为处在创立期至成长期的科技类、四新企业，绿色经济、文化创意类等小微企业，重点支持具有核心知识产权的科技企业，尤其是各地政府评定的“科技小巨人”企业以及“小巨人培育”企业。

（三）“科创 E 保”科技企业创业保障保险

众所周知，创业有风险，但经济活动却又依赖于创业活动的活跃。“科

创E保”是由太平洋保险联合上海龙头科创扶持企业——上海张江高科技园区开发股份有限公司（下称“张江高科”），推出的国内首款真正意义上的“创业保障保险”。它聚焦于初创期的科技企业，为创始人在创业过程中的相关费用提供补偿，运用金融手段为有潜力的科技企业创始人实践“大众创业、万众创新”保驾护航。这款保险的推出，可以说不仅仅填补了国内的空白，更为国内扶植创业发展提供了重要的新思路和新工具。

“科创E保”主要是为了张江高科“895创业营”量身打造的一个创新的保险险种。“895创业营”是张江高科以自身拥有的20年资源储备、100亿元的风险投资、近百名创业导师的力量，以“创业陪练”的方式在2015年正式启动的创业投资项目。第一季报名项目200多个，入营项目34家，淘汰率80%，入营的34个项目投资估值总和超20亿元，其中有7家在入营期内获得投资，有3家获得知名企业的战略投资，数个项目获得中行的信用贷款授信；与“895创业营”合作的商业银行超过10家，投资机构可投资总量超100亿元，平均每个项目接触到精准对接的投资机构超过5家。第二季则在第一季数据反馈的基础上，及时将项目的行业方向精确定位在智能硬件、健康医疗、互联网等三个方向上，最终遴选了36个项目入营，并与太平洋保险全方位合作推出了“科创E保”，即在入营后12个月内，发生了创业项目不成功的情况，将给予项目创始合伙人6个月的生活保障，以支持他们再一次创业或调整发展方向。

“科创E保”真正抓住了创业者们的痛点，最大程度体现了保险灵活机动的特点，其创新点主要体现在三个方面：其一，聚焦创业者，即产品的被保险人是“拥有控股权的企业创始人或联合创始人”；其二，保障范围广，无论是遭受意外事故或是出现经营不善，只要企业在保险期间内终止经营且被注销，被保险人均可获得费用损失补偿；其三，操作简便，联合张江高科专业力量在前期对企业进行风险评估，一旦保险事故发生，保险人将在第一时间为创业者提供费用补偿，避免创业失败带来的生活困难，并为被保险人二次创业提供物质基础。因此，与以往市场上其他的“创业保险”相比，“科创E保”不再局限于因自然灾害、意外事故造成人伤财损等传统保障领域，更加关注于创业者在起步阶段的特殊保障需求。为此，太平洋保险联合张江高科深入了解科技企业及创始人在企业孵化阶段的实际困难，打破传统保险产品局限，创造性地对企业创始人在创业过程中的

费用提供保障，具有“直接聚焦创业者”、操作便捷、保障范围广等特点。该险种的正式推出，既是保险公司促进科技金融服务创新，支持上海科技创新中心建设的真正体现，也是与张江高科强强联合的结果。

（四）“海王星”科创企业金融服务云方案

2015 年 9 月，工商银行总行与上海市政府签署了《“十三五”期间推进上海国际金融中心和科创中心建设全面战略合作备忘录》。工商银行上海市分行组建了专业服务团队，设立了科创金融专营机构，实施专业化经营，研究科创企业特点，针对科创企业在初创期、成长期、成熟期的不同金融需求，为客户提供契合企业生命周期、行业特征的全方位、一体化服务方案——“海王星”科创企业金融服务云方案，即寓意通过海量数据支持、海归人才加盟、海内外联动、海派投行文化提供综合金融服务，依托“云”平台，从“全周期产品”、“个性化组合”、“海量信息服务”三个方面，助力科创型企业成长发展。该方案荣获了 2015 年上海金融创新成果奖。

“海王星科创企业金融服务云方案”具有四大创新点：其一，在金融服务中引入大数据支持，实现金融服务大数据的云采集、云处理、云挖掘以及云报告。其二，以科创企业及相关配套服务企业为目标客户，设计专门产品、专门业务流程。其三，利用“云”技术，提供重组并购顾问、股权私募顾问、债券承销、上市顾问等投资银行服务，满足客户对股权融资、债权融资、顾问服务等多元化金融服务需求。其四，针对科创企业初创期、成长期、成熟期不同阶段，综合运用投行业务的各项子产品，全面延伸面向科创企业的产品服务链。

“海王星”方案创新的成功基础在于充分发挥了工商银行在信息化与大数据方面的强大技术优势。工商银行在国内同业中率先实现了数据大集中，搭建了“两地三中心”的科技运行架构，信息科技基础处于全球金融业领先水平。2015 年，工商银行总行发布了以“三平台、一中心”为主体的互联网金融“e－ICBC”战略，“e”（Electronic），代表的是信息化、互联网化；I（Information，信息），对应“融 e 联”即时通信平台，核心是把握客户信息流；C（Commerce，商贸），对应“融 e 购”电商平台，核心是把握客户商品流；B（Banking，银行业务），对应“融 e 行”直销银行平台，核心是把握客户资金流；C（Credit，信贷），对应网络融资中心，是对银行信

贷经营模式的变革。

“海王星”科创企业金融服务云方案自推向市场以来，通过一系列的投行云服务实现信息共享、动态跟踪，向企业提供投行增值服务，以满足科创类企业的海内外科技创新金融需求，先后为上海电气集团、上海汽车集团等大型科创企业提供了全方位金融服务，助力大型集团企业全球化布局。同时，该方案也已在德必集团等创意园区成功推广，让22个创意园区的上千户中小科创企业受益。在“海王星”产品项下，工商银行上海市分行已累计向客户提供顾问服务100余户，提供配套融资金额超过200亿元。

第三节　杨浦区科技金融政策支持体系

杨浦区是国家科技部命名的首批创新型试点城区和上海国际金融中心建设的科技金融功能区。2010年以来，杨浦区政府紧紧围绕全面服务中小企业的目标，充分发挥科技金融创新对于城区转型和产业结构调整的“催化剂”和“加速器”作用，坚持政府引导、市场运作、社会参与的思路，不断丰富和完善多元化的科技金融政策支持体系，为不同发展阶段的企业提供了有针对性的融资支持。

一、强化宏观政策调控，优化空间产业布局

2010年1月10日，在全国科技工作会议上，杨浦区被正式授予全国首批国家创新型试点城区。为有效推动国家创新型试点城区建设，杨浦区以“三区融合、联动发展”为抓手，通过政策顶层设计着力在科技金融服务创新上先行先试，努力打破大学校区、科技园区和公共社区的界限，经由空间布局的优化促进产业结构转型升级，促进知识溢出转化为现实生产力。

（一）政策顶层设计建设国家创新城区

上海在市级层面建立了“上海市推进杨浦国家创新型城区建设联席会议”制度，在区级层面专门成立了“杨浦区国家创新型试点城区建设领导

小组”，定期举行市级联席会议和区级领导小组会议，注重从发展规划、行动计划和相关政策措施的顶层设计的角度引导支持科技金融服务的发展。2011 年 11 月，上海市政府出台了《关于推进杨浦国家创新型试点城区建设指导意见》，明确支持杨浦着力在科技金融服务创新上先行先试。杨浦区也先后制订了《杨浦国家创新型试点城区发展规划纲要》、《上海市杨浦区国民经济和社会发展第十二个五年规划纲要》，以及《杨浦区产业发展指导目录（试行)》，明确了杨浦区建设国家创新型试点城区的指导思想、发展目标、战略定位和重点工作任务，确定了杨浦区产业发展定位和产业空间布局方案，并在“两个优先、两个提升、一个保持”产业发展方针之中，提出优先发展以现代设计、科技金融为主导的知识型现代服务业。随后，针对国家创新型试点城区建设所确定的重点产业发展领域，杨浦区政府先后出台了一系列产业发展专项规划，其中涵盖了科技金融服务业的发展路径、目标和空间载体。同时，杨浦区还制订了面向现代设计服务业、电子信息产业、大学生创业等重点领域的三年行动计划，明确将科技金融作为重要激励政策和保障措施。

2015 年 7 月 27 日，杨浦九届区委十一次全会审议通过了《关于加快建设具有全球影响力的科技创新中心重要承载区的实施意见》，将杨浦区的功能定位在为上海建设具有全球影响力的科技创新中心重要承载区和万众创新示范区。具体发展目标为：(1) 到 2016 年底，围绕万众创新示范区、知识技术策源区、技术转移集聚区，用 1 年多时间完成科技创新中心重要承载区基本布局。(2) 到 2020 年前，着力形成科技创新中心重要承载区框架体系，建成创新要素集聚、创新平台完善、创新企业汇聚、创新人才云集、创新文化活跃、创新引领能力较强、创新服务便捷、创新氛围浓厚，在全国具有重要影响力的创新创业城区。(3) 到 2030 年，着力体现科技创新中心重要承载区核心功能，努力建成创新人才、科技要素和高新科技企业集聚度高，创新创造创意成果多，科技创新基础设施和服务体系完善的万众创新示范区，走在全国前头，走到世界前列。

从 2010 年到 2015 年，杨浦区区级财政收入年均增长 13.8%，全区科技经费投入占地方财政支出从 2010 年的 5.3% 增长到 2015 年的 7.9%；知识型现代服务业和高新技术产业总产值年均增长达到 20% 以上，全区发明专利申请量占总申请量比率保持在 50% 以上；创建市级小巨人（培育）企业

50家，培育区级科技小巨人82家；经认定的高新技术企业累计272家，每年新增大学生创业企业300余家，新增科技企业近千家，形成若干在海内外有影响力、知名度的科技骨干企业；各类资本市场上市或挂牌企业49家。杨浦首创的一系列创新经验，如“创业前—创业苗圃—孵化器—加速器”孵化服务体系，现已在全国复制推广。2015年，杨浦区的全区生产总值预计达到1580亿元，年均增长7.5%；完成区级财政收入95.2亿元，年均增长13.6%；社会消费品零售总额预计达到411亿元，年均增长11.5%；固定资产投资达到251亿元，年均增长12%。杨浦区在上海各区县中的创新优势增强，科技咨询和中介服务活动居全市首位，高技术服务企业达329家，占全市的四分之一；全区拥有数量最多的科技服务或咨询企业，达240家；发明专利拥有量和发明专利授权量、孵化器和苗圃数量，均居全市各区县前列；创新基础、创新能力和创新环境等综合创新水平位居全国前列，荣获全国科技进步考核先进区“五连冠”。

（二）“三区”联动发展推动产业转型升级

杨浦区是上海市高校、科研机构以及科技园区集聚区。“十三五”期间，杨浦区将以加快建设具有全球影响力的科技创新中心的重要承载区为引领，深化“三区联动”（大学校区、科技园区、公共社区）和“三城融合”（学城融合、产城融合、创城融合）理念，不断优化空间结构布局，推动产业转型升级。“三区联动发展”理念强调通过整合“大学校区”、“科技园区”、“公共社区”资源，推动科技创新、科技成果转化，其实质是一种区域性产学研合作发展模式。在“三区联动”格局中，“大学校区”承担知识创新、人才培养的职能，为城区经济社会发展提供人才资本和智力支撑；“科技园区”是“大学校区”与“公共社区”联动的桥梁，承担科技孵化、创新产品或服务生产的职能，是产学研相结合的生产空间、大学师生创新创业基地和城区经济发展的增长极；“公共社区”承担为“大学校区”、“科技园区”提供公共服务的职能，创造适宜居住、交流、休闲的生活空间和生态空间。

依托“三区联动”（见图7-2），杨浦区政府颁布了《上海市杨浦区国民经济和社会发展第十二个五年规划纲要》，进一步将杨浦区产业发展总体功能分区格局明确为“五大功能区”：（1）五角场功能区。定位为上海城市副中心、区域性商贸中心，重点发展金融服务、科技服务、教育服务、商务服务、商业服务、休闲服务等服务业。（2）杨浦滨江发展带。致力于从工业经济向服务经济转型发展，是杨浦区文化创意产业、科技服务业集聚区。（3）环同济知识经济圈。杨浦区高校、科技园区集聚中心，重点依托众多大学科技园发展软件与信息服务业、高技术产业。（4）大连路总部研发集聚区。杨浦区联动浦东、对接长三角和全国、面向国际的总部研发集聚区，重点发展总部经济和创意设计产业。（5）新江湾城国际社区。坚持“国际化、智能化、生态化”发展方向，立足打造信息技术与城区发展全方位、深层次融合的智慧社区。

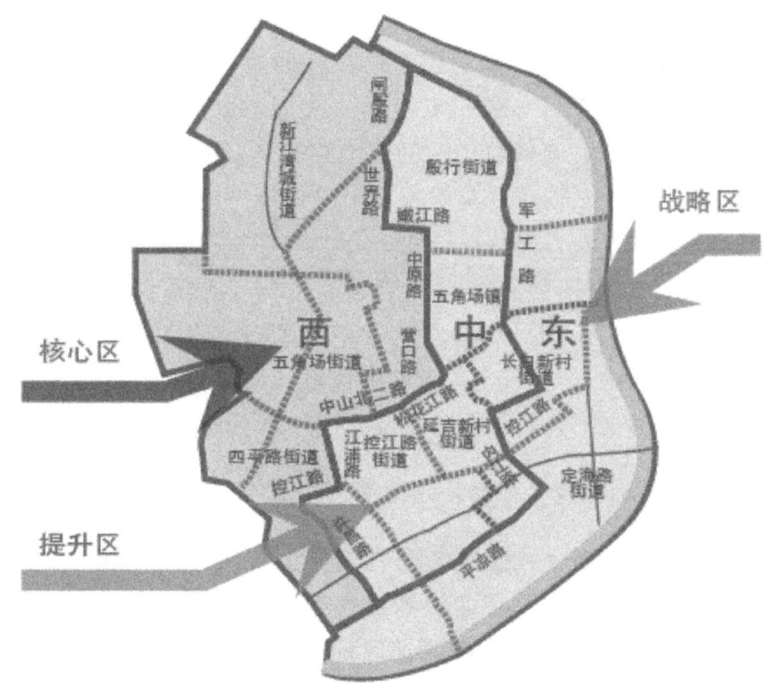

图 7－2　杨浦创新型城区三大空间布局

在优化空间结构布局的同时，杨浦重点聚焦三类产业，即现代服务业和战略性新兴产业，云计算、大数据和智能软件产业，科技服务、文化创意、体育健康、新能源和节能环保产业，构建“西部核心区＋中部提升区＋东部战略区”的产业格局。西部核心区将打造成创新经济走廊，主要由新江湾城、五角场创智天地、环同济知识经济圈、大连路总部研发集聚区

等组成。中部提升区则要建设长阳路创新创业街区、控江路商业中心等项目，形成创新设计特色的开放式街巷系统。东部战略区要建设滨江国际创新带，通过依托高校、科研院所等，为未来杨浦发展提供战略空间。在产业转型升级发展的总方向上，杨浦区坚持优先发展以现代设计、科技金融为主导的知识型现代服务业，优先发展以软件和信息服务业为主导的高技术产业和培育发展战略性新兴产业，提升转型都市型工业，提升发展商旅文体服务业。

二、完善多元政策支持，激励助推创新创业

2015 年以来，为了推进国家创新型城区的建设进程，努力打造科技金融首批试点的核心承载区，进一步营造“大众创业、万众创新”的生态环境，实现技术与市场、创新与创业的互动融合，杨浦区积极贯彻落实《国务院关于大力推进大众创业万众创新若干政策措施的意见》、《上海市关于加快建设具有全球影响力的科技创新中心的意见》、《杨浦区关于加快建设具有全球影响力的科技创新中心重要承载区的实施意见》的精神，并于 2015 年 8 月 25 日区政府第 104 次常务会议上通过印发了《关于大力促进创新创业若干政策办法（试行）》，从财税金融、人才激励、创新服务、创业孵化等方面不断健全完善科技金融政策支持体系。

（一）支持创新创业的财政补贴政策

就财政支持政策而言，杨浦区在专项资金政策方面，强调综合运用上海市杨浦国家创新型试点城区建设和发展专项资金、杨浦区产业发展专项资金、国家（市）科技重大专项杨浦区地方配套资金等三类专项资金，积极支持企业在海内外建立研发中心。对于企业在本区建设技术中心等，经认定后给予最高 100 万元专项资助。支持企业研发新技术、新产品（服务），经认定后按企业研发费用加计扣除部分再按 20% 的比例予以专项支持，单个企业最高不超过 200 万元。鼓励跨国公司、国外知名科研机构为主体与高校、科研院所、企业在区域内共建实验室和人才培养基地，对设立的研发中心等参照总部政策予以支持。同时，在租费补贴政策方面，针对新引进或新设立的总部企业，或符合杨浦区“两个优先”政策导向的企业，

在租、购、建办公用房上给予一定的补贴。例如，支持高校、科研院所在区域内与企业及国际知名高校合作建立以应用技术研发为核心、以科技攻关项目为主体的产业技术研究院（含中心、实验室），经认定后给予一次性50万元开办费补贴和为期2年最高50万元/年的办公用房补贴。对就地转化的项目经认定给予20%资金资助，最高不超过200万元。

（二）支持创新创业的科技金融政策

就科技金融政策而言，主要包括：其一，投资机构扶持政策。鼓励设立各类专注于为科技创新企业提供全方位资本市场金融服务的现代科技投资银行，以及专注于为科技创新企业提供多样、灵活金融服务的互联网持牌金融机构，对入驻区域内的企业，参照总部企业政策予以支持。设立科技创新天使投资母基金，资金规模2亿元，吸引社会资本建立市场化专业化的天使投资基金。按照基金 + 基地模式，在区域众创空间内设立的天使投资基金，按最高不超过1:1配套。期限5年，5年后按原值退出。针对新引进或新设立的股权投资基金（机构）及其管理企业，给予一定的办公用房补贴；根据其经营情况以及对杨浦区的经济贡献给予奖励。其二，上市激励政策。支持创业企业在股权交易市场、主板、中小板、创业板、新三板、新兴板等资本市场挂牌和融资，对于成功挂牌企业给予一次性奖励，最高不超过350万元。鼓励上海股权托管交易中心等各类国家级、市级机构在杨浦设立分中心或具有同等功能的机构，给予最高不超过500万元补助。其三，贴费贴息政策。针对符合《杨浦区产业发展指导目录》认定的“两个优先”企业的贷款担保业务，给予一定的担保费率补贴；鼓励“两个优先”企业通过知识产权质押融资、股权质押融资等新型融资产品和金融工具开展融资，对其社会筹资利息给予补贴。其四，风险补偿政策。成立专注于科技创新企业的风险补偿专项资金，资金规模2亿元，开展投贷联动模式下贷款风险分担、发债成本补助、担保代偿风险分担、科技保险保费补贴以及企业征信、评级补贴等，给予最高不超过50%的补助。其五，积极探索建立市场化基金。为引导创业投资和科技成果转化，杨浦区政府计划3年出资10亿元，设立各类母基金、参股基金，带动社会投资，共同撬动科技成果的转化和产业化。依据母基金1:7.5到1:10的撬动率，预计可带动75亿—100亿元的社会投资。

（三）激励创新创业的人才扶持政策

作为上海建设科创中心的重要承载区，2015 年杨浦区在人才专项支持、人才激励、人才培养平台、人才综合配套服务等方面再出实招，出台了“人才专项支持计划”，针对大众创业人才、海外高层次人才和进入加速期的企业家三种不同的人才群体设立三项专项支持计划，对三种人才分别给予最高 20 万元、200 万元和 300 万元的资助，资助可用于支持人才创办企业的启动资金、企业用工补贴、企业研发以及融资等事项。在“人才激励”中，每年拿出 3000 万元实施人才安居工程，对改建、新建人才公寓的企业进行补贴，对初创企业人才、重点人才以及入住特定人才公寓的高端人才给予每月 800 元到 3000 元不等的货币化补贴，有效解决区域人才居住困难，还将实施企业高层次技术创新团队激励政策，鼓励区域内高校、科研院所科研成果分配改革，对科技成果转化所获收益，经认定后按本区实现贡献部分，予以最高 50 万元的人才专项激励。

此次人才新政强调普惠制，政策内容从“特惠”走向“普惠”，覆盖文化、教育、卫生、社工等对区域经济社会发展不可或缺的各类人才；既适用于到杨浦来创新创业的高端人才，也适用于刚毕业的大学生；既关注海外归来人才，也关注国内本土优秀人才。同时，为进一步强化对各支队伍、各类人才的整体培养、保障和服务，杨浦财政每年支持该新政的资金将不低于 2 亿元，并强调要进一步提高资金利用效率，健全人才激励保障机制，加快人才培养平台建设，将原来分散在人社、科委、房管等多个部门的相关的政策进行统一归口，实现了一口统筹、一口实施，解决以往人才对多部门多头受理交叉的政策理不清头绪的问题，实现了对创新创业人才的精准扶持服务。

（四）支持创新创业的创新服务政策

创新服务政策包括知识产权政策、科学仪器设施共享政策、企业技术中心政策、品牌政策、标准化政策、鼓励性政策等。例如，支持各类机构充分应用互联网技术，实现创新、创业、创投、创客联动，线上与线下、孵化与投资相融合，构建开放式的创新创业综合服务平台，对平台建设与运营费用，按照《上海市服务业引导资金办法》予以资助。同时，杨浦区还大力推进科技服务业发展。支持技术经纪、知识产权、法律服务、技术转移、检验检测认证、科技咨询、科技金融、人力资源、财税服务等科技中介服务企业集聚发展，对注册在区域的科技服务企业，经认定后按营业收入的1%予以扶持，最高不超过100万元；鼓励各类众创空间围绕国内紧缺的前沿技术路线研究、技术需求分析与价值评估、技术营销、技术并购、知识产权运营等业务领域，加大对技术经纪人、技术转移转化人才的培养力度，经鉴定合格按培训费用的50%予以补贴，最高不超过100万元。

（五）支持创新创业的创业孵化政策

针对各阶段的创业者，提供创业前补贴、创业苗圃补贴、创业孵化补贴、加速孵化补贴等；针对经认定的大学生创业企业，自税务注册登记起前两年按其年度区级经济贡献给予奖励，并对其在开业登记过程中工商、税务、质监部门收取相关费用给予减免等。例如，支持高校、科研院所在校老师、学生、专业技术人员等在众创空间、孵化器、科技园区创新创业，经认定，按照首次实际出资到位额度的50%给予创业企业专项资金支持，最高不超过20万元。鼓励科技园区、创意园区、社区创业空间通过扩大载体以及载体资源调整设立众创空间，打造科技园区的升级版，经认定后按照投入资金的50%予以资助，最高不超过200万元。对经认定新设立的众创空间，按500元/平方米予以开办费补贴，最高不超过500万元。对用于初创企业孵化用房面积，并给予初创企业减免租金的，经认定后按2元/平方米·天给予补贴，补贴期限为2年，补贴总额最高不超过300万元。支持设立各类公共技术服务平台、公共信息服务平台、公共培训服务平台、公共监测平台等，经认定对建设和运营费予以补贴，最高不超过100万元。

三、创新科技金融产品，打造多元服务体系

科技金融作为科技创新与金融创新的深度融合行为，其最终落脚点应该放在金融创新上来，而金融产品和服务创新是科技金融的核心与关键。受限于我国现有的资本市场体系，杨浦区的科技金融创新主要围绕信贷业务产品和服务展开，同时还积极探索保单质押融资和知识产权质押融资等

方法，推出一系列一站式、综合性的科技金融产品超市，不断增加特色科技金融产品与服务的普适性、延续性和关联度。目前，杨浦区全区共有各类科技型企业6000余家，比2010年增长40%；新三板和股权托管中心挂牌的33家公司中，有90%是科技类企业。

（一）对接企业需求，创新金融产品

为丰富投贷联盟功能内涵，积极打造“科技金融功能区”，杨浦区内金融机构积极调研和对接科技型企业的融资需求，在金融产品方面也开展了诸多创新，大致可以划分为三类：（1）信贷类产品和服务。创智支行联合杨浦区创业中心、区担保中心推出“银园保”产品，充分发挥园区贴近企业的信息收集优势，区担保中心的政策性担保优势以及浦发银行的资金优势。区创业中心根据主动调查及企业申请资料，将园区内有融资需求且符合一定条件的企业推荐给创智支行及担保中心，同时协调贷中事务并协助创智支行及担保中心做好贷后信息收集及传递工作；区担保中心对创智支行拟贷款支持的企业提供担保，实现信用增级；创智支行根据自身审贷标准及贷款发放程序，进行授信及贷后管理；一俟发生违约风险，则创智支行、区担保中心和区创业中心各承担15%、40%和45%的风险责任。（2）债券类产品和服务。杨浦区政府、金融办及财政局等在对科技创新风险和收益进行系统研究后，推出了上海市中小企业集合信托债权基金“创智天地”系列产品。其中，“创智天地1号”属于集合信托基金产品，2号和3号则均为集合（委托）信贷产品。此外，杨浦区还依托中国银行间市场，发行中小企业集合票据；推动同捷科技成为《中小企业私募债券业务试点办法》实施以来上海首家发行中小企业私募债的公司。（3）多机构协同创新类产品。除在信贷和债券领域进行相对独立的金融产品创新外，杨浦区还推动了不同类型机构的协同创新产品开发工作，如融合银行贷款优势和展开风险投资优势的“贷投通”产品，以及在此基础之上开发的“股权换贷款”产品，集成上海科技投资公司、区内相关银行分支机构和担保公司之力推出的“融和”系列产品等。其中，“贷投通”作为“银园保”的升级产品，采取了“期权质押+定向回购”的方式，从而能在一定的利益分配机制下确保贷款支持科技型中小企业过重的相关各方所承担的高风险可获得更多的补偿。

（二）借鉴硅谷模式，试点投贷联动

早在2012年8月，杨浦区政府就借鉴和学习美国“硅谷金融模式”，协调引进投资10亿元的国内首家科技创新银行——浦发硅谷银行。在浦发硅谷银行开业之初，按照相关规定3年内不能经营人民币业务，无法直接为科技企业提供贷款。为此，杨浦区金融办从硅谷银行的“投贷联动”模式获得启发，设计开发了“硅谷动力贷”金融产品：由浦发硅谷银行为企业提供投融资咨询，国内银行为企业发放人民币贷款，并与融资性担保公司共同承担风险。2014年，“硅谷动力贷”帮助首批两家科技型中小企业获得2300万元两年期贷款，并采取“债权先行，股权跟进”方式，协调基金公司为企业提供2850万元股权投资。2015年9月，浦发硅谷银行正式启动人民币业务，陆续推出人民币账户服务、信贷和融资解决方案，借助硅谷银行国际化的人才团队，为更多具有全球化视野的国内科技型企业开展跨境业务提供便利，助力杨浦推进上海全球科技创新中心重要承载区建设。此外，杨浦区在建立金融服务体系中，还借鉴“硅谷金融模式”，促进股权投资发展，由区财政拨款组建了规模达6亿元的一期、二期区政府引导基金，委托美国硅谷金融集团管理。一期区政府引导基金已投资大学生创业接力基金、鼎晖、IDG、创新工场等11家子基金，子基金规模达107亿元；第二期3亿元区政府引导基金也完成了对千骥医药、红杉资本等子基金的投资。

（三）用好资本市场，做好配套服务

资金匮乏是创业途中的最大障碍。近年来，杨浦围绕打造上海国际金融中心“科技金融功能区”目标，坚持“政府引导+市场主导+专业化运作”的思路，创新科技金融产品，逐步形成区政府创业投资引导基金、各类风险投资基金、小额贷款公司、融资担保公司、投贷联盟、创新金融产品、多层次资本市场等在内的多元化科技金融融资服务体系，以着力解决创业企业，尤其是科技型企业的资金匮乏难题。例如，为破解小微科技企业发展瓶颈、探索“雪中送炭”资本服务模式，杨浦区采取了园区推荐项目、专业中介机构评估项目、政府搭建对接平台、多元金融服务配套跟进等举措，着力支持科技企业到多层次资本市场融资，充分运用好投资机构等市场“钱袋子”的作用，为科技企业发展寻求一条全新发展之路。同时，

杨浦区还建立了多元化融资服务体系，比如在吸引股权投资基金方面，杨浦区一期、二期政府引导基金规模已达6亿元，累计投了14家子基金，子基金累计投资项目企业超过200家，覆盖新材料、互联网、生物医药、环保科技、移动电商等领域。据不完全统计，目前全区已有51家企业获得了投资机构11亿元的投资。而针对小微企业融资难问题，杨浦区除了协调商业银行为中小企业贷款外，还鼓励区内小额贷款公司和融资性担保公司发展。仅2015年前8个月，区内8家小额贷款公司就累计向小微科技企业发放贷款326笔、金额9.39亿元；5家融资性担保公司累计担保225笔、金额8.86亿元。此外，杨浦区还主动与上海、深圳等地的证券交易所对接，继续鼓励和引导区内中小企业在境内外上市，在“新三板”、上海股权托管交易中心等场外市场挂牌。截至目前，杨浦区共有上市企业14家、“新三板”挂牌企业28家、上海股权托管交易中心挂牌企业5家。年内，还力争推动有条件的企业在“新三板”成功挂牌，争取“新三板”上市企业达到13家。

（四）线上线下联动，搭建服务平台

为适应时代发展需要，杨浦区金融服务办还联合上海信隆行投资有限公司，在2015年1月28日正式上线了网上金融服务平台——杨浦金融港，线上汇聚各大银行面向中小微企业的信贷产品、各类投资机构以及有融资需求的中小企业，通过互联网平台提供更为高效的金融产品投资对接服务。例如，杨浦金融港“一融贷”项目专为企业打通贷款的快捷通道，投入使用3个月内，即实现24家企业线上对接金融服务。杨浦金融港“一融赋”、“一融淘”、“知识库”等项目还为企业提供打开进入资本市场的大门、创造与创业导师面对面的机会、普及金融基础知识等创业服务。目前杨浦金融港网站拥有注册企业8700多家、经认证的投资融资机构850家，已累计为近千家企业提供近3000万元的债权融资、10亿多元的股权融资对接服务。2015年6月26日，杨浦区又成立了以推动线下互动交流、金融创新为主旨的综合服务平台——杨浦区科技金融联合会，同步推出了《上海市杨浦区科技金融联合会章程》。该联合会作为杨浦区首家科技金融领域社团组织，将秉持“政府指导、专家参与、市场化运作”的理念，激活市场主体的积极性和创造力，打造“投融生态圈、创新源动力、创业加速器”，搭建“互动、融合、创新、发展”的科技金融综合服务平台。目前，在联合会推动

下，“上市公司杨浦行”资本对接、项目评估及“投贷保”联动试点，及“设立杨浦区最具投资价值企业、最具潜力商业模式、高成长中小企业榜单”等工作稳步推进，通过较为紧密的跨界合作与交流，促进金融资本与创新产业更好地融合发展。

第四节　上海其他区域性科技金融政策的探索

科技金融的细化升级和区域化特色发展是上海城市化进程、国际金融中心和全球科创中心建设的一部分。在上海的城市发展进程中，科技创新对金融的需求是在不断发展变化的。现阶段，粗放的金融业已经不能适应上海的城市发展，上海需要更为细化、深入的科技金融服务。上海城市化进程的持续，上海城区版图扩大，未来上海国际金融中心也会有金融副中心，这就需要上海各区县科技金融的发展为此打下基础。因此，上海各区县除了需要按照国家和上海市的整体战略部署来推进金融布局之外，还要根据本地区产业和企业的需求，以及自身的资源禀赋、产业结构和发展规划来探索构建具有自身特色的科技金融政策支持体系。前文对浦东新区和杨浦区做了详细介绍，本节将重点关注嘉定、虹口、黄浦等区县在科技金融政策体系方面的创新探索。

一、嘉定区科技金融政策支持体系的探索

（一）顶层设计勾绘发展蓝图

从 1958 年被授予“上海科学卫星城”，到如今被定位成上海科创中心重要承载区和新兴产业示范区，嘉定区秉承科技资源密集、实体经济发达、自主创新突出、人才集聚明显的比较优势，主动在上海科技创新中心建设中找准自己的定位，并结合产业优势大力发展科技金融服务，进而形成科技金融与实体经济相互支撑、交融共济的良好发展态势。特别是，2015 年 5 月，上海出台了《关于加快建设具有全球影响力的科技创新中心的意见》，

将嘉定作为市郊唯一的科技创新中心的重要承载区。2016 年 6 月 12 日，嘉定区委五届八次全会审议并通过了《关于加快建设具有全球影响力的科技创新中心重要承载区的实施意见》及其阶段性落实方案——《关于加快建设具有全球影响力的科技创新中心重要承载区三年行动计划（2015—2017)》，在为嘉定科技创新发展绘就蓝图的同时，给出了“三步走”的具体实现路径和阶段线路图：（1）到 2017 年底，在全市率先形成较强的创新资源集聚辐射能力、创新成果转移转化能力、创新经济持续发展能力，基本形成具有全球影响力科技创新中心重要承载区的框架体系雏形；（2）到 2020 年底，基本形成科技创新中心重要承载区框架体系；（3）到 2030 年底，基本建成自主创新产业化引领区及现代化科技城。目前，嘉定区的科技金融服务业发展正进入佳境。根据发展目标，到 2016 年，嘉定金融业增加值将超过 50 亿元，年增长超过 20%。计划初步建成上海新型金融产业发展集聚区、上海资本市场上市企业总部集聚区、长三角地区配套的专业金融服务集聚区三个目标（见图 7 -3）。

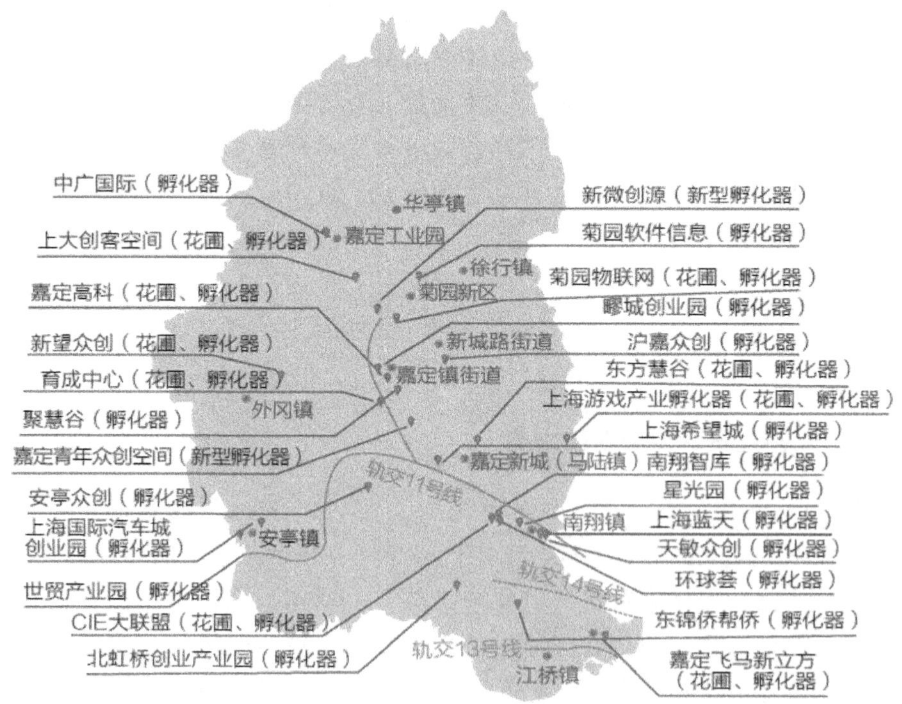

图 7 -3　嘉定区众创空间示意图

（二）科技创新推动经济转型

2006年以来，嘉定区意识到科技创新对经济社会发展的价值，将战略性新兴产业及其科技研发作为经济转型主攻方向，确定重点发展新能源汽车、物联网、新能源、新材料、基础软件、文化信息等，并从2007年开始实施“回归计划”，制定出台了包括调拨科研用地、搭建产学研合作平台和吸引优秀人才落户等在内的一系列“引凤还巢”政策。在中科院上海分院和张江国家自主创新示范区管委会的支持下，嘉定区谋划发挥中科院院所的集聚效应，实施研发平台、产业孵化、转化服务、国际社区建设的功能布局，形成科技创新和新兴产业研发、中试、孵化、服务的功能集聚区。目前，嘉定区布局四大战略项目及产业集群的2017年发展目标：（1）集成电路及物联网产业领域，建成物联网、微技术产业创新公共服务平台，集聚80家以上相关科技企业，全产业链销售规模预期超过85亿元；（2）新能源汽车及汽车智能化产业领域，在一些关键技术领域培育10家技术领先的龙头企业，预期实现新能源汽车及关键零部件年产值规模50亿元以上；（3）高性能医疗设备及精准医疗产业领域，产业规模预期达到120亿元；（4）智能制造及机器人产业领域，总产值预期达到40亿元，年均增长20%。

（三）多元政策助推科技金融

产业升级加大了对金融服务的需求。嘉定区将金融产业化发展作为目标，引进了上海金融谷，旨在以金融服务外包产业体系为基础，以现代智能数字网络为核心技术体系，以资本平台为杠杆，搭建全新的产业园运作模式，打造未来金融服务产业综合功能区。2015年6月6日，“全通上海金融谷”正式开园，集聚效应逐步开始显现。上海金融谷围绕金融服务及相关高科技产业搭建产业服务大平台，重点打造创新型金融交易服务、创业和科技创新配套金融服务、金融业务创新功能、金融结算和信息科技服务等功能。为了推动科技金融持续发展，形成对科技创新的有效支撑，嘉定区在多元政策支持体系上不断加大探索力度。目前，嘉定区正整合政府科技创新服务机构和相关职能，将成立区科技创新创业服务中心，对各类企业实行“全生命周期”的一站式精准服务。嘉定区启动实施了“嘉定创业

321”住房保障计划，计划到2017年底，为300名创业核心团队成员提供购房补贴，为创业骨干提供2000套人才公寓，为各类创业人员筹措1万间“创客客栈”。嘉定区还积极优化政府引导撬动社会资本投入的金融服务模式。到2017年底，嘉定创投基金由原来的12亿元增加至20亿元，嘉定天使投资基金由原来的1亿元增加至2亿元。同时吸引50家以上社会投资机构，撬动社会资本200亿元。截至2015年底，嘉定区成立了12亿元的嘉定创投基金，目前已经吸引了1000多家的基金和管理公司在嘉定入驻，投资了100多家的嘉定企业；鼓励和引导企业进入资本市场，全区已有上市企业10家，新三板挂牌企业23家；加快金融市场建设，设立了13家小贷公司、6家商业保理公司、嘉定担保等3家融资性担保机构。

二、闵行区科技金融政策支持体系的探索

（一）围绕“大紫竹”打造南部科技创新中心

2015年3月，闵行区建设上海南部科技创新中心核心区推进大会召开，会上发布了《关于建设上海南部科技创新中心核心区的框架方案》，提出了一个建设目标、两个着力点、三区融合发展、实现四大功能的总体思路。在空间规划上重点聚焦莘庄以南的“大紫竹”区域，通过市区联动、区校联动、区镇联动，围绕着“紫竹创新创业走廊”建设，对相关区块进行功能细分，即以上海交通大学、华东师范大学、紫竹高新区为主体，重点建设具有全球影响力的创新引领区；在环海交通大学、华东师范大学、紫竹高新区周边区域，着力打造具有全球吸引力的众创集聚区；在东到黄浦江、西到区界的产业区块上，全面建设具有全球竞争力的产业承载区。围绕着上海南部科技创新中心核心区建设的目标和任务，按照“一步规划、分步实施”的原则，初步确立了3大类、20个重点支撑项目，制定了3年行动计划，为上海建设科创中心提供了有力支撑（见图7－4）。

具体而言，闵行区要聚集建设上海南部科技创新中心核心区，充分发挥“大紫竹”品牌的引领和集聚效应，以服务上海产业创新需求、引领国内产业创新方向、影响国际产业创新趋势为战略目标。到2020年，建设一批服务产业创新的功能性平台，打造一批特色产业创新集群，涌现一批具

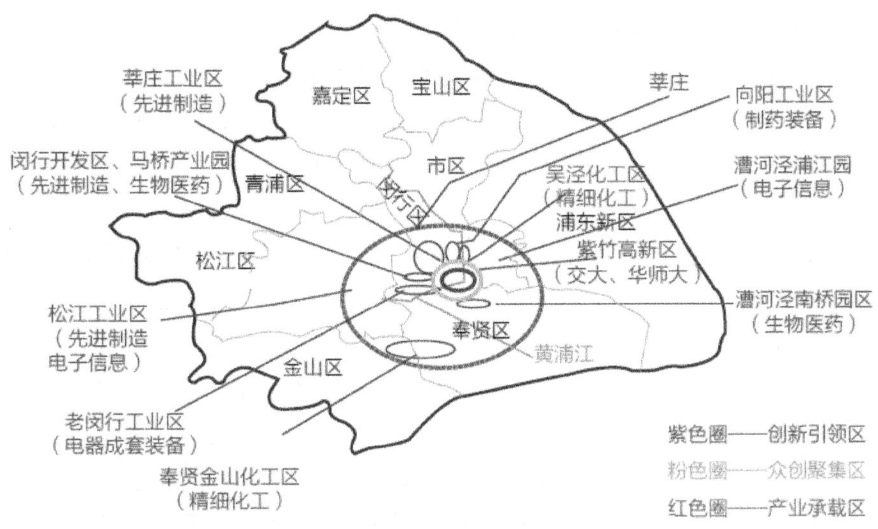

图 7－4　闵行区建设上海南部科创中心示意图

有行业引领力的创新型企业；形成与上海建设具有全球影响力科技创新中心相适应的南部科技创新中心基本架构。到 2030 年，集聚一批高层次科技创新人才、国内外高端研发机构，建设国际一流的创新基础设施和功能性平台；涌现出一批引领全球产业发展方向的重大技术成果；培育一批具有较强国际竞争力和行业影响力的龙头企业，成为创新活力竞相迸发、创新源泉不断涌现、创新能力强劲、创新成效突出的国际产业创新高地。

（二）制定“1＋4”政策体系助推科技金融

2015 年以来，为推进上海南部科技创新中心核心区建设，激发全区创新创业活力，推动“大众创业、万众创新”，闵行区委、区政府开展深入研究和重点部署，相继制定和形成了“1＋4”政策体系：“1”即《闵行区关于建设上海南部科技创新中心核心区的框架方案》；“4”即有关鼓励人才创新创业、发展众创空间、创新创业引导基金、科技创新和成果转化的四个专项配套政策，分别为《关于促进创新创业人才发展的政策意见》、《关于发展众创空间推进大众创新创业的政策意见》、《创新创业投资引导基金政策》和《关于促进科技创新和成果转化的政策意见》。

2015 年 9 月，为了进一步落实“1＋4”政策体系，对接多层次资本市场，实现企业可持续发展，闵行区又发布了与科技金融直接相关的《关于

进一步鼓励本区企业对接多层次资本市场的实施意见》，对于鼓励企业在境内外上市挂牌、利用资本市场并购重组、引入股权投资及进行债券融资进行了积极的政策创新与探索，以进一步营造有利于“大众创业、万众创新”的科技金融服务环境。为鼓励企业在境内外上市，闵行区对在本区持续经营两年以上的企业，因上市改制资本量化涉及的地方贡献，给予企业一次性补贴；对由有限公司变更为股份有限公司，取得股份有限公司营业执照，且已在上海证监局辅导备案的企业，给予不超过50万元一次性补贴；对改制上市企业因上市原因而筹措的银行贷款，按中国人民银行公布的同期贷款基准利率计算的一年期利息予以50%的一次性补贴，最高不超过50万元；本区企业申报材料获证券监管部门受理或注册的，给予不超过100万元一次性补贴；本区企业获得首次公开发行股票资格并上市的，给予不超过100万元一次性奖励；境内控股公司通过海外控股平台公司，成功在境外（含港澳台地区）交易所上市的本区企业，也可给予不超过100万元的一次性补贴。为鼓励企业利用资本市场并购重组，闵行区对区内企业实行借“壳”上市，并将其工商注册和税务登记留在本区的，给予不超过100万元一次性补贴；区内企业通过资本市场再融资，募集资金用于本区投资的，按资金实际到位金额的0.2%给予一次性补贴，最高不超过100万元。为鼓励企业引入股权投资，对成功获得投资的企业，区财政对其中介费用给予最高不超过20万元一次性补贴，同一家企业奖励不超过3次。为鼓励企业利用债券市场融资，闵行区对成功发行中小企业私募债的企业所发生的中介费用给予50%的一次性补贴，最高不超过50万元。

三、黄浦区科技金融政策支持体系的探索

发展特色金融与上海各区县经济差异化发展的大环境相关，黄浦区作为上海国际金融中心建设“一城一带”的核心功能区，楼宇经济相当发达，跨国公司的总部集聚也很明显。为此，“十三五”期间黄浦区致力于不断健全和完善科技金融政策支持体系，以积极推进新型金融机构集聚高地和“互联网+金融”等普惠金融示范高地建设，不断厚植金融发展优势。

（一）“金融创新十条”助推科技金融

2015年7月，黄浦区在外滩国际金融峰会上发布了《进一步推进金融创新发展十条意见》（简称“金融创新十条”），为外滩金融创新试验区发展注入催化剂。新出炉的“金融创新十条”提出，黄浦区积极支持金融服务上海科创中心建设，具体内容包括：（1）全力支持精准服务于科创中心建设的创新功能平台、科技银行、科技投行、银行全资股权投资企业、区域性小微证券公司等新型科技金融机构的落户发展；（2）鼓励支持各类专业金融机构发起设立、参与设立以金融为引导的众创空间平台；（3）建设与区域优势资源相匹配、与产业创新互动协同的新金融、大数据、信息化服务等特色创业的高阶孵化器；（4）探索设立风险投资引导基金，发挥引导基金的杠杆作用，带动社会资本加大对科技创新项目的投入。

同时，黄浦区为进一步健全科技金融服务体系，主动服务金融机构新业务拓展。积极吸引持牌金融机构及其设立的专业化的法人机构、专营机构、专业子公司、独立配套服务公司。主动服务产融结合新力量，进一步争取金融租赁、融资租赁、产业基金、财务公司、汽车金融、供应链金融、商业保理、小微金融等创新型金融机构落户发展。支持金融机构推行员工股权激励试点。加快金融专业服务机构的发展，继续鼓励为金融创新发展提供支持的会计、审计、律师、评估、征信等高端现代服务业集聚，推进形成更具吸附力的生态链。多方位支持与金融智库、行业协会、专业高端论坛的合作，进一步扩大外滩金融的品牌效应。此外，黄浦区还不断完善金融创新人才支持体系，建立金融创新人才库，多层次培育具创新引领能力的高端金融人才。设立金融创新奖，对金融创新人才及其创新成果给予表彰和奖励。全方位加大对金融创新人才包括引进、安居、健康、教育、生活等服务支持力度。

（二）“互联网+”思维发展普惠金融

黄浦区牢牢把握金融创新发展的最新趋势，提出了聚焦“新业态、新领域、新业务、新力量、新技术”的新金融发展战略。以众安在线、阿里、点融、玖富等为代表的一批知名互联网金融企业先后落户黄浦。其中，网络信贷中介平台、互联网支付、众筹和在线金融产品销售等，都是当前互

联网金融投资较为集中的领域。落户的互联网金融企业还呈现出内容创新的多样性，让更多人体验到了传统金融嫁接互联网技术形成的商业模式的创新性。

有鉴于此，为深化外滩金融创新试验区建设，黄浦区还进一步贯彻落实国家、上海关于“互联网+”普惠金融的相关精神，切实落实金融监管部门规范互联网金融发展的要求，持续推动互联网金融领域的创新实践，继续引领行业发展，全力服务上海互联网金融高地建设，并于2015年7月率先推出《进一步支持互联网金融健康发展十条意见》。主要内容包括：一是引导集聚。黄浦区将大力吸引网络银行、网络保险、网络证券等持牌金融机构落户发展。二是鼓励业态创新、模式创新和产品创新，将以负面清单和底线思维原则，对具有首创特征的互联网金融模式、产品予以支持。三是强化互联网金融的孵化功能。四是支持互联网金融企业提升融资能力。五是发挥专业园区优势，对产业引导集聚效果显著、服务配套完善、具有典型特色的优秀园区（楼宇）运营管理机构给予扶持，探索在园区设立“互联网金融人才联合实训基地”。六是加快网络征信及网络知识产权保护工作，包括探索推进互联网金融企业与现有国家征信系统对接。七是进一步奖励创新、服务创新人才。八是加强学术研究体系和外滩金融品牌建设。九是强化管理服务和金融风险防范，打通事前、事中、事后的全程管理链条。十是推进行业自律与消费者保护，探索企业共同出资参与设立“金融消费者专项保护基金”，探索建立互联网金融仲裁机构，研究符合互联网金融特点的多元化金融消费纠纷和争端解决机制。

四、徐汇区科技金融政策支持体系的探索

（一）明确目标，打造科技金融服务业高地

作为中心城区，徐汇区坐拥上海交通大学、华东理工大学、中国科学院上海分院、复旦大学枫林校区等国家级科研单位以及国家级漕河泾经济技术开发区，数十位“两院”院士在此工作，理所当然应该成为科技创新的主场。“十三五”期间，徐汇将积极谋求发展目标的转变，推动城区科技创新定位从强调“科技资源集聚”向“科技资源与产业资源协同创新模式”

的转变。为此，徐汇区委、区政府于2015年8月24日发布了《关于加快建设具有全球影响力的科技创新中心的实施意见》，明确提出要立足上海2020年基本建成“四个中心”和现代化国际大都市总体目标要求，对接2040年全球城市战略目标，努力将徐汇区建设成为上海科技创新中心的重要承载区，打造上海科技金融业的服务高地。到2020年，争取形成空间布局集约高效、科技产业能级提升、创新人才宜居宜业、创新服务体系完善、万众创新活力迸发的创新区域，科技创新中心承载区的功能地位基本确立；到2030年，将徐汇区建设成为最具产业竞争力、科技创新力、文化影响力和城市亲和力的国际大都市一流中心城区，成为上海科技创新中心的主要创新极之一。到2020年，努力实现以下具体目标：（1）高新技术产业规模翻一番，达到2200亿元，年均增长12%左右。其中围绕信息产业及生命健康产业努力形成千亿级产业集群。（2）加大科技创新直接投入力度，5年内共计不低于30亿元。（3）企业创新主体地位进一步确立，科技企业研发投入占总收入比重超过10%。跨国公司研发中心或具有研发功能的总部数量达到50家以上。（4）区域科技服务业营业收入翻一番，形成一批具有国际影响力的科技服务功能平台，努力创建国家知识产权服务业集聚发展示范区，知识产权服务机构数量达到160家以上。（5）推进建设3个国家级人才基地，国家和上海“千人计划”人才达到200名以上，市领军人才达到50人以上。（6）培育和引进众创空间数量达到50家以上，提供超过3000个工位。

（二）规划布局建设国际创新金融集聚区

围绕上述定位，徐汇区立足产业创新科学规划功能布局，加强空间整体规划和区域统筹。2015年7月，中国人民银行上海总部与徐汇区政府签署了徐汇滨江战略合作备忘录，依托滨江地区建立“国际性创新型金融集聚区”，共同推进各类国际性、创新型、功能性金融机构以及相配套的金融专业机构和金融中介机构集聚发展。这也是人民银行上海总部首次与区县政府建立战略合作关系。2015年11月，上海市金融办又与徐汇区政府签署了战略合作备忘录。上海市金融办将积极支持徐汇创新金融产业发展，推动徐汇滨江金融带的品牌建设。根据此次的备忘录，上海支持创新型、融合性、功能性金融机构在徐汇集聚发展，推动“创投+孵化”等金融创新，

探索创新金融新产业、新业态、新模式和新产品，以徐汇滨江金融带为核心，建设国际创新型现代金融产业集聚区。

国际性创新型金融集聚区的建设，将使徐汇融入上海国际金融中心建设“一盘棋”。目前，人民银行上海总部已开始帮助徐汇区制订新一轮金融业发展规划和战略。与银行、证券、保险等传统金融集聚区不同，徐汇将聚焦“新型金融”。双方将“开展中国金融新业态、新趋势探索，争取集聚一批国内外具有较高影响力的金融机构，推动普惠金融、创业金融、互联网金融方面的试点与创新，其中产业金融与金融产业的深度融合将是探索重点。在滨江集聚区的建设过程中，将围绕科技金融、文化金融、绿色金融、消费金融、养老金融等领域，推进金融业与优势特色产业的融合。滨江将推进国家级文化金融合作试验区的建设，设立文化类创投引导基金来参股和吸引各类市场化文化产业投资基金。在科技金融方面，将建立以政府资金为带动的科技创新融资保障平台，聚焦早期风险资本的引入，打造风投集聚区。为此，徐汇区已设立了上海区县中首个5000万元规模的专门聚焦早期“种子企业”的天使投资引导基金，加强对天使和种子基金的参股和引入力度，加强资本与实体的互动。央行的“支小再贷款”业务也在产业带中“落地”，由上海农商行实施的首期超过5亿元再贷款额度，将在年内与有潜力的中小微企业进行对接。

第 八 章
国内科技金融新发展与上海借鉴

第一节　国内促进科技和金融相结合试点工作概述

一、促进科技和金融相结合试点实施方案

为全面贯彻党的十七大和十七届五中全会精神，加快实施《国家中长期科学和技术发展规划纲要（2006—2020 年）》及其金融配套政策，促进科技和金融结合，加快科技成果转化，增强自主创新能力，培育发展战略性新兴产业，支撑和引领经济发展方式转变，全面建设创新型国家，科技部会同中国人民银行、中国银监会、中国证监会、中国保监会联合开展“促进科技和金融结合试点”工作，试点实施方案如下。

（一）指导思想和基本原则

组织开展“促进科技和金融结合试点”，深刻把握科技创新和金融创新的客观规律，创新体制机制，突破瓶颈障碍，选择国家高新区、国家自主创新示范区、国家技术创新工程试点省（市）、创新型试点城市等科技金融资源密集的地区先行先试。

1. 指导思想。深入贯彻落实科学发展观，围绕提高企业自主创新能力、培育发展战略性新兴产业、支撑引领经济发展方式转变的目标，创新财政

科技投入方式，探索科技资源与金融资源对接的新机制，引导社会资本积极参与自主创新，提高财政资金使用效益，加快科技成果转化，促进科技型中小企业成长。

2. 基本原则。

（1）坚持统筹协调。加强多部门沟通与协调，统筹规划科技与金融资源，突出体制机制创新，优化政策环境，形成合力，实现科技资源与金融资源有效对接。

（2）加强协同支持。加强工作指导和政策引导，实现上下联动，充分调动和发挥地方的积极性与创造性，加大资源条件保障和政策扶持力度，以地方为主开展试点工作。

（3）实现多方共赢。发挥政府的引导和带动作用，运用市场机制，引导金融机构积极参与科技创新，突破科技型中小企业融资瓶颈，实现多方共赢和长远发展。

（4）突出特色优势。根据各地科技发展水平、金融资源聚集程度、产业特征和发展趋势等实际情况，明确地方发展目标和任务，充分发挥自身特色和优势，坚持整体推进与专项突破相结合，开展创新实践。

（5）发挥试点效应。试点由地方自愿申报，鼓励、支持和指导地方先行先试，及时总结和推广成功经验，发挥试点的示范效应。

3. 总体目标。通过开展试点，为全面推进科技金融工作提供实践基础，为地方实施科技金融创新营造政策空间，以试点带动示范，不断完善体制，创新机制模式，加快形成多元化、多层次、多渠道的科技投融资体系。

（二）试点内容

针对科技支撑引领经济发展中面临的新形势、新任务，通过创新财政科技投入方式，引导和促进银行业、证券业、保险业金融机构及创业投资等各类资本创新金融产品、改进服务模式、搭建服务平台，实现科技创新链条与金融资本链条的有机结合，为从初创期到成熟期各发展阶段的科技企业提供差异化的金融服务。试点地区可以结合实际，选择具有基础和优势的试点内容，突出特色，大胆探索，先行先试。

1. 优化科技资源配置，创新财政科技投入方式。综合运用无偿资助、偿还性资助、风险补偿、贷款贴息以及后补助等方式引导金融资本参与实

施国家科技重大专项、科技支撑计划、火炬计划等科技计划；进一步发挥科技型中小企业技术创新基金投融资平台的作用，运用贴息、后补助和股权投资等方式，增强中小企业商业融资能力；建立科技成果转化项目库，运用创业投资机制，吸引社会资本投资科技成果转化项目；扩大创业投资引导基金规模，鼓励和支持地方科技部门、国家高新区建立以支持初创期科技型中小企业为主的创业投资机构；建立贷款风险补偿基金，完善科技型中小企业贷款风险补偿机制，引导和支持银行业金融机构加大科技信贷投入；建立和完善科技保险保费补助机制，重点支持自主创新首台（套）产品的推广应用和科技企业融资类保险；发挥税收政策的引导作用，进一步落实企业研发费用加计扣除政策和创业投资税收优惠政策，研究对金融机构支持自主创新的税收政策。

2. 引导银行业金融机构加大对科技型中小企业的信贷支持。建立和完善科技专家库，组织开展科技专家参与科技型中小企业贷款项目评审工作，为银行信贷提供专业咨询意见，建立科技专家网上咨询工作平台。

在有效控制风险的基础上，地方科技部门（国家高新区）与银行合作建设一批主要为科技型中小企业提供信贷等金融服务的科技金融合作试点支行；组建为科技型中小企业提供小额、快速信贷服务的科技小额贷款公司，加强与银行、担保机构的合作，创新金融业务和金融产品，为科技型中小企业提供多种金融服务。加强与农村金融系统的合作，创新适应农村科技创新创业特点的科技金融服务方式。推动建立专业化的科技融资租赁公司，支持专业化的科技担保公司发展。

在有条件的地区开展高新技术企业信用贷款试点，推动开展知识产权质押贷款和高新技术企业股权质押贷款业务。

3. 引导和支持企业进入多层次资本市场。支持和推动科技型中小企业开展股份制改造，完善非上市公司股份公开转让的制度设计，支持具备条件的国家高新区内非上市股份公司进入代办系统进行股份公开转让。

进一步发挥技术产权交易机构的作用，统一交易标准和程序，建立技术产权交易所联盟和报价系统，为科技成果流通和科技型中小企业通过非公开方式进行股权融资提供服务。

培育和支持符合条件的高新技术企业在中小板、创业板及其他板块上

市融资。组织符合条件的高新技术企业发行中小企业集合债券和集合票据；探索发行符合战略性新兴产业领域的高新技术企业高收益债券。

4. 进一步加强和完善科技保险服务。进一步深化科技保险工作，不断丰富科技保险产品，完善保险综合服务，鼓励各地区开展科技保险工作。鼓励保险公司开展科技保险业务，支持保险公司创新科技保险产品，完善出口信用保险功能，提高保险中介服务质量，加大对科技人员保险服务力度，完善科技保险财政支持政策，进一步拓宽保险服务领域。

建立自主创新首台（套）产品风险分散机制，实施科技保险保费补贴政策，支持开展自主创新首台（套）产品的推广应用、科技企业融资以及科技人员保障类保险。探索保险资金参与国家高新技术产业开发区基础设施建设、战略性新兴产业培育和国家重大科技项目投资等支持科技发展的方式方法。

5. 建设科技金融合作平台，培育中介机构发展。建立和完善科技成果评价和评估体系，培育一批专业化科技成果评估人员和机构。加快发展科技担保机构、创业投资机构和生产力促进中心、科技企业孵化器等机构，为科技型中小企业融资提供服务。推动地方科技部门和国家高新区建立科技金融服务平台，打造市场化运作的科技金融重点企业，集成科技金融资源为企业提供综合服务。

6. 建立和完善科技企业信用体系。推广中关村科技园区信用体系建设的经验和模式，开展科技企业信用征信和评级，依托试点地区建立科技企业信用体系建设示范区。引入专业信用评级机构，试点开展重点高新技术企业信用评级工作，推动建立高新技术企业信用报告制度。

7. 组织开展多种科技金融专项活动。组织开展农业科技创新、科技创业计划、大学生科技创新创业大赛等主题活动；实施科技金融专项行动，组织创业投资机构、银行、券商、保险、各类科技金融中介服务机构等的专业人员为科技企业提供全方位投融资和金融服务；举办各种科技金融论坛和对接活动；开展科技金融培训。

（三）组织实施

1. 加强试点工作的组织领导。科技部会同中国人民银行、中国银监会、中国证监会、中国保监会等部门共同推进试点工作，建立与财政部、国家税务总局的沟通协调机制，定期召开部门协调会议，研究决定试点的重大事项，统筹规划科技与金融资源，督促检查试点进展，组织开展调查研究，总结推广试点经验，共同指导地方开展创新实践。

2. 建立部门协同、分工负责机制。根据实施方案，结合相关部门职能，发挥各自优势，落实相应责任；各部门及其地方分支机构加强对试点地区的对口工作指导和支持。各部门制定的有利于自主创新的政策，可在试点地区先行先试。加强部门间的协调配合，针对试点中出现的新情况、新问题，及时研究采取有效措施。

3. 形成上下联动的试点工作推进机制。试点地方要成立以主要领导同志为组长，科技、财政、税务、金融部门和机构参加的试点工作领导小组，加强组织保障，创造政策环境，结合试点地方经济社会发展水平，合理确定目标任务，研究制定试点工作实施方案，落实保障措施，充分调动地方有关部门的积极性和创造性，扎实推进试点工作，形成上下联动、协同推进的工作格局。试点实施方案报批后，要积极组织力量加快实施。科技部会同地方政府安排必要的经费，保障试点工作推动和开展。

4. 加强试点工作的研究、交流和经验推广。加强对试点重大问题的调查研究，为深化试点提供理论指导和政策支持。建立试点工作定期交流研讨制度，及时交流试点进展，研讨重点问题，总结工作经验。加大对试点地方典型经验的宣传和推广，发挥试点地方的示范作用，带动更多地方促进科技和金融结合，加快推进自主创新。

建立实施试点的监督检查机制，对在试点实施过程中表现突出的个人和机构给予表彰及奖励，对工作落实不到位、试点进展缓慢的地区加强督导，直至取消试点资格。

二、促进科技和金融融合试点地区

促进科技和金融结合试点工作是融合创业投资、银行信贷、多层次资本市场、科技保险等多元化金融资源，共同支持科技创新发展的有效方式，对突破企业融资瓶颈，促进科技成果转化，培育和发展战略性新兴产业发挥着重要的助推作用。

（一）促进科技和金融融合试点第一批实施地区

2011年，根据科技部、中国人民银行、中国银监会、中国证监会、中国保监会《关于印发促进科技和金融结合试点实施方案的通知》（国科发财〔2010〕720号）要求，结合各地提出的促进科技和金融结合试点方案，经研究，确定中关村国家自主创新示范区、天津市、上海市、江苏省、浙江省“杭温湖甬”地区、安徽省合芜蚌自主创新综合实验区、武汉市、长沙高新区、广东省“广佛莞”地区、重庆市、成都高新区、绵阳市、关中—天水经济区（陕西）、大连市、青岛市、深圳市等16个地区为首批促进科技和金融结合试点地区。

（二）促进科技和金融融合试点第二批实施地区

2016年6月，为全面贯彻落实党的十八大和十八届三中、四中、五中全会精神，加快实施创新驱动发展战略，推进大众创业、万众创新，落实全国科技创新大会精神，支持地方开展科技金融创新实践，促进科技和金融紧密结合，科技部、中国人民银行、中国银监会、中国证监会、中国保监会共同深入推进开展“第二批促进科技和金融结合试点”工作。在促进科技和金融结合政策推动以及第一批试点地区的影响带动下，第二批促进科技和金融结合试点申报踊跃，申报城市科技资源和金融资源相对富集，长期开展科技和金融结合的创新实践，积累了坚实的基础和丰富的经验。五部门通过组织专家对各地提出的试点实施方案进行评审和分析，最终确定在郑州市、厦门市、宁波市、济南市、南昌市、贵阳市、银川市、包头市和沈阳市等9个城市开展第二批促进科技和金融结合试点。

五部门将分别指导地方相关机构，在各自领域内围绕科技创新的规律和特点，引导带动金融资本在产品、组织和服务模式等方面与科技不断融合，在符合金融监管政策条件下，鼓励和支持金融领域的创新政策在试点城市先行先试，形成并推广更多有效的经验和模式，加强统计设计，提升科技金融整体工作水平，加快实施创新驱动发展战略。

第二节　中关村创新示范区科技金融结合试点发展概况

一、中关村创新平台建设情况

2010 年 12 月 31 日，在中关村国家自主创新示范区部际协调小组领导机制下，“中关村科技创新和产业化促进中心”（简称中关村创新平台）在京成立。中关村创新平台由国家有关部门和北京市共同组建，重在进一步整合首都高等院校、科研院所、中央企业、高科技企业等创新资源，采取特事特办、跨层级联合审批模式，落实国务院同意的各项先行先试改革政策。

平台下设重大科技成果产业化项目审批联席会议办公室、科技金融工作组、人才工作组、新技术新产品政府采购和应用推广工作组、政策先行先试工作组、规划建设工作组、中关村科学城工作组和现代服务业工作组等 8 个工作机构，19 个国家部委相关司局和 31 个北京市相关部门派驻人员到平台办公，围绕重大科技成果转化和产业化项目、先行先试政策扶持等受理事项开展工作。平台的主要工作机构及其职责如图 8 - 1 所示。

二、促进科技金融结合的主要政策框架

（一）“1 +6”政策支持科技企业创新创业

2010 年底，为进一步激励中关村示范区创新创业的积极性和创造力，国务院原则同意了中关村“1 +6”系列先行先试改革政策。“1 +6”的“1”是指搭建中关村创新平台，“6”是指试点实施股权激励、税收优惠、高新技术企业认定等 6 项政策。

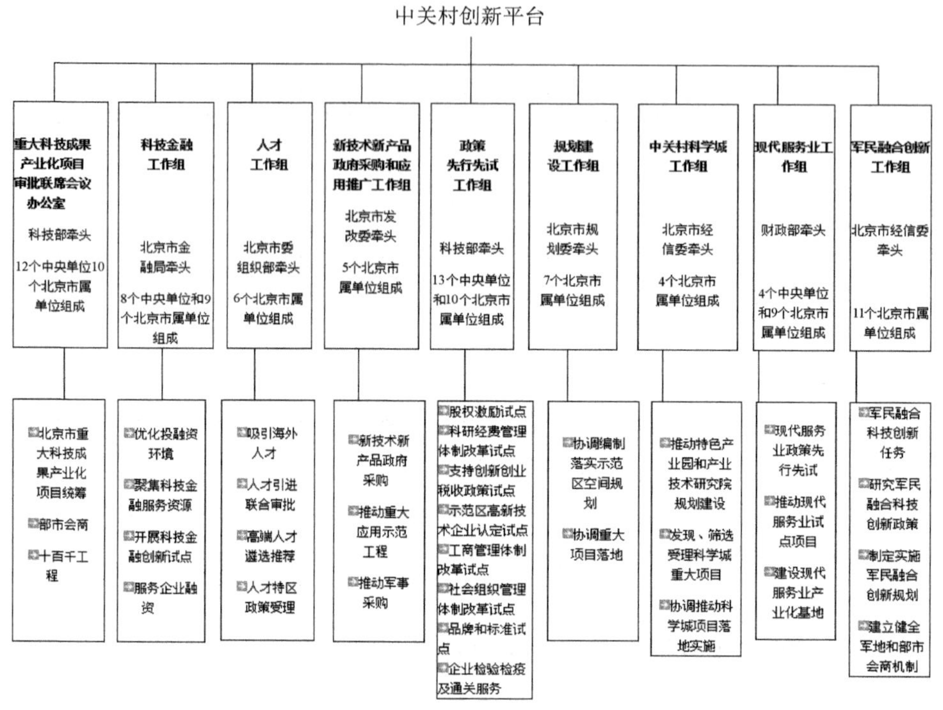

图 8－1 北京中关村创新平台的工作机构

资料来源：http：//www.zgc.gov.cn/zgcexpt/。

（二）中关村“新四条”

2013 年 9 月 29 日，财政部联合科技部、国家税务总局等部委发布了《关于在中关村国家自主创新示范区开展高新技术企业认定中文化产业支撑技术等领域范围试点的通知》等四项新政策，标志着中关村新四项政策正式出台。这是继“1＋6”系列先行先试政策之后，中关村新一轮政策创新工作的集中成果。相关政策的落实对于进一步优化中关村创新创业环境，更好地发挥先行先试的示范作用，具有重要意义。

这四项政策包括：科技部、财政部、国家税务总局联合发布的《关于在中关村国家自主创新示范区开展高新技术企业认定中文化产业支撑技术等领域范围试点的通知》（国科发高〔2013〕595 号），财政部、国家税务总局联合发布的《关于中关村国家自主创新示范区有限合伙制创业投资企业法人合伙人企业所得税试点政策的通知》（财税〔2013〕71 号）、《关于中关村国家自主创新示范区技术转让企业所得税试点政策的通知》（财税〔2013〕72号）、《关于中关村国家自主创新示范区企业转增股本个人所得税试点政策的通知》（财税〔2013〕73号）。

新四项政策中，在中关村开展高新技术企业认定中文化产业支撑技术等领域范围试点政策是对中关村从事文化产业支撑技术等领域的企业，按规定认定为高新技术企业的，减按15%税率征收企业所得税，进一步支持中关村文化科技融合企业的发展。

中关村有限合伙制创业投资企业法人合伙人企业所得税试点政策是对中关村有限合伙制创业投资企业的法人合伙人，给予创业投资企业的所得税优惠政策，即注册在中关村的有限合伙制创业投资企业采取股权投资方式，投资于未上市的中小高新技术企业两年以上，该有限合伙制创业投资企业的法人合伙人，可在有限合伙制创业投资企业持有未上市中小高新技术企业股权满两年的当年，按照该法人合伙人对该未上市企业投资额的70%，抵扣该法人合伙人从该有限合伙创业投资企业分得的应纳税所得额，当年不足抵扣的，可以在以后纳税年度结转抵扣。这项政策的实施有利于引导扩大有限合伙制创业投资企业的资金规模，进一步促进中关村创业投资企业的发展。

中关村技术转让企业所得税试点政策明确将5年以上非独占许可使用权转让纳入技术转让所得税优惠政策试点，即一个纳税年度内技术转让所得不超过500万元的部分免征企业所得税，超过500万元的部分减半征收企业所得税，以解决高校院所和企业将科技成果以“非独占许可使用权”方式转让和投资入股，无法享受技术转让企业所得税优惠政策的问题，进一步加大对技术转让的支持力度。

中关村企业转增股本个人所得税试点政策是对中关村中小高新技术企业以未分配利润、盈余公积、资本公积向个人股东转增股本有关个人所得税，可最长不超过5年分期缴纳，以解决中小高新技术企业向个人股东转增股本可能出现股东所得股份较多、应纳税额较高、一次性纳税困难的问题。

三、多维度的中关村科技金融政策支持体系建设

自2011年以来，中关村以“一个基础、六项机制、十条渠道、六大工

程”为核心，不断建立健全科技金融政策支持体系：一个基础，即企业信用体系建设；六项机制，即信用激励机制、风险补偿机制、以创业投资为核心的投保贷联动的机制、银政企多方合作机制、分阶段连续支持机制、市场选择聚焦重点机制。十条渠道，即天使投资、创业投资、境内外上市、代办股份转让、担保融资、企业债券和信托计划、并购重组、信用贷款、信用保险和贸易融资、小额贷款。六大融资服务工程，即企业信用培育工程、科技担保融资服务工程、信贷专营机构培育工程、科技信贷创新工程、风险补偿机制搭建工程、银企交流公共服务平台建设工程。

针对企业不同发展阶段的融资需求特点，中关村先后出台了多项科技金融支持政策。在创业投资方面，出台了《中关村天使投资和创业投资支持资金管理办法》；科技信贷方面，出台了《中关村“展翼计划”工作方案》、《中关村企业担保融资扶持资金管理办法》等；在融资租赁方面，出台了《中关村融资租赁支持资金管理办法》；在改制上市方面，出台了《中关村支持企业改制上市资助资金管理办法》、《中关村并购支持资金管理办法》；在风险补偿机制方面，出台了《中关村小微企业信贷风险补偿资金管理办法》；在工作机制方面，制定了《中关村百千万科技金融服务平台建设方案》和《中关村科技金融伙伴工程实施方案》；在互联网金融方面，出台了《支持中关村互联网金融产业发展的若干措施》。以上政策在引导金融机构开展科技金融产品创新，服务中小微科技企业方面起到了显著成效，探索形成了促进技术和资本高效对接的工作机制。

四、信用体系建设及补贴政策支持

为了将手中掌握和分配科技金融资金进行有效的配置、管理和运作，中关村管委会出台了各项信息体系建设和补贴政策，不断创新各种融资方式，建立健全园区内科技企业的信用体系，融资规模迅速扩大。一方面，中关村出台了支持担保融资的相关政策，对“瞪羚企业”、留学人员创业企业等，提供担保便利，实行担保费优惠、补贴及贴息；对合作担保机构实行费用补贴。另一方面，中关村安排相应的资金，根据信用等级对园区内的科技企业和银行给予贴息、风险补贴等支持，积极发展信用贷款、知识产权质押贷款、股权质押贷款。此外，中关村还出台了支持设立科技金融信贷专营机构的政策，通过给予企业一定的贴息、对银行和担保机构给予一定的购（建、租）房补贴和风险拨备补贴等优惠措施，积极推动各专营机构在园区内开展创新业务试点。

中关村的信用评级借鉴了国外制度，对企业信用采取动态评定的方式，根据企业每年的经营、财务等状况，进行定量分析，并对企业的主管、所属行业做定性分析。通过定性分析和定量分析的综合，确定企业的还款和盈利能力。中关村征信报告分为3种（参见表8－1）：

表8－1　　中关村征信报告类型与内容

序号	报告类型	报 告 内 容
1	标准征信报告	最简单的信用评级级别，只是简单地审查企业是否正在运营、有没有法律上的违规、企业注册资本金数额等基本信息
2	深度征信报告	属于深度征信报告，较为严格。信用评级机构不但要在网络上核查企业资料，还要实地走访企业，包括评价企业领导人、评价行业发展情况、确定企业具有还款能力等
3	评级报告	最严格，要经过仔细的核查，查看财务审计报告、税务明细等

中关村企业信用星级评定的方法是：初次申报企业信用星级评定的企业，在当年完成一个贷款周期并按期履行还本付息后，可申请获得“信用一星”级别；完成第二个贷款周期并符合相关条件的，可申请增加一个星级，依次递增，最高可获得“信用五星”级别。中关村管委会在实施担保融资、信用贷款、信用保险和贸易融资、小额贷款等政策时，按中国人民银行当期贷款基准利率给予企业一定的利息补贴。一星级企业贷款贴息比例为20%，每增加一个星级，贷款贴息比例增加5%，五星级企业贷款贴息比例最高为40%。

经过多年的发展，中关村在实施企业信用培育工程方面实现了六个方面的创新：一是创建了一个信用工作组织体系；二是制定了一套信用制度；三是开发了一系列信用服务产品；四是培育了一批信用服务机构；五是建立了一套信用信息系统；六是形成了一套信用激励机制。目前，中关村企业信用促进会会员达到4500多家，累计有近万家次企业使用各类信用产品1.8万余份。由于成绩卓著，中关村已被国家发改委誉为全国中小企业信用服务体系建设示范“标间”。

五、税收优惠先行先试政策及其推广

在国务院的总体部署下，财政部、科技部、国家税务总局大力支持中关村国家自主创新示范区的建设工作，先后下发了《财政部、国家税务总局对中关村科技园区建设国家自主创新示范区有关研究开发费用加计扣除试点政策的通知》（财税〔2010〕81号）、《财政部、国家税务总局对中关村科技园区建设国家自主创新示范区有关职工教育经费税前扣除试点政策的通知》（财税〔2010〕82号）、《财政部、国家税务总局关于对中关村科技园区建设国家自主创新示范区有关股权奖励个人所得税试点政策的通知》（财税〔2010〕83号）和《科技部、财政部、国家税务总局关于完善中关村国家自主创新示范区高新技术企业认定管理试点工作的通知》（国科发〔2011〕90号）等四个文件，将示范区先行先试四项税收政策予以明确（详见表8-2）。

表8-2　　　　中关村先行先试四项税收政策内容

序号	主　要　内　容	政策依据
1	自2010年1月1日起至2011年12月31日止，示范区内科技创新创业企业从事规定的研究开发活动，允许实行加计扣除的研究开发费用范围包括符合规定的"五险一金"费用（企业依照国务院有关主管部门或者北京市人民政府规定的范围和标准为在职直接从事研发活动人员缴纳的基本养老保险费、基本医疗保险费、失业保险费、工伤保险费、生育保险费和住房公积金）；专门用于研发活动的仪器、设备的运行维护、维修等费用；不构成固定资产的样品、样机及一般测试手段购置费；新药研制的临床试验费等	《对中关村科技园区建设国家自主创新示范区有关研究开发费用加计扣除试点政策的通知》（财税〔2010〕81号）
2	自2010年1月1日起至2011年12月31日止，对示范区内的科技创新创业企业发生的职工教育经费支出，不超过工资薪金总额8%的部分，准予在计算应纳税所得额时扣除，超过部分，准予在以后纳税年度结转扣除	《财政部、国家税务总局对中关村科技园区建设国家自主创新示范区有关职工教育经费税前扣除试点政策的通知》（财税〔2010〕82号）

续表

序号	主　要　内　容	政策依据
3	对示范区内科技创新创业企业转化科技成果，以股份或出资比例等股权形式给予本企业相关技术人员的奖励，技术人员一次缴纳税款有困难的，经主管税务机关审核，可分期缴纳个人所得税，但最长不得超过5年 在2010年1月1日至2011年12月31日期间经有关部门批准获得股权奖励的技术人员，可享受上述延期纳税的优惠	《财政部、国家税务总局对中关村科技园区建设国家自主创新示范区有关股权奖励个人所得税试点政策的通知》（财税〔2010〕83号）
4	自2010年1月1日起至2011年12月31日止，对中关村示范区内高新技术企业认定条件上进行调整：一是对于示范区内注册满半年不足一年的企业可以参加认定；二是对核心自主知识产权的范畴进行了扩充，增加了反映创新成果的“国家新药、国家一级中药保护品种、经审（鉴）定的国家级农作物品种、国防专利、技术秘密”，并对技术秘密的概念进行了解释，等等。对符合战略性新兴产业及研发费占比达到10%的企业，允许以技术秘密作为知识产权申报	《科技部、财政部、国家税务总局关于完善中关村国家自主创新示范区高新技术企业认定管理试点工作的通知》（国科发火〔2011〕90号）

2013年8月，科技部、财政部和国家税务总局联合发布通知，将中关村示范区高新技术企业认定管理试点工作期限延长3年。此前不久，研发费用加计扣除等3项支持科技企业创新创业的税收政策也获延期，并推广到东湖、张江国家自主创新示范区和合芜蚌自主创新综合试验区试点。2014年12月3日，国务院总理李克强主持召开国务院常务会议，部署在更大范围推广中关村试点政策、加快推进国家自主创新示范区建设，并决定把6项中关村先行先试政策推向全国。包括加快落实先期已确定推广的科研项目经费管理改革、非上市中小企业通过股份转让代办系统进行股权融资、扩大税前加计扣除的研发费用范围3项政策，以及此次将推开的股权和分红激励、职工教育经费税前扣除、科技成果使用处置和收益管理改革等3项政策。同时，还决定在所有国家自主创新示范区、合芜蚌自主创新综合试验区和绵阳科技城，推广实施4项先行先试政策，包括：一是给予技术人员和管理人员的股权奖励可在5年内分期缴纳个人所得税；二是有限合伙制创投

企业投资于未上市中小高新技术企业2年以上的，可享受企业所得税优惠；三是对5年以上非独占许可使用权转让，参照技术转让给予所得税减免优惠；四是对中小高新技术企业向个人股东转增股本应缴纳的个人所得税，允许在5年内分期缴纳。同时，围绕鼓励引进海外高层次人才、拓宽科技企业融资渠道、支持设立适应科技企业特点和需求的保税仓库等，研究推动在中关村开展新的政策试点。2015年10月，两大类政策（即研发费用加计扣除、非上市中小企业通过股份转让代办系统进行股权融资等政策和所得税试点政策）由国家自主创新示范区推向全国，成为“普惠”政策，将成为新的利好，为“大众创业、万众创新”注入新的动力和活力。

六、中关村大数据金融服务平台建设

（一）中关村大数据交易产业联盟成立

2014年2月20日，中关村大数据交易产业联盟成立暨中关村数海大数据交易平台启动仪式在京召开。中关村大数据交易产业联盟，是在中关村管委会指导下，由工信部电信研究院、中关村互联网金融协会等60余家单位机构参与组建的国内首个面向数据交易的产业组织。联盟将以推动数据资源开放、流通、应用为主旨，努力构建中关村乃至全国大数据流通、开发、应用的完整产业链。

中关村大数据交易产业联盟主要工作：

1. 建立大数据交易规范。联盟将根据相关法律法规，细化交易过程中的隐私保护、数据安全保护等方面要求，建立一套安全、可信、公平、透明的大数据交易规则体系。

2. 制定大数据交易标准。联盟将与标准化组织合作，加快制定大数据分类、文件格式、传输协议、访问API等技术标准，推动标准实施，破除数据流通的技术障碍。

3. 研究建立大数据定价机制。联盟将以交易实践为依托，研究制定大数据资源定价参考体系，探索建立大数据价格指数。

4. 推动大数据生态系统构建。联盟将为中关村数海大数据交易平台建设提供紧密支撑，推动建立大数据交易平台、应用平台和众筹平台三位一体的产业生态系统。

5. 发挥桥梁作用。联盟将积极与国家相关部门和全国性行业组织保持密切沟通，搭建政府与企业、地方与中央的桥梁，将中关村数海大数据交易平台成功经验向全国推广。

（二）中关村大数据金融服务平台成立

2014 年 6 月 19 日，中关村大数据交易产业联盟专家顾问委员会成立暨中关村大数据金融服务平台签约仪式在京举行，意味着中关村大数据金融服务平台正式成立，进一步完善了自身的科技金融政策支持体系，为企业提供多源数据融合、风险控制体系、信用评级、互联网金融系统、信贷业务等服务。

同时，《中关村数海大数据交易平台规则》（征求意见稿）也正式发布，这是中国发布的首个行业规范。从保护交易当事人的合法权益和社会公众利益出发，遵守公开、公平、公正和诚实信用的交易原则，规范交易市场内的一切交易活动，从交易平台、交易主体、交易对象三个方面规范交易市场行为，对在线数据交易、离线数据交易、托管数据交易等三种数据交易模式进行规范。大数据交易平台通过开放的 API 数据录入、检索、调用，为政府机构、科研单位、企业乃至个人提供数据交易和使用的场所。在确保数据不涉及个人隐私、不危害国家安全，同时获得数据所有方授权的情况下，为数据所有者提供大数据变现的渠道。目前，大数据交易平台已整合京东、新浪、天翼等开放 API 数据千余条，收录国外 API 数据达数千项，并计划为国家部委及北京市等政府机构提供数据开放等服务。

平台自 2014 年 2 月底启动以来，已产生 85 笔交易，交易额达 112 万元。虽然成立时间不长，但中关村大数据金融交易平台的建设单位北京数海科技有限公司已经与北京银行中关村分行签订了战略合作协议，迄今为止已经获得了累计 20 亿元的综合授信。此外，平台还与新时代证券公司签署了全面战略协议，共同探讨数据资产证券化等相关业务。目前，中关村大数据和移动互联网产业的收入规模已超过 5000 亿元，约占中关村总收入的六分之一。到 2016 年，中关村大数据带动的产业规模将超过 1 万亿元。

第三节 深圳市科技金融结合试点发展概况

2014年6月，深圳建设国家自主创新示范区获批，成为我国首个以城市为基本单元的国家自主创新示范区，总面积达397平方公里，涵盖了深圳市10个行政区和新区的产业用地，相当于近35个深圳高新区，超过原深圳经济特区面积，可以说是再造了一个“科技特区”。

一、政府牵头构建科技金融政策法规体系

“科技金融”一词是深圳科技局于1993年首次提出，意在通过科技与金融相结合，推动当地高新技术发展。2012年，深圳对两年前大部制改革而诞生的科工贸信委进行了再次改革，重新设立了独立的科技主管部门——科技创新委，加挂深圳高新区管委会的牌子。同年3月，国家启动科技和金融结合试点工作；4月，深圳成立了由金融、科技、财政、税务等10多个部门组成的科技和金融结合试点领导小组，领导小组办公室就设在科技创新委；6月，深圳科技金融服务中心在科技创新委挂牌。由此，深圳形成了促进科技金融结合工作的三级工作架构：深圳市促进科技和金融结合试点工作领导小组→领导小组办公室（深圳市科技创新委员会）→深圳市科技金融服务中心（深圳高新区服务中心），为科技金融结合工作提供了组织保障。深圳市科技金融服务中心，由深圳高新区服务中心加挂深圳市科技金融服务中心牌子，承担深圳市科技金融服务中心的职责任务。目的是为了进一步发挥该中心的资源优势和成功经验，为科技金融创新探索新的道路，也标志着科技金融结合试点工作向纵深开展，向全市铺开。2012年12月，在深圳市科技创新委员会的指导和支持下，深圳市科技金融服务中心牵头成立了“深圳市科技金融联盟”。目前，联盟成员200多家，分别来自银行、交易所、证券、创投、小额贷款、担保、保险和高科技企业。

在政府的牵头组织下，深圳充分发挥金融业发达的优势，不断加大金融对科技创新的支持力度，形成了包括银行信贷、证券市场、创业投资、

担保资金和政府创投引导基金等覆盖创新全链条的金融服务体系，并相继出台了相关促进政策。2012 年 4 月，深圳出台了《深圳市关于改善金融服务支持实体经济发展的若干意见》，着重解决实体产业企业融资难、融资贵问题，创新科技研发资金的管理办法，进一步发挥金融对实体经济发展的支持和服务作用，加强经济发展方式转变和产业转型升级，在国内引起强烈反响。随后，深圳还出台了《关于促进科技和金融结合的若干措施》，旨在推进科技和金融结合融资平台建设，探索科技资源与金融资源对接的新机制。同时，深圳开展充分调研，基本摸清了全市科技金融服务情况，制定了《深圳市促进科技和金融结合试点工作三年行动计划》。在此基础上，深圳大力实施自主创新主导战略，制定出台了国家创新型城市建设的“1 + 4”文件，实施全国首部国家创新型城市发展总体规划，率先发布促进科技创新的地方性法规，出台了加强自主创新“33 条”政策措施、努力建设国家自主示范区实现创新驱动发展的“1 + 10”文件、引进高层次人才政策等系列文件。2014 年 6 月获批国家自主创新示范区之后，深圳还将享受国务院支持中关村科技园区先行先试的各项政策及其配套措施，如中央级事业单位科技成果处置权和收益权改革试点、税收优惠试点、股权激励试点、科研经费分配管理改革试点、建设全国场外交易市场试点、高新技术企业认定试点等。

2015 年 7 月份《深圳国家自主创新示范区建设实施方案》正式出台，提出了增强自主创新能力、打造创新型产业集群、优化综合创新生态体系等六大主要任务共 109 条措施。提出了建设目标：到 2020 年，深圳率先形成符合创新驱动发展的体制机制，建成一批具有国际先进水平的重大科技基础设施，掌握一批事关国家竞争力的核心技术，推动建立一批产业标准联盟，聚集一批具有世界水平的科学家和研究团队，拥有一批世界知名的科研机构、高等院校和骨干企业，科技支撑引领经济社会发展能力大幅提升。在增强自主创新能力方面，《方案》提出支持龙头企业创新转型，加大前沿技术研发力度，建立高水平研发中心，参与国家重大科技专项，牵头组织实施国家、省、市重大科技项目，积极争取承担国家级创新载体建设任务。支持中小微企业创新，引导龙头企业生产、技术、服务外包，带动一批产业链上下游企业创新发展；支持创客发展，组织实施促进创客发展的若干措施和行动计划。支持中央企业、知名跨国公司和民营骨干企业在

深设立科研机构，与深圳本土企业开展产业共性技术、关键核心技术协同创新，促进产业化应用开发的新突破。发展技术市场，健全技术转移机制，加大培育技术转移服务机构力度，支持国际技术转移机构落户深圳，吸引高端项目和技术转移人才向深圳流动，支持国家技术转移南方中心建设。实施科技创新券制度，支持创新主体向企业、高等院校、科研机构、科技服务机构以及创客服务机构购买科技服务，创造良好的创新环境，促进创新创业等。

2015 年 6 月出台了《关于印发促进创客发展若干措施（试行）》，设立了 2 亿元规模的创客专项资金，3 亿元规模的创客母基金，从创客载体、服务、人才和项目等层面对创客活动予以支持，着力降低创新创业的门槛，吸引全球创客汇集深圳。

与此同时，深圳也积极推进国家自主创新示范区条例的出台，2016 年 6 月发布了《深圳经济特区国家自主创新示范区条例（草案）》，拟将有关优惠政策纳入，通过立法形式对优惠政策予以确定。

二、创新投入方式，面向市场打造科技金融服务平台

（一）以财政“小资金”撬动社会“大资本”

改革科研管理体制、研发资金投入方式，引入市场力量和市场机制，建立了无偿与有偿并行，事前与事后结合，覆盖产业链、创新链全过程的多元化投入机制：组织银政企合作贴息、科技保险、科技金融服务体系建设、天使投资引导和股权投资五类项目的实施，促进科技与金融的深度融合，全面撬动银行、保险、证券、创投等资本市场各种要素资源投向科技创新。目前银政企合作贴息项目已撬动了银行 23 亿元专项贷款投向科研领域。

（二）以普惠性政策提高全社会的创新积极性

出台《深圳市科技创新券实施办法》，将科技计划覆盖到创客个人，既满足中小微企业和创客个人购买科技服务的资金和技术需求，又确保财政资金的高效、合理使用，进一步完善产学研资介紧密合作的创新机制，共

同推动科技创新和成果转化。

（三）努力搭建十大科技金融服务平台

十大科技金融服务平台是：（1）科技金融高端人才服务平台。加快引进海内外熟悉和掌握科技、产业和金融知识的团队和高端人才，为科技金融结合工作提供人力资源。（2）科技金融培训咨询服务平台。与专业机构合作开展促进科技与金融结合的培训和咨询服务。（3）科技金融企业孵化服务平台。鼓励和支持各专业孵化器建设科技金融企业孵化器，通过提供虚拟注册、公共秘书服务、投资机构介入等手段，帮助微型高科技企业成长。（4）知识产权服务平台。聚集知识产权战略咨询、信息检索、分析服务、专利代理、版权登记、举报投诉、涉外维权、司法鉴定、知识产权评估及交易等机构，积极开展知识产权质押融资业务等一站式服务。（5）国际技术转移服务平台。充分发挥深圳国际科技商务平台、高新区国际孵化器和创投广场等技术转移机构的资源优势，通过科技金融结合促进国际技术转移。（6）科技金融创新服务平台。积极探索支持科技创新的融资方式，鼓励设立科技型产业引导基金、天使投资基金和科技小额贷款公司，创新金融为科技和产业服务手段。（7）信用体系服务平台。与人民银行征信中心，深圳企业信用中心和深圳鹏元个人征信中心合作组建全方位信用信息咨询窗口。（8）项目产品信息交流平台。与深圳高新区高新产品网等合作，搭建科技和金融项目产品信息交流平台，减小推介成本，拓展合作机会。（9）投贷联动服务平台。鼓励和帮助银行与风投机构交流和联动，多方筹资，解决科技型中小微企业融资需求。（10）科技金融中介机构服务平台。聚集评估、会计、律师事务所及担保、保险、信用、专利服务等中介机构开展科技金融专业中介服务。

（四）积极布局多层次的创新载体

为增强自主创新能力，深圳市近年来积极布局多层次的创新载体。一是建设了一批开放式的重大科技设施、创新载体和服务平台。目前，国家、省、市级重点实验室、工程实验室、工程（技术）研究中心和企业技术中心等创新载体累计超过1200家，覆盖了国民经济社会发展主要领域。二是积极规划建设未来网络实验室、超材料工业技术、下一代高速大容量光传

输技术、高通量基因测序及组学技术等国家级创新载体。三是着力构建差异化服务的孵化培育体系，实施创客空间、创业苗圃、孵化器、加速器、科技园区相结合的大孵化器战略，形成全过程、全要素的孵化培育生态链。

三、各类主体创新科技金融产品服务

从政府层面而言，深圳鼓励金融机构积极创新科技信贷模式，为科技企业发展解决融资难问题；牵头组建深圳新产业技术产权交易所，陆续开发出中国智能资产指数、中美知识产权200指数等具有创新意义的科技金融产品；成立政府科技扶助基金，加速科技成果产业化日；成立中小企业信用再担保中心，为深圳市担保行业发展提供支持与动力。同时，各类金融机构不断创新各类金融产品和服务。银行类金融机构发挥间接融资主渠道作用，重点开发适宜科技型企业发展规律、满足不同类科技型企业融资需求的服务模式和业务品种。例如，平安银行深圳分行制定了《平安银行专利权质押贷款产品管理办法》、《平安银行商标权质押贷款产品管理办法》和《平安银行版权质押贷款产品管理办法》，对有关权利的价值评估、质押率和资金用途等进行细致界定；开发银行深圳市分行通过聘请汽车、机械等行业专家实地走访比亚迪新能源汽车项目，并出具专家意见书，借用外脑辅助银行信贷决策。此外，在科技金融专业银行建设方面，金融机构与科技部门计划开展科技金融合作模式创新试点，探索设立前海科技银行等各种创新型金融机构，成立专门从事科技金融服务的科技支行。

随着科技金融的深度发展，科技保险及服务模式创新成为深圳保险机构的重点突破方向：（1）创新科技保险产品。保险机构为高新技术企业开发知识产权保险、首台（套）产品保险、产品研发责任险、关键研发设备险、成果转化险等创新保险产品。（2）支持保险机构与银行、小额贷款公司等合作开发知识产权质押贷款保险、信用贷款保险、企业债保险、小额贷款保证保险等为高新技术企业融资服务的新险种。（3）完善科技保险风险分担机制。畅通政府、保险机构、企业之间的信息共享渠道，支持保险机构、银行、再保险机构和担保机构等共同参与科技保险新产品风险管理工作。

担保与信托机构也在深圳科技金融政策支持体系中起着非常重要的作

用。为提高融资性担保机构的融资担保能力，深圳支持担保机构创新担保方式，开展担保转期权、担保转股权等新业务，推动担保与创业投资结合，实现担保对初创期、成长期高新技术企业的全面覆盖。为发展企业信托融资，深圳支持信托机构探索发行面向社会投资人的高新技术企业信托金融产品，促进民间资本支持高新技术企业发展。

此外，深圳的创业风险投资和私募股权投资机构也快速发展。全国首家科技金融孵化器——深圳弈投孵化器自2015年以来分别在广东省东莞市、东莞市常平镇、广州市、惠州市，江苏省镇江市以及加拿大温哥华等地搭建起国际孵化网络，实现全网同步运营。其中，其在东莞市和东莞市常平镇的孵化机构已于2015年12月落地运营。2015年，弈投孵化器已孵化428家深圳当地高新技术企业、128个海外孵化项目、25家“新三板”挂牌企业，65家股权融资成功企业，债权融资达3亿多元。深圳市未来将通过孵化载体服务能力的提升，进一步完善科技金融服务体系，深入推进深圳国家自主创新示范区建设。

四、双创服务支撑，不断完善创新创业生态

2016年以来，深圳市已经资助建设各类创客空间和服务平台72个，资助力度达9100万元，创客创新、创业空间平台体系已初具规模。

一是设立了包括创客空间、创客实践室和创客服务平台在内的多项支持创客发展的项目，引导构建一批低成本、便利化、开放式、多层次的创客空间，为创客集聚和活动开展提供空间、服务以及人才等全方位的支撑，满足不同层次领域创新创业团队的空间需求。二是设立了个人创客项目，支持创客、创客团队在深圳发展，建立创客自由探索支持机制，对符合条件的创客个人、创客团队项目予以资助。三是打造创客活动品牌，为创客创新创业提供文化支撑。2015年6月18日至22日举办了首届深圳国际创客周，围绕“创客深圳（MAKER @ SHENZHEN)”主题，展示创客发展成果，共有26.7万人参加了的各项活动，来自35个国家和地区的60余家创客机构携带精品在创客周亮相。2015年10月19日至23日举办全国大众创业、万众创新活动周深圳分会场系列活动，通过展会、主题论坛、项目路演和创客大赛等多种形式，展示创意创业成果，交流草根创业经验，对接

创客项目，激发大众创新创业热情，有近 13 万人参加了各项活动。2015 年 12 月 18 日举办了“发现双创之星”大型主题系列活动走进广东（深圳），引起了全社会对创新创业的广泛关注。

第四节　江苏省科技金融结合试点发展概况

江苏省作为科教大省，创新资源丰富，创新活力较强，创新驱动战略下发展科技金融，提升金融对科技的支撑作用将有助于加快江苏省经济转型的步伐，提升江苏省企业自主创新能力。当前江苏省在发展创新型经济的战略中采取了加快推进科技与金融相结合的战术，初步形成了具有一定规模，多元化、多层次的立体式科技金融创新体系。

一、财政科技投入持续增加

江苏省财政科技投入逐步增加，资源配置方式不断创新，在积极地财政投入下，社会资源不断涌入到科技创新领域，科技筹集经费总额中非政府投入逐年增长，特别是大中型企业的研发投入占比逐年增加。根据国家统计局数据，2015 年江苏省研发经费超过 1000 亿元，投入强度超过全国平均水平，创新活动企业位居前列。

在科技成果转化方面，江苏省在科技成果转化环节投入力度逐年增加、投入方式不断创新，初步建立了“以企业为主体，市场为导向、产学研相结合的技术创新体系”和与之相适应的投入体系与机制。在政府的积极推动下，江苏省高技术产业化进程加快，产业规模出现爆发式增长。2015 年 1—9 月江苏全省高新技术产业实现产值 45102.45 亿元，比上年同期增长 7.92%。

二、创新科技信贷产品和服务

江苏省在引导银行资金扶持孵化期和成长期企业方面积极创新引导机制，发挥银行资金在支持中小科技企业中的顶梁柱作用，积极为中小科技企业排忧解难。

（一）建立科技贷款增长奖励机制

江苏省出台了《江苏省银行贷款增长风险补偿奖励基金管理办法》，规定省财政按科技贷款新增额的1%核定风险补贴资金。江苏省政府累计对省内国家开发银行、中国银行、中国农业银行、中国建设银行、中国工商银行和江苏农村信用合作社等12家科技金融合作银行发放补贴近2亿元，累计引导科技贷款近400亿元。

（二）完善风险补偿机制，化解银行贷款风险

江苏各地均在积极探索能够有效吸引银行信贷资金的风险补偿机制，推出了“苏科贷”。“苏科贷”全称为江苏省科技成果转化风险补偿专项资金贷款，是由省、地科技部门联合商业银行以低息贷款的方式支持科技型中小微企业发展的一种政策性贷款，重点解决科技型小微企业首贷难题。

“苏科贷”的支持对象为江苏省科技金融风险补偿资金备选企业库库内企业。贷款额度分为两种：上年营业收入5000万元以下企业，首次贷款额度一般在300万元以内，后续贷款额度一般不超过500万元，贷款期限1年；上年营业收入5000万元至4亿元企业，贷款额度不限，贷款期限1年。贷款特点：一是利率低，上年营业收入5000万元以下企业，执行人民银行公布的同期基准利率，上年营业收入5000万元至4亿元企业，基准利率上浮不超过20%；二是门槛低，上年营业收入5000万元以下企业，只需有自主知识产权即可，无需提供其他担保。目前“苏科贷”的合作银行有：江苏银行、中国农业银行、中国银行、招商银行、上海浦东发展银行、南京银行、建设银行、交通银行。截至2015年底，已设立江苏省财政风险补偿专项资金6.5亿元，带动全省60余个市、县（区）设立地方风险补偿专项资金近6.6亿元，累计支持3186家科技型中小企业，发放贷款总额198.79亿元。

（三）开展知识产权融资，拓展融资渠道

知识产权质押融资是一个涉及面广、环节多、需要多方支持与合作的创新金融业务，也是一项新的科技服务。推行知识产权质押融资，能够把

政府对科技型中小企业的直接资助转变为间接地帮助企业从市场获得资金，从而收到转变政府职能、放大财政资金效能、激活中小企业融资市场“一箭三雕”的功效。

三、健全科技保险，拓宽中小科技企业融资渠道

目前作为江苏省科技保险试点地区的苏州和无锡两市，正在开办或准备开办的险种有：高新技术企业产品研发责任险、关键研发设备保险、营业中断保险、出口信用保险、财产保险、产品责任险、产品质量保证险、雇主责任保险、环境污染保险、专利保险、小额贷款保证保险和项目投资损失保险。近3年来，苏州市共有16家企业投保，总保费收入850万元，赔付总额315万元；无锡市累计实现高科技保险收入1313万元，在国内各科技保险创新试点城市中仅次于北京，名列全国第二。

为深入推进科技和金融结合试点省建设，大力发展科技保险，引导保险机构支持科技型中小微企业创新发展，《江苏省科技保险风险补偿专项资金实施细则》自2016年1月1日起施行。

四、投贷联动的试点

投贷联动，探索的是在风投和贷款之外，为科技型企业的成长再铺一条新路。江苏作为促进科技金融试点省份，南京银行、江苏银行等江苏省地区银行已经开展投贷联动业务，积累了经验。

（一）南京银行的试点

在全国范围内，南京银行首开银行股权投资先河，探索服务科技型企业的新金融模式。南京银行旗下机构成立股权公司，由股权公司作为投资方，银行作为贷款方，联合起来放贷。2015年12月10日，南京银行正式推出了“小股权+大债权”模式，为8家科技型小企业提供投贷联动综合金融服务方案。南京银行向杭州一家科技企业发放了第一笔投贷联动业务，投资23万元，配套贷款500万元，目前该公司贷款余额已经达到3000万元，销售额突破8000万元。南京银行所占股权比例并不大，一般在2%至

5%，最高不超5%，对科技型企业来说可谓是“背靠大树好乘凉”。支持科技型企业，银行也尝到了甜头。数据显示，自2011年力推科技金融以来，南京银行科技贷款余额近100亿元，培育了1000多户初创期、成长期科技创新企业。更重要的是，不良率远低于抵押类企业贷款。截至目前，南京银行已经与40家科技型小企业签订了投贷联动业务，带动了6亿元信贷投放。

（二）江苏银行的试点

在小微金融、科技金融领域特色优势明显的江苏银行已对投贷联动业务探索多年，创新推出投融贷业务后，有效解决了中小企业融资难问题；合作设立PE基金，专项贷款超过350亿元，培育上市或新三板挂牌科技型中小企业近300家。同时，江苏银行再度试水投贷联动新模式，发起设立投贷联动合作联盟，提供更加便捷的一站式融资新体验。

江苏银行于2015年推出首款投贷联动产品——投融贷，针对科技型中小企业，投融贷能够提供低成本、低门槛的贷款及股权融资的专业化组合融资服务。目前，江苏银行已同毅达资本、深创投、赛伯乐投资集团等多家创投机构开展合作，该项业务在无锡、苏州、常州、南通、淮安等地形成了较好的市场影响和口碑。

与此同时，江苏银行充分发挥自身的理财资金优势，与江苏省高投、金茂资本等多家国内知名创投机构，在南京、无锡、苏州、常州、杭州等地合作设立投贷联动股权投资基金10只，参与设立规模超过30亿元，覆盖新材料、生物医药、影视动漫等多个新兴产业领域。

2016年1月，江苏银行发起成立投贷联动合作联盟，联合国内十多家合作机构，共同打造“1+N+3”开放式创新创业生态圈，为中小企业尤其是科技型中小企业提供一站式、多功能、覆盖全生命周期的金融服务。在“1+N+3”模式中，“1”代表一家银行，江苏银行将充分利用自身在资金、客户群体、机构覆盖、境内外资源、专业技术、大数据等方面的优势，为联盟的可持续运转创造条件；“N”代表若干知名优秀创投机构，借助知名创投机构在各细分领域中的优势资源与专业能力，帮助科技创新企业改善股权结构、优化公司治理；“3”代表券商、会计师事务所、律师事务所三类中介机构，借助这些机构的专业优势，扫清科技型中小企业发展过程

中的障碍。

江苏银行牵头发起投贷联动合作联盟，是贯彻“十三五”创新发展理念、落实监管部门要求、服务支持“大众创业、万众创新”的又一重要举措，也是江苏银行“融联创”金融品牌的再一次精彩亮相。

据悉，江苏银行投贷联动合作联盟将打造“百千万工程”，争取到2020年，将联盟合作单位扩大至100家，培育上市或新三板挂牌企业1000家，服务科技型中小企业超过10000家。

五、创业投资助推创新创业成效显著

自2006年江苏省启动创业投资企业备案管理工作以来，当年备案创业投资企业21家。随着政策面推动和多层次资本市场的完善，江苏省创业投资企业呈倍增态势，2007年和2008年备案创业投资企业连续翻番。2009年，虽然面临金融危机的不利影响，江苏省备案创业投资企业仍然继续保持快速增长态势，总数已达到121家。2010年，伴随着江苏省加大培育六大战略性新兴产业，江苏省涌现出众多技术创新、模式创新，并且具有成长潜力的新兴企业，从而成为创业投资的热点地区，当年备案创业投资机构达到183家。至2015年，备案创业投资机构达到321家。与创业投资企业数量持续增长相对应，江苏省创业投资企业的资产规模也迅速增加。根据《江苏省创业投资行业发展报告2015》显示，江苏全省备案创业投资企业发展主要呈现以下特点：

（一）组织形式不断改善

从备案创业投资企业的组织形式来看，2014年末，公司制创业投资企业数量占74.84%，资产规模占86.07%；合伙制创业投资企业数量占22.61%，资产规模占12.22%。虽然公司制创业投资企业仍占据主要地位，但是合伙制创业投资企业的占比在逐年增加，其数量占比由2011年的9.09%上升至2014年的22.61%，创业投资企业组织形式呈现多样化趋势。

（二）投资结构不断优化

2010—2014年，江苏全省创业投资企业投资案例数呈上升态势，但对单个创业企业的投资强度呈下降趋势。江苏省创业投资企业的投资方式以普通股为主，但优先股等投资方式逐步兴起。在投资领域方面，创业投资企业更倾向于投资软件产业、网络产业、节能环保、医药保健等新兴产业，有力推动了江苏省产业结构的优化升级。

（三）投资退出不断理性

截至 2014 年底，江苏全省创业投资企业累计实现股本退出案例 779 个，其中持股 2—4 年的股本退出案例数占比最高，达到 41.03%，持股不足 1 年与持股 1—2 年的股本退出案例数占比总体呈逐年下降趋势。这表明经过多年的投资经验积累和财税政策引导，江苏省的创业投资企业更倾向于从事中长期投资，通过为企业提供增值服务，提高投资溢价。

（四）投资贡献不断显现

2014 年末，江苏全省备案创业投资企业所投资的企业提供就业岗位 54.37 万人，比 2013 年增加 3.68 万人，同比增长 7%；备案创业投资企业所投资的企业研发投入合计 306.39 亿元，比 2013 年增加 54.25 亿元，同比增长约 22%；备案创业投资企业所投资企业的工业与服务业增加值为 4396.12 亿元，比 2013 年增加 503.85 亿元，同比增长约 13%；备案创业投资企业所投资的企业缴纳税金 229.81 亿元，比 2013 年增加 18.96 亿元，同比增长约 9%。创业投资在推动经济稳定增长、增强企业自主创新能力、培养税源等方面发挥了重要作用。

经过多年的培育，江苏省创业投资行业呈现良性循环的发展态势，有力推动了江苏省创新成果产业化和经济转型升级的步伐。江苏省发改委将进一步完善创业投资企业备案管理工作机制，努力放大省级创业投资引导基金的杠杆效应，积极贯彻落实创业投资财税扶持政策。

六、资本市场融资逐渐增强

随着我国多层次资本市场的建立，为中小科技企业创新提供了有利的资金支撑。江苏省各地为提高科技企业上市的积极性，鼓励优质企业积极通过资本市场融资解决其在研发、生产等环节的资金问题，均出台了一系

列政策和资金扶持计划，对企业上市过程中不同阶段给予奖励支持，推动企业改制，加大对培育优质上市资源的支持力度。

全国中小企业股份转让系统（新三板）挂牌公司持续扩容，截至2016年8月10日江苏省挂牌企业已达1034家。以截至2016年7月31日的数据来看，苏州、无锡、南京的“新三板”挂牌公司居全省前三，分别为348家、166家、152家，常州以88家列第四。按行业看，软件与信息技术服务业的公司占全省挂牌公司总数的19%。7月，江苏省“新三板”挂牌公司比上月新增29家，其中软件与信息技术服务业新增12家。

尽管2016年6月底“新三板”分层后市场曾出现一段时间“低潮期”，但近期挂牌再次提速。不过，挂牌热情虽有所回升，成交却连续低迷，最近几周以来，“新三板”单周成交金额均在30亿元以下。江苏省信息产业协同创新联盟分析认为，很多“新三板”挂牌公司的研发强度明显高于全社会平均水平，一些公司业绩增长迅速，但并没有在股价上得以体现，市场反应与其创新性与高增长性形成较大反差。原因之一在于，执行分层制度后，大量处于基础层的公司因信息不对称，其价值比较难被发现。

七、专业化科技金融服务平台不断发展完善

江苏省在促进科技与金融结合过程中，通过更新管理理念、创新服务模式、搭建专业化的科技金融投融资服务平台，有效促进了科技资源与金融资源有机耦合。

（一）江苏省科技金融信息服务平台建设

江苏省科技金融信息服务平台，围绕省委、省政府关于创新型省份建设的总体部署，面向全省科技型企业和金融机构、创投机构，集成科技企业、科技项目、科技人才、科技园区、科技平台、科技政策等优质资源，促进金融、创投以及社会资本与科技型企业有效对接，形成围绕政府科技投入、吸引金融信贷和鼓励创投跟进投入的多元化、多层次、多渠道的科技金融投融资体系，为加快培育战略性新兴产业，推动江苏创新发展和经济转型升级提供有力支撑。按照省科技厅的统一部署，根据科技金融服务的特点和流程，“平台”着力构建科技信息服务系统、金融信息服务系统、对

接交易服务系统。根据科技金融业务特点和流程，平台将主要实现以下四个服务功能：

1. 信息服务功能。重点实现企业融资需求、创投机构投资需求、银行等金融机构科技信贷产品各类基础数据采集、信息处理与集中展示。

2. 对接服务功能。重点针对平台各类投融资主体需求，开展需求分析与评价、商业策划与包装、项目宣传与推介等撮合服务。

3. 交易服务功能。侧重完善、延伸各项对接服务内容，开展股权融资、银行借贷、知识产权质押贷款、新药成果转让以及技术合同登记等各类交易服务。

4. 支持服务功能。重点实现各类信息的统计分析，为平台良性运行提供决策参考。

此外，通过科技企业数据库的建设，集成江苏全省各类科技计划资源，有效采集和发布满足金融、创投机构等需求的科技项目和科技企业信息，为科技型企业搭建高效融资通道。同时积极延伸各项对接服务，开展知识产权质押贷款、股权融资、新药成果转让、技术合同登记、技术产权交易等各类交易服务；开展需求分析与评价、商业策划与包装、项目宣传与推介等增值服务。

（二）江苏省科技创新服务联盟成立

2016 年 8 月，江苏省科技创新服务联盟成立大会在南京召开。该联盟旨在打造科技服务业改革“试验田”，搭建集技术转移、科技金融、人才引进、战略咨询、知识产权、创业孵化等于一体的综合性科技服务平台。

江苏省科技创新服务联盟采用“5 + N”的模式，由江苏省生产力促进中心、省科技情报研究所、省高新技术创业服务中心、国家知识产权局专利局南京代办处、省专利信息服务中心五家机构共同发起，联合南京大学、江苏高科技投资集团等 92 家单位共同组成。

江苏省科技创新服务联盟将构建网络化、专业化、规模化技术转移服务体系，建立政府指导、市场推动、内部结算的全新机制，面向产业、聚焦企业，集成各类科技服务资源，助力江苏省创新创业再上新台阶。成立大会上，发布了《江苏省科技创新服务联盟服务产品包》，为企业创新创业送出“科技红包”。

第五节　浙江省科技金融结合试点发展概况

2011年以来，浙江省杭州市、温州市、湖州市和宁波高新区（以下简称“杭温湖甬”）作为首批国家级促进科技和金融结合试点地区，在科技金融结合试点上取得了积极成效。

一、创新财政投入方式

浙江省科技、财政部门探索了引导基金、投资补助、风险补偿、费用补助、资本金注入等多种财政资金使用方式，出台了《浙江省省级科技型中小企业扶持和科技发展专项资金管理办法》，专项预算每年达3亿元。“杭温湖甬”四市创新使用“拨改贷”、“拨改投”、“拨改保”等方式，支持科技金融发展。

（一）深化财政科技经费管理改革，壮大创业投资规模

创业风险投资是科技金融结合的代表，浙江省通过政府设立并按市场化模式动作，引导社会资金进入创业投资领域，起到“四两拨千斤”的效果，形成了财政资金引导放大机制。浙江各级科技、财政部门设立的创投、天使引导基金超过25亿元。省创投引导基金于2009年成立，目前规模7.5亿元，引导各类社会资本放大投资达30倍。2014年浙江全省共有8个地区设立1.09亿元创业投资引导基金，35个地区设立2.72亿元银行信贷补偿、补助资金，为全省666家中小科技企业提供信贷资金21.68亿元。

（二）建立风险补偿补助，完善融资风险分担机制

浙江省各地通过开展建立风险基金池、贷款保证保险等工作，建立企业融资风险分担机制，促进银行扩大对科技企业的信贷规模。如江山市政府与企业共同设立风险基金，贷款银行按风险基金10倍以上对科技型中小企业发放贷款，2014年已有30家企业获得贷款3000多万元。浙江省2012

年起开展科技小企业贷款保证保险工作，省财政、银行、保险公司分别按30%、50%、20%承担科技企业贷款利息，财政按贷款本金1%分别补贴贷款利息和保费。目前已累计向188家科技型中小企业放贷4.4亿元。

（三）完善政策性担保，降低企业融资门槛

融资性担保是增加科技型小微企业信用的有效途径，引导了金融机构加大对科技小微企业的融资支持。如杭州市2011年由杭州高科担保有限公司、县（市、区）科技局共同设立联合天使担保资金，以3倍以上放大为科技型初创企业提供融资担保，已累计投入1.2亿元，服务客户905家（次）。宁波市江东区用历年专项结余和财政资金设立融资担保风险专项资金，用于科技中小企业的融资担保和企业短期信贷转贷支持，已累计发放54笔转贷资金，金额达1.48亿元。

二、创新科技信贷模式，拓宽间接融资渠道

（一）组建科技信贷专营机构

科技信贷专营机构是商业银行成立的专门为科技中小企业提供融资服务的借贷中心或支行，解决了科技中小企业融资过程中的许多问题。截至2014年12月末，杭州、温州、嘉兴、湖州、绍兴、金华、台州、丽水等8个地市设立了29家科技信贷专营支行，并对专营支行实行单独的考核激励政策。截至2014年末，浙江科技型企业贷款余额1630亿元，较年初增加140亿元，同比增长9.4%，高于各项贷款平均增速0.21个百分点。其中，对科技型中小企业贷款余额1066亿元，较年初增加78亿元。

其中，杭州银行借鉴美国硅谷银行经验，专业从事科技金融业务，对科技中小企业实行单独的客户准入机制、单独的信贷审批机制，单独的风险容忍政策、单独的业务协同政策和单独专项拨备政策等“五个单独”的差别化监管政策，建立绿色授信审批通道，已累计向791家企业发放贷款130.63亿元，其中科技企业贷款余额和客户数保持在93%以上。

随着“新三板”市场的扩容，各家商业银行也纷纷对挂牌股转系统的中小微企业伸出橄榄枝，提供多样金融服务。杭州银行已推出针对“新三

板”挂牌企业的股权质押贷款业务和过桥贷款等多项针对性业务，以缓解挂牌企业在挂牌初期的现金紧张问题，在政策法规允许的框架内开展全方位、多层次、宽领域的金融业务合作，实现资源和优势互补。

（二）推动专利权质押贷款

为进一步推动专利权质押融资工作向纵深发展，加快实现专利权的市场价值，不断促进知识产权资源向生产要素转化，有效推动科技与金融深度结合，人行杭州中心联合浙江省知识产权局出台《浙江省专利权质押贷款管理办法》，2015 年 1 月，又发布了《关于进一步推进专利权质押融资工作发展的若干意见》。

“杭温湖甬”四市通过引进专利权评估机构、建立贷款贴息制度、创新“银行 + 专利权质押 + 担保公司”融资模式，扩大专利权质押贷款覆盖面。例如，湖州市建立完善专利权质押贷款、专利保险业务等企业需求项目库，探索建立“政产学研金保介用”深度融合的专利投融资服务体系，加大对专利质押贷款的宣传力度，对切实需要资金支持的好的科技型企业进行排摸，建立知识产权质押融资需求动态调查机制。在全市范围内开展企业专利权质押融资培训。增设专利权质押登记业务网上办理绿色通道，建立“县（区）初审—平台提交”的快捷高效的办事模式，缩短企业业务办理时间，提升业务办理质量和效率，自 2014 年 7 月开通以来到 2015 年底，累计完成专利权质押登记申请业务办理 48 笔，累计质押总金额 7.44 亿元。自 2010 年以来，湖州市累计获得专利权质押贷款的企业 214 家，贷款项目 257 笔，贷款金额 12.98 亿元，累计获得浙江省专利权质押融资试点专项补助经费 1386.25 万元。截至 2014 年 9 月，浙江省全省专利权质押贷款余额达 6.3 亿元，居全国前列。

（三）进一步拓宽技术创新的间接融资渠道

浙江金融机构众多，市场配置资源能力较强，推进科技企业投融资体系建设具有较好的基础。浙江采取多方举措，引导银行扩大信贷支持力度。

浙江银行业根据科技型企业“轻资产、高增长”特点，采取“多方合作、风险共担、互利共赢”的措施，加强与各地政府部门、科技园区、担保公司合作推出“风险池基金”、“孵化贷”模式，与保险公司合作开展

"科技型中小企业专项贷款保证保险"业务，与创投机构合作开展"银投联贷"以及能够分享科技型中小企业成长收益的"认股选择权贷款"业务。

浙江省金融办制定了国家、省级高新区设立科技小额贷款公司的相关办法，在科技企业集中的区域设立信贷机构，提高融资担保能力。开展专利权质押等担保方式创新，省科技厅、省知识产权局、人保财险联合制定了《关于开展专利保险试点工作的指导意见》，嘉兴成为国家首批专利保险试点城市。同时浙江省科技厅会同人保财险、太平洋财险、工行、中行、中信银行、浦发银行、杭州银行联合开展科技型中小企业贷款保证保险，浙江省财政累计安排3800万元专项资金，按贷款本金1%分别补贴贷款利息和保费，并承担30%的贷款损失，已累计向188家科技型中小企业放贷4.4亿元。浙江银监局不断推动科技型中小企业信贷专营机构建设，浙江保监局争取设立法人制科技保险公司，浙江证监局多次组织开展科技企业和"新三板"对接活动，引导科技企业开展多种形式的融资，帮助解决融资难问题。

三、强化资本市场对技术创新的支持，拓宽直接融资渠道

（一）设立创新板，为科技企业挂牌提供了新的渠道

资本市场可以有效地对科技企业无形资产进行市场定价，并在此基础上实现资源有效配置。浙江充分发挥多层次资本市场的作用，省科技厅、省金融办联合发布了《关于推动科技型企业到浙江股权交易中心挂牌的通知》，专设创新板，鼓励未经股改的有限责任公司挂牌，满足初创期科技企业提升品牌、规范管理等方面的需求，为企业引进投资、并购等融资活动提供平台。目前浙江股权交易中心创新板企业达1368家。

（二）支持科技企业发债

人民银行杭州中心支行积极推动科技企业发行短期融资券、中期票据、中小企业集合票据等债务融资工具，拓宽直接融资渠道。浙江省共有40多家高新技术企业累计在银行间债券市场发行短期融资券、中期票据、中小企业集合票据等债务融资工具354亿元。杭州、温州、湖州已分别设立了1

亿元的中小企业直接债务融资发展基金用于“区域集优”项目。到 2014 年第三季度，杭州市累计以债权融资的方式服务地方中小科技企业 450 家，融资规模 38.02 亿元。

（三）支持发展创业风险投资，创新发展天使投资

如前所述，首先由政府设立创业投资引导基金：如杭州市 2008 年设立创投引导基金，截止到 2014 年底财政累计调入 10 亿元，带动风险投资 23.8 亿元，进而又带动社会资本投资和银行贷款近 50 亿元，放大近 8 倍；2012 年，宁波市出台《关于加快天使投资发展的若干意见》，设立 5 亿元的天使投资引导基金，截止到 2014 年底，投资 58 家企业，投资金额 5235.5 万元，并引导 5.61 亿元社会资本投入创新型初创企业，放大 10 倍。浙江省科技厅还委托省创投协会发起设立了浙江省天使投资专委会，目前已集聚了天使湾、浙报传媒梦工场等 200 多名省内外天使投资人。

（四）“新三板”挂牌企业不断增长

飞速发展的“新三板”市场为中小企业转型发展提供了动力。浙江小微企业数量多，一直以来小微企业对资本市场的介入程度相对要弱，随着“创业板”和“新三板”的推出，大大便利了小微企业加入资本市场。“新三板”作为区域性股权交易市场重点对接的一个市场，在向注册制发展的过程当中，可以起到承上启下的作用；同时浙江创新创业基因很强，因而会出现许多新兴业态，具有包容性的“新三板”能大量吸收非传统业态的创业公司。截至 2015 年 11 月底，除了杭州有 86 家“新三板”挂牌企业以外，宁波和湖州分别为 37 家和 25 家，紧随其后的是台州、绍兴，分别有 21 家和 20 家。

四、积极探索新型民营科技金融服务模式

借鉴已有经验，结合浙江省科技金融发展特点，特别是浙江省民营小微企业占主体、互联网金融在电子商务方面的蓬勃发展这两大特点，以及科技企业普遍轻资产，抵押担保难，传统金融渠道融资困难，在科技金融结合发展路径上，除了加强传统金融对于科技型企业融资的力度，完善相

关信用评估体系，加强风险控制及监管，创新科技保险产品之外，选择新型民营科技金融服务模式是最贴合浙江省实际的。具体主要包括信息平台模式和电商信贷模式。

信息平台模式由网络公司搭建信息平台，服务资金供给方（个人、银行及其他金融机构等）与资金需求方（个人和企业），其中典型的是 P2P 借贷和众筹两种模式。P2P 主要针对个人对个人的借贷金融交易，随着利率市场化、银行脱媒以及民间借贷的发展呈爆发态势，但由于信息不对称、监管法规缺失等风险问题也是实际运行过程中一大挑战。众筹主要为大众筹资，发起人利用互联网和社交网站等方式发布筹资项目向公众募集资金，用产品、股权等形式作为对投资者的回报。

电商信贷模式则主要由拥有海量数据的电子商务企业，依据大数据收集和分析，挖掘客户交易、消费和信用等信息，批量发放小额贷款，浙江省内典型代表即阿里金融及蚂蚁金服。例如阿里金融以订单作为抵押物的订单贷款和以信用为抵押的信用贷款等。

五、加强科技金融服务体系建设

（一）中新力合科技金融服务公司的成立与发展

以杭州高新区——滨江为例，2011 年设立杭州创业服务中心，3 年来，集聚了多家国内外知名投资、担保及科技中介机构。2011 年 10 月，专注于科技型企业的综合金融服务平台——中新力合科技金融服务公司宣布成立。该公司注册资本达 3 亿元，其 16 家股东除中新力合是唯一民营机构外，其余都来自浙江省主要市县财政、国资部门，具有强大的政府背景。该服务平台拥有强大的科技企业资源和市场资源支撑。而中新力合作为浙江省最大的专业从事中小企业融资服务的金融机构，也已积累了雄厚的中小企业客户基础和专业的金融运作经验。

组建中新力合科技金融服务公司的目的在于引导和促进金融机构、投资机构等各类资本进行金融服务创新，促进科技创新链条和金融资本链条的有机结合。近年来浙江省在直接融资方面发展非常快，包括天使投资、创业投资、股权投资以及后续的上市融资或者向资本市场发债等，接下来

的关键是如何解决好科技型中小企业融资存在的高风险、轻资产以及信息不对称问题。而通过建立综合金融服务平台并实行企业化运作，引入银行、创投、担保、保险以及专利、律师、会计师事务所等机构，形成科技和金融资源的聚集效应，可以大大提高金融机构运行效率，为科技企业提供更好的服务。与此同时，浙江省财政已联手保险公司、银行共同创立了总额1亿元的中小企业履约保证保险，而面对科技企业的信贷专营机构科技小额贷款公司也已启动实施。

（二）杭州高新区创业金融服务联合会成立

为促进高新技术企业更好地融入资本市场，运用资本的力量提升高新企业的经营能力、盈利能力以及市场竞争力。2014年7月10日，浙江首家非营利科技金融服务平台——杭州高新区创业金融服务联合会（简称联合会），在社会各界的支持下在滨江区正式成立。联合会将联合银行、券商、会计师事务所等不同投资机构的合作，为不同阶段的高新技术企业提供融资服务，使用不同的金融工具，采取不同融资方式，提供相应的服务安排。如通过银投合作，探索解决高科技企业贷款风险补偿机制，发挥投资机构的专业判断能力，解决高新技术企业信贷市场上的信息不对称问题。为了有针对性地开展服务，中心还建立了动态、覆盖全区的科技型中小企业数据库，经初审，首批入选的企业近2000家。

（三）促进科技金融“双对接”进入新常态

“双对接”（对接科技、对接金融）就是通过政府搭建平台帮助民企对接国内乃至国际科技与金融资源。浙江杭州高新区（滨江）科技金融服务中心和深交所开展战略合作，在区内设立一个上市路演中心，并搭建全国第二个金融信息平台，主要从事金融信息的收集、舆情监测、中小企业金融信息等；同时搭建一套视频系统，方便企业上市后和深交所实时沟通；并建立创新创业培训基地，专门为上市企业做培训。在2014年11月召开的“2014民企活动日暨现代技术现代金融双对接展示活动”标志着浙江民企科技金融“双对接”进入新常态。

目前，浙江省已经探索了多样化的复合型对接模式，也产生了一批成功对接的样本，如阿里巴巴网络经济“双对接”、康恩贝高端并购“双对接”、永康传统县域经济“双对接”、西奥电梯现代技术“双对接”……成为浙江省民企“双对接”工程十大样本。相关部门负责人也指出，下一步要拓展对接通道，不要流于形式、浮于表面，进一步要探索企业与园区、开发区、集聚区等对接模式。此外，对接服务平台也要创新，不能只是依靠行政力量，并且要提高“双对接”的精准度，依托现代信息技术解决对接双方信息不对称的问题。同时企业要注重资本的力量，善于运用现代金融工具，让科技与金融深度融合。

在浙江，各类线上线下的科技企业和金融资本对接平台发展十分迅速。浙江省火炬生产力促进中心承办的全国创新创业大赛，不仅吸引了优秀科技企业参加，大赛还组织了省内外创投机构、上市公司、银行和券商到场，开展投融资对接活动，2013 年和 2014 年两年的参赛企业中有 70 家企业获得 6.3 亿元风险投资，106 家企业获得 6.5 亿元银行贷款。浙江省火炬生产力促进中心的线上平台“创业定制”、B 座 12 楼、搜钱网、5050 等各类平台发展也十分迅速。在 2014 年的浙江网上技术市场活动周期间，浙江在国内首次尝试以拍卖科技型初创企业股权的形式实现科技与金融结合，7 家企业成功融资，融资金额达 1800 万元。

第六节　武汉市科技金融结合试点发展概况

2015 年 7 月 22 日，经国务院同意，中国人民银行等九部委印发了《武汉城市圈科技金融改革创新专项方案》（以下简称《专项方案》），武汉城市圈成为全国首个科技金融改革创新试验区。湖北省政府随即出台《省人民政府关于武汉城市圈科技金融改革创新的实施意见》（以下简称《实施意见》），加快推进改革创新政策的落地。武汉市积极贯彻落实国家《专项方案》和湖北省《实施意见》，研究形成了《武汉市人民政府关于贯彻落实〈武汉城市圈科技金融改革创新专项方案〉的实施方案（讨论稿）》，突出创新和融合两项重点，扎实做好《专项方案》赋予的科技改革创新的各项先行先试政策的落地工作，加快形成武汉城市圈科技金融服务体系，促进金融更好地服务创新驱动发展战略。

一、促进科技与金融融合发展

（一）创新建立科技投融资体系

一是持续深化财政科技投入方式改革，引导和带动社会资本参与科技创新，进一步扩大科技金融资金规模。2015 年，武汉全市财政科技金融投入总量由上年的 9553 万元增加到 13468.98 万元，增长 40.99%。其中，科技创业投资引导基金 10850 万元、高新技术产业化贷款贴息 2000 万元、科技保险费补贴 618.98 万元。自 2013 年设立武汉科技金融专项资金以来，财政资金投入逐年增加，累计达到 2.9 亿元，引导、带动和资金放大作用有效发挥。截至年末，武汉科技创业投资引导基金总规模达 47.6 亿元，引导社会创投机构共发起设立子基金 44 只，子基金总规模 60.8 亿元，子基金共投资 176 家企业，投资额达 16.3 亿元；战略性新兴产业发展引导基金总规模超过 60 亿元，已发展 40 多只子基金。全市汇聚 700 多家创投机构，资本规模 1000 亿多元。全市各区均设立了科技金融专项资金，成立科技投资专营机构，搭建科技金融服务平台，积极探索创新财政科技资金使用模式，建立了科技项目遴选机制、运行服务机制、信息共享机制、实施监管机制、风险共担机制以及政府激励机制等科技金融新机制。

二是积极打造科技金融创新创业服务平台。建立完善科技型企业融资需求信息库、科技金融服务机构信息库、科技人才库、科技型企业信息库等数据平台，为科技型中小企业提供投融资、知识产权交易、科技咨询、政策支撑等系统性、综合性的便捷服务。武汉金融超市、武汉科技金融创新俱乐部、“光谷青桐汇”等平台通过整合银行、创投、担保、小额贷款公司等资源，为企业提供融资诊断、帮扶、对接等“一站式”服务，有效满足了区域科技型企业投融资服务需求。

三是充分发挥科技园区、孵化器、产业技术联盟和行业协会的作用，加快建立服务功能完善的全市性科技金融服务体系。

（二）发挥东湖国家自主创新示范区资本聚集区的带动作用，打造东湖科技金融特区

一是引导金融资本要素向东湖高新区聚集，吸引银行、证券、保险、

股权投资等各类金融机构1000多家入驻，东湖资本大厦汇聚12家要素交易市场、100余家国内外知名投融资机构和金融配套机构，为科技型企业成长、科技成果转化提供一站式、多层次的投融资服务。二是完善基础服务体系建设，开展科技型小企业信用评价评级工作，建立健全科技创新的信用增进机制，对参与信用融资的企业、金融机构给予财政补助，通过财政资金增信提升企业融资能力，东湖高新区已形成政策体系、服务体系健全，产品创新系统化的科技金融特区雏形。

二、加快完善科技金融组织体系

（一）推动各类科技金融组织发展

一是加快推进以科技金融为服务方向和特色的武汉众邦银行的申设工作，目前各项筹备工作基本完成，已进入银监会第二批民营银行试点审核范围，力争于2016年开业。二是进一步丰富金融业态，适应科技型企业多元化、多层次的金融需求。年内湖北金融租赁公司、湖北消费金融公司、湖北省交投集团财务公司在武汉开业；积极支持以东湖示范区为主体设立高新技术企业财务公司。三是鼓励发展科技金融专营机构，进一步完善科技型企业融资服务体系。截至年末，武汉全市共有科技金融专营银行机构21家（科技分行3家，科技支行18家），网点超过120个；科技担保公司2家，科技小额贷款公司5家。

（二）发展新型科技金融服务机构

出台一系列探索设立新型互联网金融机构、支持武汉本地互联网第三方支付平台建设的新措施，推动互联网金融迅速成长。2015年11月，全国首家由大型保险企业发起成立的互联网保险公司——泰康在线财产保险股份有限公司在汉开业，并与武汉市政府和武汉大学合作打造武汉第一家实体化的互联网金融研发实践平台。截至年末，武汉已聚集各类互联网金融企业近百家，在中部地区保持领先地位，互联网金融创新动力强劲。

（三）提升科技金融资源配置能力

积极规划建设“汉正街国际金融中心区”，以武汉中央商务区——建设大道综合金融聚集区、武昌华中金融城总部金融聚集区为核心的“两核”金融聚集区以及由东湖高新区科技金融、金融后台、金融要素市场整合而成的“大光谷金融资本谷”，进一步完善金融资源配置和综合服务功能。

三、深化科技金融产品和服务创新

（一）探索投贷联动和银保联动模式

一是推动建立科技信贷风险分担机制，支持投贷联动试点。引导银行机构与证券机构及 VC、PE、天使投资机构合作，为科技型企业提供现金管理、支付结算、债券发行、并购重组、上市辅导等一揽子金融服务。汉口银行与君联资本、弘毅投资、湖北省高新技术产业投资有限公司等风投机构合作创新“先投后贷、先贷后投、即投即贷”等投贷联动模式，2015 年通过投贷联动累计为 118 家企业（包括 74 家科技型中小企业）引入股权投资资金超过 20 亿元。

二是积极推广科技贷款保证保险创新业务，通过建立“第三方信用评级 + 银行贷款 + 保证保险 + 政府补贴”的科技贷款风险分担新机制，实现保险业务与信贷业务有机融合。武汉全市科技型企业贷款保证保险试点银行由 5 家增加到 9 家，贷款企业数量、贷款金额稳步增长。截至 2015 年年末，全市科技保证保险贷款累计发放 4.9 亿元，惠及科技型企业 213 家，贷款余额 2.4 亿元，发放综合补贴 700 万元。

（二）促进科技信贷产品创新

一是通过加强指导引导、搭建平台、完善激励机制等，推动科技型企业应收账款抵押贷款业务发展，扩大动产、知识产权、股权、订单、仓单、保单等质押和“纳税信用贷”、“萌芽贷”等贷款规模。武汉全市信贷产品种类数量一年内翻了一番，达到 80 余种，科技信贷占比与科技金融服务覆盖率明显提升。截至 2015 年年末，全市科技型企业贷款余额 1467.87 亿元，增长4.78%。二是大力推进法人金融机构科技金融创新。汉口银行专设科技金融服务中心提供专业化的科技金融服务，全年新增科技型企业客户72户，投放科技型企业信贷215亿元，创新推出的“三板通”、“萌芽贷”等金融产品获得“全国十佳金融产品创新奖”。武汉农村商业银行授予其科技金融服务中心单独信贷规模6亿元，2015年年末科技型企业贷款余额75.69亿元，当年累计发放60.45亿元，创新推出“知本贷”、“创业贷”、“科技融”等产品，向科技型企业发放质押贷款，“富业贷”中小企业成长计划系列产品被评为“最佳中小企业金融产品创新奖”。

（三）推动科技金融服务模式创新

一是加大财政引导，充分发挥信贷风险准备金的作用。搭建科技型企业统贷平台，设立武汉市科技型中小企业信贷风险专项资金，对科技投融资服务平台为科技型中小企业贷款提供统贷统还服务所产生的损失进行补偿，推动银行机构加大对科技型中小企业的贷款。该专项资金先后与国家开发银行湖北分行、汉口银行、民生银行武汉分行等金融机构搭建了科技型企业贷款的风险共担机制，依托武汉科技投资有限公司、武汉科技担保公司搭建了科技型企业贷款平台。截至2015年年末，统贷平台累计为56家次科技型企业提供专项贷款10.2亿元，担保平台累计为1000余家科技型企业提供担保贷款73亿元。其中，统贷平台当年新增贷款5笔，新增贷款额5450万元；担保平台新增担保贷款8亿元。累计安排6926万元贷款贴息资金，累计支持企业248家次，受惠企业贷款额达58亿元。当年为106家科技型企业22亿元的科技贷款给予2000万元的利息补贴。专利权质押贷款贴息累计支持125家企业，贴息资金1034万元。二是改善科技金融信贷管理体制，进一步优化监管激励约束机制。对科技型企业贷款规模实行定向宽松，对科技金融市场准入实行“绿色通道”，对科技金融业务实行单独的风险计提标准、不良考核标准和创新容错（尽职免责）机制。三是持续创新科技金融模式。引导银行机构充分发挥渠道整合优势，与券商、创投机构、担保公司、租赁公司、保险公司、武汉金交所等广泛合作，为科技型企业提供包括股权融资、债权融资、资产管理、咨询顾问等在内的全方位科技金融服务，初步形成较为完整的科技金融产业链。

（四）争取外汇管理政策先行先试

一是推进跨国公司外汇资金集中运营试点扩容，各试点企业融资成本大幅降低，资金运用效率明显提高，业务取得长足发展。二是开展科技型企业从境外融入人民币资金试点，在示范区内组织符合条件的科技型企业开展境外人民币贷款，并积极争取发行人民币债券业务，试点成功后，在武汉城市圈推广。

（五）推动互联网金融发展

鼓励金融机构运用互联网、大数据、云计算等新技术整合行业资源，构建公共云服务平台，为创业、创新提供多元化金融服务。支持互联网企业发起或参与第三方支付、移动支付、网络信贷、电商金融、众筹融资等机构和基于大数据的金融服务平台。拟设立总规模不少于10亿元的互联网金融产业发展引导基金，重点扶持初创期、成长期的互联网金融企业，启动中部互联网支付中心、互联网金融产品创新实验室等的筹建工作。

四、拓宽科技创新融资渠道

（一）推动科技型企业上市和再融资

一是大力实施“科技型中小企业成长路线图”计划，推动科技型企业上市融资。建立政府的政策导向与专业机构服务相结合的新模式，通过委托专业服务机构实地调研，筛选出重点“路线图”计划企业进行培育。年内盛天网络实现首发上市，募集资金5.43亿元。二是推动上市公司并购重组，实现产业整合和升级，提升科技创新能力。2015年武汉有6家上市公司完成重大资产重组，涉及金额50.78亿元。

（二）建设科技资本聚集区

一是积极引进和设立公募基金管理公司，大力发展各类私募基金管理公司。二是发挥政府引导基金作用，引导私募股权投资和各类风险投资基金聚集。2015 年，武汉东湖示范区新增风险投资、股权投资类机构 233 家，总数达 529 家，资本总量达 373 亿元。三是以多种方式鼓励和引导创投、风投、私募股权投资基金投向“新三板”和“四板”市场挂牌企业。武汉股权托管交易中心与深交所合作，开创挂牌企业“路演”模式，搭建挂牌企业与境内外各类投资机构的展示、交流、对接平台，年内已开展三场“路演”活动，所有参与的挂牌企业均获得投资机构关注，多家企业获得投资意向并实现股权质押融资 1.09 亿元。四是鼓励和引导符合条件的科技型企业发行公司债、集合债券、集合票据、区域集优票据、非金融企业短期融资券和私募债。武汉股权托管交易中心自 2015 年 5 月起开展企业私募债的备案、登记业务，年末共完成备案私募债券 12 只共计 21.5 亿元。五是探索符合条件的高新技术企业发行高收益债券融资，进一步拓宽科技型企业的融资渠道。六是引导武汉私募股权基金与国家新兴产业创投基金、科技型中小企业创投引导基金、国家科技成果转化引导基金等深度合作，争取国家资本加大对武汉科技型企业的投资力度。

（三）建设中介服务机构聚集区

支持外资和民营资本在东湖示范区发起设立证券公司，力争首批获得全国小微证券公司试点。支持长江证券和天风证券设立基金公司，支持在武汉城市圈设立证券和期货公司分支机构。大力发展会计师事务所、律师事务所、信用评级机构、资产评估机构等中介机构，推动建立一批集评估、咨询、法律、财务、融资、培训等多种功能于一体的科技金融服务中心。

（四）建设高端服务功能聚集区

一是支持在武汉城市圈设立股权众筹、大数据、云计算等中介服务平台。年内在东湖示范区新成立的武汉东湖大数据交易中心的两大数据交易平台正式上线，为科技型企业提供数据交易、数据评估、数据定价和数据金融等综合服务，并将开展融资、贷款、典当、理财等数据金融创新业务；长江众筹交易所通过网站和移动终端提供股权、债券、知识产权、产品、项目众筹；众创空间交易所首创创新创业要素综合性网上平台，汇聚创业主体、投融资机构、中介机构等，覆盖项目、信息、产品等全创业链的服

务。二是积极规划建设私募股权基金产业园区和基金小镇，形成私募股权投资行业的聚集区。三是组建面向中外股权投资基金及管理企业的服务平台，支持外资股权投资基金在武汉发展，促进东湖示范区在打造跨境金融业务方面先行先试。

五、发展科技金融市场

（一）规范发展资本要素市场

探索开展区域性要素市场准入门槛、参与主体资格、交易产品和交易方式的创新。一是探索武汉股权托管交易中心实施做市商制度，有效提升其股权交易融资功能。二是支持武汉金融资产交易所开展信托产品、私募债的登记交易。三是支持合格发起人在武汉建立区域性票据市场，支持发起设立各类要素市场。四是鼓励证券期货经营机构参与武汉区域性要素市场建设。

（二）建立知识产权交易流转市场

一是进一步完善知识产权交易流转制度，规范知识产权交易行为。二是加快知识产权评估服务体系建设，建立评估机构认证制度，提高服务质量。三是加快设立知识产权信贷风险补偿基金，加快发展知识产权融资担保和保险业务。四是完善知识产权质押物交易的相关规则，规范交易行为。探索建立知识产权质物处置平台，推动相关交易机构通过转让、实施许可、出资入股等形式进行质物处置。五是探索备案发行知识产权专项债券和信托产品。六是鼓励金融机构先行开展知识产权资产证券化试点，发行知识产权集合债券，探索专利许可收益权质押融资等创新模式。截至年末，全市知识产权质押贷款余额 7.99 亿元，当年累放 7.17 亿元。

（三）创新发展排放权交易市场

支持引入境外合格投资者参与湖北碳排放权交易，探索建立新型碳排放权交易模式。支持湖北碳排放权交易中心开展碳排放权质押贷款试点，探索发行碳资产债券和信托产品。争取全国性碳排放权交易市场在武汉设

立运营机构。研究制定污染物排放总量初始权有偿分配和排放权交易制度。2015 年，湖北碳排放权交易中心促成海峡两岸首笔自愿碳交易，累计引进省外、境外资金 3.7 亿元；吸引全国首个碳信托基金入市，探索发行碳资产债券和信托产品；发布全国首个中国核证自愿减排量（CCER）众筹项目和促成国内首个竹子造林项目备案。

六、推动科技保险发展

2015 年，武汉市政府与湖北保监局加快推进武汉保险示范区建设，建立政、银、保共担风险的合作机制，为科技型企业提供更全面的风险保障，初步形成科技金融发展新模式。积极创造条件争取设立法人科技保险公司、产业保险公司和保险专业中介机构，支持在东湖示范区设立科技保险专营机构。探索设立服务科技保险发展的综合性保险中介服务集团。鼓励设立再保险公司，建设区域性再保险中心。2015 年，武汉保险示范区建设在完善多层次社会保障体系、发挥风险管理功能、提高灾害救助参与度、创新科技保险服务等方面先行先试，截至年末，累计有 595 家科技型企业购买科技保险，保额 842 亿元，缴纳保费 1.37 亿元，获得市财政保费补贴 3506 万元，累计获赔 6618 万元。全市中小高新技术企业出口信用保险专属统保平台累计支持 202 家中小高新技术企业实现出口 25.96 亿元，累计帮助 30 余家企业获得银行融资 1.5 亿元，支付赔款 15.62 万元，使用该产品的中小企业平均出口年度增幅达 15.8%。此外，推动首台（套）重大技术装备保险的发展，落实险种补贴政策，湖北省首台（套）重大技术装备保险补偿机制试点首单在武汉签发。

积极扩大小额贷款保证保险、贷款担保责任保险和内外贸信用保险规模，探索发展债券信用保险。鼓励保险机构开展专利执行保险、侵犯专利权责任保险、知识产权质押融资保险、知识产权综合责任保险等业务。大力创新内贸和出口信用保险，提高在武汉城市圈小微企业的覆盖面。开展信用保险保单融资。支持保险机构参与科技项目、科技型企业、高新技术产业开发区投资。2015 年，全市累计签发科技保险保单 330 笔，实现签单保费 2974.13 万元，累计为 259 家科技型企业提供风险保障 196.82 亿元。全年安排科技保险保费补贴 618.98 万元，为 76 家企业 1642 万元的保费给

予补贴，保额达82亿元。

七、优化科技金融生态环境

（一）打造金融生态示范区

一是加快建立促进科技创新的信用增进机制、科技担保和再担保体系，探索设立由政府出资控股的集信用评级与担保为一体的金融综合服务平台。鼓励成立企业信用促进会等促进科技型企业增信的社会组织。2015年，东湖企业信用促进会平台从东湖高新区拓展到武汉市全域，已建立覆盖2.8万户企业的信用信息数据库，完成企业信用评价或评级结果6000余份，帮助企业获得信用贷款129亿元。二是推动开展小微科技型企业信用评级试点，鼓励与信用状况挂钩的信贷产品创新机制。支持进行信用服务产品创新。推进社会信用服务机构征信系统与省信用信息公共服务平台共享信息。研究制定武汉科技型企业划型标准，建立针对科技型企业特征的信用评价方法和指标体系。三是探索开展科技信贷政策导向效果专项评估，建立武汉市科技型企业库并不断充实库内企业数量。年末库内科技型企业已达到7400余户，金融支持科技型企业发展的精准性和精细化水平进一步提高。

（二）完善风险管控机制

建立科技金融改革创新风险防范机制，健全地方金融风险预警体系。高度关注创新金融产品、新兴服务模式和跨机构、跨市场、跨领域金融产品与业务的潜在金融风险，切实做好风险监测、评估和预警工作。建立金融业综合统计制度，强化金融信息管理、实时监控系统和资金监测，防范系统性和区域性金融风险。严厉打击金融传销、非法集资、内幕交易、地下钱庄、非法证券期货交易等非法金融活动。

第七节　其他省市科技金融结合试点发展概况

一、重庆市科技金融结合试点发展概况

（一）搭建企业融资平台

为营造适合企业发展的金融环境，重庆高新区以政府资金为引导，积极建设科技型及优质成长型中小微企业融资平台，全方位整合银行、担保、保险和创投等资源，集科技金融网络平台、金融产品服务、金融中介服务、信用评价等多项服务功能于一体，及时对接和解决区内科技型中小微企业和创新创业企业不同发展阶段的融资需求。

自 2012 年底成立以来，重庆高新区科技型及优质成长型中小微企业融资平台在重庆市率先开展“助保贷”业务，并与多家银行合作推出相关金融产品。2015 年，该平台引进国内首家主营科技融资租赁业务的华科公司，并成功吸引其全国总部落户重庆高新区，构建起以“普惠金融为基础、个性化量身定制为重点”的科技金融体系。与此同时，重庆高新区根据发展需要，及时修订《科技型及优质成长型中小企业融资平台管理办法》，进一步扩大融资范围，简化审批流程，降低企业贷款门槛。

2016 年，重庆高新区创新服务中心联合银行、保险、评估等多个行业相关机构，牵头筹建了重庆市知识产权质押融资服务平台，旨在简化知识产权质押融资流程，推进专利保险试点，推出了“科技智慧贷”，进一步缓解中小微企业融资难题。

与此同时，重庆高新区大力拓宽融资渠道，新开发“银政通”、“租赁通”等贷款产品，为企业量身定制个性化综合金融服务。目前，共引导和帮助园区 11 家企业成功挂牌“新三板”。

（二）完善股权投资链

为了更好地助推大众创业、万众创新，重庆高新区从种子基金、天使

基金、知识产权投资基金等现代创新金融服务产品入手，充分发挥财政资金的杠杆作用，深化科技金融服务的广度和深度，花大力气建设和完善股权投资链，以吸引和撬动更多优秀的社会资本、创新资源进入区内的优势产业、优秀项目。

2015 年以来，重庆高新区创新服务中心与重庆市创业种子投资引导基金共同出资成立的创业种子投资基金，已作为重庆市先行先试的“样板”全面推出。种子基金首期规模 5000 万元，由重庆育成发展有限公司负责具体运营，主要以公益参股、免息信用贷款等两种方式支持落户的创业团队和成立不超过 3 年的种子期创新型小微企业。其中，公益参股单笔投资将不超过 20 万元、免息贷款单笔金额不超过 30 万元，有力地助推了重庆高新区科技型中小企业加快产业化和转型升级发展步伐。

创新创业的高速发展离不开天使投资、风险投资等各类股权投资产品的扶持。重庆高新区在天使投资、风险投资方面重点发力，引导社会资本投资区内重点行业、创新型企业。据重庆高新区创新服务中心负责人介绍，目前重庆高新区天使投资基金、知识产权投资基金正在加紧筹建中，将在运作中强化引导基金的杠杆放大作用，以股权方式支持企业创新创业，进一步提高财政资金的使用效率、进一步降低科技金融的服务成本。

（三）构建多层次投融资体系

近年来，随着金融科技生态的飞速发展，经济转型、创新创业正促使科技金融服务体系从间接融资为主向直接融资为主转型。为了抢抓历史机遇，重庆高新区适时而动，“守正出奇”，积极整合各方资源合力打造科技金融服务中心。重庆高新区紧紧围绕创新创业和科技型中小企业这个服务对象主体，守住金融风险，围绕用户价值进行创新，积极探索构建多层次创新创业投融资服务体系，全力打造“双创”生态高地和金融科技产业融合创新基地。

从表面上看，成立科技金融服务中心是重庆高新区不断延长金融链条，完善“双创”投融资体系的必然结果，其背后则是重庆高新区持之以恒破解科技型企业和创新创业项目融资难、融资贵，用市场化手段和创新思维优化整体金融环境的转型升级之作：一个以政府投入为引导、企业投入为主体、社会资本投入为补充的多层次、多元化的创新创业投融资体系已经呼之欲出。

“这将大幅提升园区企业直接融资规模质量，提高区域资产证券化率水平，实现企业短期融资和产业长期发展相结合，促进重庆高新区的创新创业和经济转型升级，同时为建设国家自主创新示范区增添强劲动力。”重庆高新区创新服务中心相关负责人表示。

（四）科融通——重庆科技金融公众服务平台的建设

科融通是由重庆高技术创业中心、重庆技术交易所主办，重庆科融汇通网络有限公司运营的重庆科技金融公众服务平台。科融通立足重庆，致力于为重庆创业者提供从科技咨询、融资信息到项目报道、接洽资本等一系列服务。科融通是一家专注产业趋势、创业创新报道，关注新产品、新公司、新模式的专业科技媒体，也是一个为创业者提供创业指导，融资对接服务的金融平台。目前科融通产品线包括：

1. 科融通资讯平台。截至目前，科融通已报道了数千个创新创业项目，积累了大量优质的创业项目和创业者资源。科融通坚持做最新、最准确、最深度的科技报道，利用媒体触角接触大量的创业投资信息，再通过整合产业链需求，在创业指导、服务培训、融资对接等方面为创业者提供服务。

2. 科融通融资服务平台。科融通一直致力于为创业者提供免费的融资指导和对接服务。让投资人接触到更有价值、更优秀的项目，让创业者得到及时有效的投资，是我们的使命。为此，我们搜集了国内外专注于不同领域的数千家投资机构信息，和国内大量的创业项目信息，并将其有机组合起来。科融通愿意成为科技和金融两大元素的桥梁，为其打造一个共通、共融的平台。

二、成都高新区科技金融结合试点发展概况

（一）基本发展思路

成都高新区的科技金融工作，核心理念就是科技创新驱动金融创新，而不是两轮驱动并重。我们认为科技在前面，产业在前面，实体经济在前面，所以是科技创新来驱动金融创新。金融很重要，金融是现代经济的核

心，是用金融的服务来提速产业发展。

成都高新区构建了五大体系：建立一个机制解决人财物的问题，有专门的机构，专门的人，专门的钱来保障这个工作可以加快推进；构建科技金融体系，根据服务对象匹配金融产品；搭建一个科技金融平台，整合企业和金融的资源；提供科技金融的软硬环境，例如信用和培训；构建科技金融的产业体系，把金融资源聚集起来，为实体经济服务。

（二）“盈创动力”综合性科技金融服务平台

成都高新区在推进科技与金融试点地区建设过程中，成功探索和打造了“盈创动力”综合性科技金融服务平台，有效引导和推动金融资源向科技产业聚集。

打造“盈创动力”平台的初衷是考虑用一栋楼把各类金融机构和金融中介机构“装”进去，为企业提供一揽子专业化金融服务。为此，成都高新区建设了面积总计超过6万平方米的盈创动力大厦，并已吸引50余家国内外知名金融服务机构入驻。在拥有物理空间基础上，“盈创动力”积极延伸至网络空间，即以“天府之星”数据库为核心构建网络化投融资服务平台。已与近200家金融服务机构建立起合作关系，收录上万户企业信息，构建起债权融资服务、股权投资服务、增值服务三大专业服务体系。

“盈创动力”模式实质上是一种政府引导、民间资金参与、市场化运作的科技金融服务模式。成都高新区科技金融结合工作分别经历了起步期、发展期、提升期、深化期等几个阶段，政府从直接参与到逐渐隐身“幕后”，逐步探索形成了“盈创动力”模式。

具体来说：（1）起步期：市场自发为主，政府辅以牵线搭桥。2001年，成都高新区进入快速发展期，融资难是制约当时科技企业发展的核心问题。成都高新区深入企业调研、开展统贷统还业务、通过国有公司为企业增信并提供投融资对接服务，积极探索破解难题的办法。（2）发展期：政府主导为主，深度介入金融创新。2008年，“点对点”帮助企业解决融资问题已不能满足产业发展需要。这一阶段成都高新区通过建立政策保障体系、设立政府引导基金、成立小额贷款公司等措施，在体制、政策、产品等方面不断提升金融创新配套服务。（3）提升期：政府引导为主，吸引金融资源集聚。2011年，“盈创动力”模式正式形成，企业融资需求也向多样化发展。成都高新区采取了建设金融物理集聚平台、设立政府担保基金和天使投资基金、助推社会资本接力投资、打造科技金融信用软环境等有益举措。例如，2012年出资设立全国首只政府性天使投资基金，带动社会化天使投资机构向高新区初创企业投资近5000万元。（4）深化期：加快金融产业发展，政府回归幕后。随着“盈创动力”的市场化、专业化运作模式日益成熟，政府职能从早期直接参与逐步转向“幕后”规划引导，制定出台相关政策、工作方案。

三、天津市科技金融结合试点发展概况

（一）天津滨海新区促进科技和金融的发展情况

《滨海新区支持科技型中小企业上市融资加快发展办法》和《滨海新区鼓励科技型中小企业利用股权投资基金融资若干政策措施》出台后，新区专门安排专项资金和引导资金，引导银行、小额贷款、担保、保险等金融机构加大对科技型中小企业的贷款融资支持力度，用足用好引导基金投资新区科技型企业的政策。近几年，累计有20家企业获得约2900万元专项资金扶持。同时，新区还出资1.5亿元，建立了3只创投基金，支持科技型企业融资发展。

新区先后设立了高新区科技金融服务中心和塘沽科技金融服务中心，搭建起集聚银行、担保公司、创投公司等各类机构的综合服务信息平台，为区内科技型企业提供以融资为主的全方位帮助，并与多家金融机构联合推出“天使贷”、“纳税贷”、“智权贷”等30款特色产品，满足了中小企业多样融资需求。在总结经验的基础上，将筹建滨海新区科技金融服务中心，促进科技创新资源聚集，着力创建科技金融创新型城区。

（二）大力开展科技金融创新

天津科技金融创新行动正在紧锣密鼓地展开。一是设立众创空间种子引导基金，支持众创空间设立种子基金。二是设立市级天使投资引导基金，与区县政府天使资金合作，创新创业设立一批天使投资基金。三是做大做强创业投资引导基金。四是探索通过众筹方式支持创业项目的融资模式，

引导社会资本支持创业项目。五是与渤海证券等证券机构合作，联合各类中介服务机构，打通科技企业股份制改造和上市挂牌绿色通道。六是与中国银行等金融机构合作，推动天津科技企业开展海外技术合作、贸易交流等。七是与浦发银行等金融机构合作，引导银行业金融机构发挥自身直投业务优势。八是引导银行、担保、保险等机构加强对自创区内科技企业的信贷支持。

第八节　小结与借鉴

促进科技和金融结合试点工作是融合创业投资、银行信贷、多层次资本市场、科技保险等多元化金融资源，共同支持科技创新发展的有效方式，对突破企业融资瓶颈，促进科技成果转化，培育和发展战略性新兴产业发挥着重要的助推作用。自五部门 2011 年启动第一批试点以来，试点地区高度重视、积极响应、勇于探索、大胆尝试，大力推动科技金融创新实践，涌现出了许多成功经验和创新做法，成效显著，发挥出了试点的示范作用。

一、探索科技和金融结合的新路径

科技部资源配置与管理司技术创新引导处（科技金融处）对首批 16 个促进科技和金融结合试点地区的工作进展情况的调研结果表明，试点地区“高度重视、积极响应、勇于探索、大胆尝试”，涌现出许多成功经验和创新做法。

在工作机制上，试点地区普遍成立了由政府主要领导牵头，科技、财税、金融办以及“一行三局”等部门共同参与的试点工作协调推进机制。比如，天津市科委、陕西省科技厅等专门设立科技金融处；国家开发银行在北京、武汉分支机构中专门设置了科技金融处。

据初步统计，试点启动以来，试点地区密集出台了 350 多项科技金融政策文件。试点地区不断创新财政科技投入方式，加强对金融资本和民间投资的引导和带动。科技型中小企业创业投资引导基金已与地方政府、民间投资共同成立了近百家创投基金，基金注册资本总额超过 130 亿元。江苏省市、区、县三级科技部门共同出资设立科技成果转化贷款风险补偿金，每年为近千家科技企业获得超过 20 亿元的贷款支持。16 个试点地区中已有江苏、深圳、武汉、青岛等 12 个地区设立了科技金融专项资金，总量近 40 亿元。

试点地区还搭建了新型科技创新投融资平台，为不同发展阶段的科技企业提供多样化的投融资服务。如苏州工业园成立元禾控股集团公司，管理基金规模超过 220 亿元，业务范围覆盖股权投资、科技担保、科技小贷、融资租赁等；重庆市科委成立了集“投、保、贷、补、扶”为一体的科技金融集团公司；天津市科委成立了科技投融资集团等。

二、不断完善科技金融生态环境

试点地区不断优化科技金融生态环境，夯实科技金融发展基础。同时，在资金引导和政策鼓励的带动下，符合科技型中小企业的成长规律和特点的新型科技金融产品、组织机构和服务模式不断涌现。

江苏省建立了科技金融信息服务平台，汇聚了数千家科技型中小企业信息和各类投融资信息；天津、武汉、成都等开发了科技型中小微企业数据库；北京、江苏、浙江、陕西创新开展科技企业信用体系建设、科技金融专员服务和科技金融服务热线等；中关村科技园区实施瞪羚计划，将信用评价、政府资助和企业融资相结合；天津市、武汉市、江苏省与当地人民银行共建科技企业贷款统计制度。

在推动科技金融产品、组织和服务创新方面，投贷结合、银保（险）结合等交叉融合性金融产品快速发展，银行创新开展的订单融资、应收账款融资、知识产权质押贷款等信贷业务的规模不断扩大。2014 年全国专利质押融资达到 498 亿元，比 2013 年增长 92.5%；试点地区已设立 30 多只创业投资引导基金，设立科技分（支）行等科技金融专营机构超过 170 多家。

中国人保财险苏州科技支公司获得了保监会颁发的经营许可证，全国首家科技保险支公司在苏州落地；江苏省认定 12 家单位为首批省级科技金融服务中心；天津市认定 13 家机构为第一批科技金融服务对接平台；四川省高新技术产业金融服务中心在全省建立了 11 个分中心，将科技金融服务

由省会城市向地市县延伸。

三、科技和金融结合依然面临的问题

尽管我国科技和金融结合试点工作取得了突出成效，但依然面临问题和挑战。政府用于财政科技金融的投入方式大部分以直接补贴为主，效率有待提升，引导企业加大研发投入的杠杆效应有待进一步放大，直接投入尚未与税收优惠、政府采购等政策形成协同。财政引导金融资本和民间资本不够，财政金融资金未形成市场化运作，某些体制、机制障碍限制了民间资本顺畅进入科技创新领域。

试点地区的示范带动作用也有待进一步发挥，试点工作在各个地区发展不均衡。试点地区原有的经济、科技、金融发展基础差异较大，发展的类型和起点各不相同，造成试点成效有所差别。要加大政府投入，探索财政支持方式多元化。引导和带动各级地方政府进一步采取风险补偿、引导基金、后补助、保费补贴等多种方式，发挥财政资金“四两拨千斤”的杠杆效应，引导带动金融资本和社会资金更大力度支持科技创新。

要完善政策措施，调动金融机构的积极性。比如，研究提出依托国家自主创新示范区设立科技创业银行的方案，提出鼓励和支持商业银行设立科技支行的政策措施；推进政策性银行、开发性银行以及商业银行在产品、服务及对接模式上创新，探索建立科技创新专项贷款；支持科技项目开展股权众筹、P2P 等融资，积极探索和鼓励互联网金融健康发展；在保险领域，推进科技保险综合改革试点，积极参与首台、套重大技术装备保险补偿，制定科技企业综合保险方案。

近期，科技部、财政部制定的《国家科技成果转化引导基金贷款风险补偿管理暂行办法》公布。目前，银行贷款是企业融资的主渠道，但由于科技成果转化风险较大，企业特别是中小企业在转化投入能力有限的情况下，难以从银行获得信贷支持，需要政府发挥必要的引导作用，利用财政资金为企业获得银行贷款增加信用，提供支撑。因此，该办法出台的意义在于，贷款风险补偿是通过对合作银行发放的科技成果转化贷款给予一定的风险补偿，引导银行业金融机构加大对科技型中小企业转化科技成果的信贷支持。

第 九 章

上海科技金融发展建议与前景展望

第一节　上海科技金融发展中的主要问题

一、多元化信贷服务体系创新方面的问题

（一）银行业金融机构投贷联动机制需要进一步完善

上海共有张江国家自主创新示范区和上海银行、上海华瑞银行、浦发硅谷银行 3 家银行入选第一批投贷联动试点地区和试点银行业金融机构名单。目前关于投贷联动业务战略规划与定位、业务试点机制建设、保障体系建设、业务模式等方面还需要进一步探索和完善。在机制创新方面，上海银监局提出了“六专机制”和“新三查标准”两大体系，旨在提高银行从事投贷联动的专业能力和风险控制能力。上海需要在投贷联动的风险补偿和政策补贴等方面进一步制定政策。以北京为例，在投贷联动的政策支持方面，2016 年 9 月 18 日，北京市金融工作局、中关村科技园区管理委员会、中国银行业监督管理委员会北京监管局联合制定了《关于支持银行业金融机构在中关村国家自主创新示范区开展科创企业投贷联动试点的若干措施（试行）》，明确了对投贷联动的风险补偿和政策补贴补助事项。上海在银行业金融机构投贷联动机制建设方面需要进一步完善政策，并及时推

出新举措。

（二）科技信贷服务体系初步形成，小微企业信贷产品亟待创新

上海构建的“3+X”科技信贷服务体系初步形成。截至2016年8月底的5年来共帮助1946家科技企业获得了银行贷款80.39亿元。科技履约保和小巨人信用贷日益成熟，并成为上海科技信贷的核心产品；2015年11月9日由上海市发改委、上海市科委委托上海市科技创业中心与建行上海分行合作开发的投贷联动的银行信贷产品“创投贷”受到市场越来越多的关注。总体上，上海科技金融的服务辐射面还需进一步扩大，解决科技型中小企业的融资手段和工具有待进一步增加。具体地，上海科技贷款领域发展中的问题在于科技微贷通产品还需要进一步创新产品设计并拓展市场。2016年1月1日起的第三期微贷通产品对贷款风险补偿比例作了调整，将政府承担风险补偿的比例从原来的40%提高到60%，另外，银行和保险担保各承担20%。微贷通针对小微企业，该产品的合作银行需要进一步增加，贷款审核通过率还有待进一步提高。

（三）融资租赁业对经济社会发展的贡献度有待提高

融资租赁是企业设备投资和技术更新的重要手段，是社会投融资体系中的重要组成部分。上海融资租赁行业对上海经济社会发展的贡献度亟待提高，行业国际竞争力有待提升。上海的融资租赁业务领域覆盖面需要不断扩大，融资租赁市场的渗透率有待提高，融资租赁资产规模占全国比重还偏低。支撑融资租赁业持续健康发展的制度创新体系还不完善，完备的行业风险可控制和监管体系尚未建立，政策扶持和服务体系仍需要探索。

二、多层次资本市场的支持方面的问题

上海证券交易所的战略新兴版至今未推出，上海股权托管交易中心“科技创新板”与“战略新兴版”相对接的制度设计尚不能实现，而这一制度设计对上海科技创新中心建设意义重大。截至2016年10月9日，上海股权托管交易中心挂牌企业总数为9446家（其中N板79家，E板621家，Q版8746家）。尽管上海股权托管交易中心“科技创新板”的作用和影响日

益增加，但是其股份交易的活跃程度有限，资源集聚功能需要进一步加强，上市孵化的功能和潜力需要进一步挖掘，金融创新步伐需要进一步加快。

上海股交中心急需拓展融资渠道，进一步提升市场功能，不断完善“科技创新板”市场制度，加快设立“科技创新母基金”、开展跨境融资、建设金融资产交易平台、设立科技证券公司等。

三、保险服务科技创新的功能方面的问题

目前上海保险业在推出符合科技创新企业需求的保险产品方面取得了很多积极进展，例如科技履约保已经成为上海科技信贷的明星产品，推出首台套支持国内首款 ARJ21 高端制造，上海保险业已完成中晟光电、国核自仪、隧道股份、中船集团、中国商飞等多家企业的首台套保险签单和财政补贴申请工作，承担风险保额 10.6 亿元。但是，上海保险业在支持保险资金为科技创新企业提供资金融通方面还有很多提升空间，有待进一步创新保险服务机制，增强保险业支持上海科技创新中心建设的能力和水平。

四、政府创业投资引导基金的引导和放大作用方面的问题

上海的政府引导基金在带动社会资本聚焦战略新兴产业和上海经济发展的重点领域，为上海产业结构的调整升级等方面发挥了重要作用。但与北京、浙江和广东等地相比，上海的政府引导基金的规模和引导放大作用还有待进一步提升。根据清科私募通数据库，截至 2016 年 8 月 12 日，国内共成立了政府引导基金总量为 1180 只。从设立数量来看，北京地区累计成立 88 只政府引导基金，居各地区之首，广东和浙江基金数量分别为 85 只和 84 只列第 2 和第 3 位，上海基金数量为 43 只列第 7 位。在清科集团公布的 2015 年中国政府引导基金 20 强中，上海市创业投资引导基金、上海嘉定创业投资引导基金、上海市天使投资引导基金分别列第 8、第 11 和第 14 位，中关村创业投资引导基金、重庆市产业引导股权投资引导基金和深圳市创业投资引导基金分列前三名。上海的政府创业引导基金的规模有待提升，其引导作用和服务能级需要进一步放大。

五、政策性融资担保方面的问题

2016 年 6 月 2 日上海设立了“上海中小微企业政策性融资担保基金”。基金首期 50 亿元，总规模 100 亿元，首期基金主要为处于成长期的科技型、创新性、创业型、吸纳就业型、节能环保型和战略新兴产业、现代服务业、“四新”和“三农”等领域的中小微企业提供融资性担保、再担保服务。该基金的设立有利于更好地发挥财政资金撬动社会资本的杠杆作用，吸引更多金融资源投向风险相对较高的成长型中小微企业。目前，该基金还需要扩大银担合作范围，加快实现重点商业银行的全覆盖；加强与本市各类科技创新和产业园区的合作，加快实现重点园区的全覆盖。加大业务创新力度、提升综合服务功能、不断扩大市场影响力和扩大基金总量规模。

六、互联网金融的创新驱动力和平台服务功能的问题

上海持牌金融机构开发基于互联网技术的新产品和新服务的能力不足；符合条件的企业发起设立以互联网为载体和服务互联网的金融机构的步伐不够快；由于几家大型的互联网巨头均不在上海，导致上海在技术驱动的互联网金融创新和大数据驱动的互联网金融创新方面，均显能力不足。上海作为我国经济金融中心，开展互联网金融以及股权众筹融资试点的优势明显，但上海股权众筹融资试点工作还需要加快推进，以满足服务科技创新中小微企业的需要。

七、创新创业服务平台的功能有待进一步增强

创新创业服务平台是金融机构创新商业模式服务中小微企业的基础和保障，也是联系金融机构和中小微企业的桥梁和纽带。目前上海的创新创业服务平台在协助金融机构创新科技金融服务模式方面存在能力不足的问题；在引导金融机构协作构建科技金融服务链方面存在支持作用不足的问题。具体地，科技创新企业信用体系建设有待进一步推进；科技创新企业数据库需要进一步建立和完善，科技创新企业与金融机构之间的信息不对

称问题需要更有效地解决，创新创业服务平台支持金融基础设施建设的功能需要进一步增强。

八、科技金融服务工作协调机制亟待充实和完善

目前上海的科技金融服务工作协调机制依靠联席会议组织形式。该联席会议由市金融办作为召集单位，由市金融办、市科委、市发展改革委、市财政局、市经济信息化委、市国资委、市商务委、市工商局、市知识产权局、张江高新区管委会、相关区县、人民银行上海分行、外汇局上海市分局、上海银监局、上海证监局、上海保监局等部门组成联席会议。

但是，定期召开联席会议这种形式无法完成《关于促进金融服务创新支持上海科技创新中心建设的实施意见》所确定的工作任务。而其中要求联席会议定期召开，共同对科技金融服务工作措施的落实情况及成效进行评估，研究科技金融服务面临的新情况、新问题，及时监测金融运行风险，并提出下一步工作建议。

科技金融在突破成果转化瓶颈、发挥企业作为创新主体的作用方面至关重要。及时对上海在科技金融政策方面的评估对上海科创中心建设具有重要意义。上海近年来出台一系列科技金融方面的政策，这些政策的效果亟待评估。定期召开联席会议的形式无法满足评估现有政策效果和提出下一步工作建议的任务需要。现有的科技金融服务工作协调机制需要进一步充实内容，需要更加有效的举措。

第二节　上海科技金融改革创新的对策建议

一、以筹备区域性小微证券公司为切入点全面布局多层次资本市场

目前，上海股权托管交易中心已经设立了科技创新板，上海证券交易

所战略新兴板尚未推出，区域性小微证券公司的试点工作还未展开。上海可以提前布局小微证券公司，专门服务于包括上海股权托管交易中心在内的全国区域性股权市场，从而在《区域性股权市场监督管理试行办法》正式出台之后，迅速具备整合全国区域性股权市场资源的行业能力。扶持区域性小微证券公司等中介机构，有助于为参与区域性股权市场的企业提供改制辅导、管理培训、管理咨询、财务顾问等服务，支持区域性股权市场对小微企业的培育和规范功能的实现；有关中介机构与商业银行、小额贷款公司等开展业务合作，可以更好地为参本市场的企业提供融资服务，支持区域性股权市场对小微企业的融资功能的实现；各类中介机构能够及时向目标企业提供关于政府和区域股权市场在贴息、担保和投资等政策方面的信息，支持区域性股权市场作为扶持小微企业发展优惠政策综合运用平台的功能的实现；有关中介机构通过组织路演推介或者其他促成投融资需求对接的活动，为合格投资者提供企业研究报告和尽职调查信息，提供居间介绍服务等方式，支持区域性股权市场为小微企业提供资本市场中介服务的功能实现。

二、鼓励投贷联动试点银行业差异化定位，创新特色服务模式

上海首批3家试点银行“投贷联动”方案中，上海银行和华瑞银行都将下设创投类子公司，上海银行关于投贷联动模式是下设独立法人子公司，专司科创企业的股权投资业务；同时银行将指定浦东科技支行及其他科技特色支行作为专营机构，专司对科创企业的“贷”，由此形成对科创企业“股权投资+债权融资”联动服务。华瑞银行的下设创投类子公司，将承担配合母行持有认股期权及行权、为母行投贷联动项目科创贷款提供担保、收购投贷联动项下母行不良贷款或债转股等职能。浦发硅谷银行目前不设立投资子公司，在一些风险高、需要进行股权参与的贷款交易中，他们将会以持有认股权证或是类似认股权证的股权类合约来缓释风险。不同银行机构在业务开展中需要依据自身资源特点与自身的发展目标制定贴合实际的特色服务方案，形成投贷联动的特色。更需要准确定位，避免与大型银行同质化竞争。

三、扩大政府天使投资引导基金对天使期投资领域的引导力度

天使投资在初创企业成长中发挥着关键作用，上海投资早期创业项目的天使基金仍显不足。上海市天使投资引导基金，是上海市人民政府为引导及培育天使投资行业快速发展，促进天使投资专业化、机构化，提高区域创新创业活跃度，而针对天使投资领域设立的引导基金。上海应增加政府天使投资引导基金规模，通过制度设计和政策引导，让更多社会资本进入天使投资领域，为创新创业提供资金支持。

四、加快推进保险资金参与股权投资领域进程

股权投资兼具收益性、稳定性、长周期特征，可以更好地满足保险资金需要，是保险资产配置的重要工具。上海应加快推进保险资金与创业投资引导基金和天使投资引导基金合作，鼓励保险资金通过投资创业投资基金、设立私募股权投资基金，或与国内外成熟的基金管理公司合作等方式，服务于成长阶段的科技创新企业。

五、加快上海市融资租赁业发展

2016 年 8 月 15 日，上海市人民政府办公厅下发了《关于加快本市融资租赁业发展的实施意见》（沪府办发〔2016〕32 号），提出了五个方面主要任务，包括培育市场主体拓宽融资租赁服务领域；支持自贸试验区先行先试，促进融资租赁业集聚发展；推进制度创新完善融资租赁行业发展环境；落实各项政策，完善政策扶持体系；完善公共服务和强化风险防范与监管工作等。实际上，五个方面的任务之间是有层次之分，为加快上海市融资租赁业发展，我们提出以下政策建议：

一是以发展融资租赁配套服务行业为突破口，培育市场主体壮大的产业环境。这些行业包括为融资租赁企业配套服务的专业咨询、技术服务、评估鉴定、资产管理、资产处置等等。

二是用专项资金引导融资租赁服务产业转型升级，促进融资租赁业集

聚发展。用专项资金支持融资租赁企业服务“一带一路”、长江经济带、“中国制造 2025”等国家战略，积极拓展战略性新兴产业及文化产业等新领域投融资渠道。以风险补偿、保费补贴等方式引导融资租赁企业加大对中小微企业的支持力度。

三是以自贸试验区先行先试为契机，在支持融资租赁公司开展人民币跨境融资业务、允许开展本外币资金池业务、内资融资租赁企业利用外债等方面积极探索，推进上海融资租赁业的服务创新和制度创新。

四是加快建立融资租赁行业监管指标体系和监管分类评级制度，加强风险监控、分析和预警，防范区域性和系统性风险。充分利用现场与非现场结合的监管手段，对重点环节的违法行为进行监督。有强化的监管才能保证创新的有序。

六、及时评估上海科技金融方面的政策效果

2016 年 7 月 5 日，在上海市推进科技创新中心建设领导小组会议上韩正同志强调要进一步提高政策的执行力和可操作性。杨雄同志要求客观全面评估相关政策落实情况，深入调研分析，抓住瓶颈难点，及时调整完善，着力提高政策的针对性、有效性和可操作性。上海科技金融政策效果亟待评估。做好政策效果评估，建议做好以下两个结合：

（一）政策效果评估需要政府内部评估与智库第三方评估相结合

政府内部评估的优势是能够获得政策受益方的详实数据和意见，但政府部门主导的政策效果调查在一定程度上缺乏客观性。政府内部评估和智库第三方评估相结合有利于增强评估结果的客观性和科学性，给及时纠偏纠错提供基础。

评估政策效果是中国特色新型智库的内在要求。2015 年中办和国办下发的《关于加强中国特色新型智库建设的意见》要求加强对政策执行情况、实施效果和社会影响的评估，建立有关部门对智库评估意见的反馈、公开、运用等制度，健全决策纠错改正机制。该文件明确要求探索政府内部评估与智库第三方评估相结合的政策评估模式。

（二）智库第三方评估与上海的新型智库建设相结合

上海的新型智库建设可以作为有力的工作抓手，用来推动第三方智库

对上海科创中心建设政策效果的评估工作。智库的第三方服务需要相关的制度保障，需要建好政府购买决策咨询服务制度。上海市可围绕科创中心建设政策评估任务定期发布决策需求信息，通过项目招标、政府采购、直接委托、课题合作等方式，引导相关智库开展政策评估和政策解读等工作。

上海高校智库体系是上海市新型智库的重要组成部分。目前上海高校新型智库建设的目标是建成支撑国家和区域发展的高端智库，但忽视了执行力强、对政府决策需求能够快速反应的小型智库的制度设计。

现有上海高校智库建设计划低估了上海科创中心建设对快速反应型智库的需求。上海科创中心建设的某些具体政策预评估可能需要智库能够在两三周之内快速完成。建议上海高校智库建设增加对特色鲜明的应用型和快速反应型小型智库的支持，以弥补智库体系偏重高端智库的结构失衡。同时鼓励相关行业协会和社会资本与高校智库结成合作共同体，共建快速反应型的智库。

第三节　上海科技金融发展的前景展望

科技金融是上海国际金融中心建设新的重要内涵，也将成为上海金融行业未来重要的新增长点。2015 年上海制定出台了金融支持科技创新的配套政策，并在投贷联动、银行设立科技支行、科技创新板等方面进行实际的工作部署和推进。未来上海的金融资源将更加广泛和深入地融入创新链和产业链，创新金融产品和业务，进一步满足中小型科技企业的金融需求。

一、上海科技信贷系列产品的成熟和完善

“3 + X”科技信贷产品，即微贷通（科技小微企业微贷通贷款）、履约保（履约保证保险贷款）和信用贷（科技小巨人信用贷款）三大核心产品，和创投贷、融资租赁、出口信用保险融资、知识产权质押融资、信用互助等科技信贷产品的市场化成熟程度越来越高，政府的引导和支持角色定位更加清晰；科技型中小微企业的个性化信贷需求基本得到满足；企业获得

科技信贷服务的便利化程度越来越高；财政资金带动效应和效率进一步提高；科技贷款综合成本长期保持低于市场平均水平；科技信贷的风险共担机制逐步完善。

二、科技金融机构体系创新步伐加快，银行业金融机构科技支行经营特色凸显

以张江科技银行为代表的民营银行将在科技金融领域取得突破性进展。类似成果中试贷、仪器租赁贷、新药临床试验贷、新产品贸易融资等创新金融服务产品将不断推向科创企业，民营科技银行在技术研发、成果中试、企业孵化、科技服务等环节发挥越来越重要的作用。银行业金融机构设立的科技支行对科技企业的服务能级得到不断提升。科技支行对“四新”企业的科技金融服务功能日益凸显，业务模式创新和经营特色越来越突出。在科技信用贷、科技履约贷，以及供应链融资、股权质押贷、专利权质押贷、知识产权质押贷、合同能源贷等更广泛的领域不断取得突破。

三、上海银行业以投贷联动推动科技金融的作用将越来越突出

上海银行业在投贷联动领域已经具备了较好的工作基础。在目前投贷联动试点阶段，上海银行业在理念创新、模式创新和机制创新方面会有进一步的举措，推动上海科技金融取得新的进展。具体地，“创投型”信贷机制创新服务科技创新的功能会逐渐增强；在实践中上海特色的投贷联动机制会逐渐形成；在市场主导和政府支持的原则框架下，可以形成相对完善的多方联动机制妥善解决风险分担和财政支持的制度安排；不同的试点银行形成符合自身发展的投贷联动特色模式。

四、自贸试验区服务科技创新企业的金融创新政策培育科技金融新模式

依托自贸试验区建设与张江国家自主创新示范区建设的“双自联动”，上海自贸试验区科技金融创新案例将不断涌现，在业务模式和监管模式方面的经验的积累，将进一步促进新的科技金融服务模式诞生。截至 2016 年

7月底，共有790家持牌金融机构和约7700家各类金融服务企业入驻自贸试验区，为区内企业提供各项金融相关业务。

上海自贸区挂牌以来共发布6批金融创新案例，其中第5批金融创新案例中包括4个科技金融创新案例。上海银行推出的是“远期共赢利息”业务。该业务改变“一价合同”的传统定价模式，在贷款发放时先收取相对低的前期利息，待企业成长后，再根据一定的触发条件，收取延期支付的远期利息，从而实现银企共赢。太平洋财产保险公司推出的“‘科创E保’科技企业创业保障保险”是国内首款“创业保障保险”，对处于初创期科创企业的创始人，因意外事故或企业经营不善终止经营，可获得一定的费用损失补偿，避免了创业失败可能带来的生活困难，也为创业者二次创业提供了物质基础。浦发硅谷银行推出的初创期科技企业投贷联动金融服务方案，针对获得A轮融资后的科技企业，提供较低利率的贷款，同时配套安排认股权以补偿银行的风险成本，实现了投贷联动融资服务方式创新。工商银行上海市分行推出的是“‘海王星’科创企业金融服务云方案”。该方案为针对处于初创期、成长期、成熟期等不同成长阶段的科创企业，提供股权融资、债权融资、顾问服务等综合化金融服务。可以预见，上海自贸区将不断探索出更多的科技金融创新举措，支持上海科技创新中心建设。

五、战略新兴板和国际金融资产交易平台将从市场体系方面推动上海科技金融跨上新台阶

战略新兴板和国际金融该资产交易平台将成为上海金融市场体系的新元素和重要成员。上海证券交易所设立的战略新兴板，将建立符合新兴产业企业与创新型企业发展特征的制度安排，并支持特殊股权结构企业在战略新兴板发行上市。上海证券交易所国际金融资产交易平台能够为上海自贸试验区和境内外科技创新企业提供跨境融资服务。战略新兴板定位于服务规模稍大、已经越过成长期，相对成熟的战略新兴企业，与主板、创业板错位发展，上市要求将高于创业板，没有盈利要求是最大亮点。国际金融资产交易平台的具体业务包括：通过自由贸易账户与交易平台，使境外投资者参与股票、债券、基金市场等；探索外资参与一级市场，包括引入境外机构投资者参与境内新股发行询价配售，为证券期货经营机构代理客

户参与跨境投资提供交易服务；探索符合条件的境外企业发行人民币债券等。

六、上海股权托管交易中心科技创新板功能更加完善

上海股权托管交易中心成功设立的科技创新板，将持续发挥服务科技型、创新型中小微企业，为相关多层次资本市场孵化培育企业资源的重要功能。上海股权托管交易中心将通过搭建银行、私募基金、保理、融资租赁等各种金融业态参与的综合金融服务平台，有效推动挂牌企业快速成长，服务企业，为相关多层次资本市场孵化培育企业资源。通过设立科技创新母基金、开展跨境融资、开展金融资产交易业务，进一步完善股权市场生态圈建设。科技创新板将与战略新兴板等其他多层次市场建立有效的对接机制，健全和完善多层次资本市场功能。区域性小微证券公司将成为服务区域性股权市场的核心力量，上海将积极争取率先试点区域性小微证券公司，专门服务于区域性股权市场。

七、政府引导基金和政策性融资担保基金将成为上海优化财政支持资金投入的重要抓手

发展政府引导基金，是实施供给侧改革的重要举措，目的是引导和带动社会资本“补短板”，投资重点领域和薄弱环节。上海将扩大政府天使投资引导基金规模，鼓励更多社会资本发起设立投资基金。政策性担保基金将激活商业银行的作用，利用财政资金撬动社会资本的杠杆，扶持具有较高成长性的中小微企业发展。上海市中小微企业政策性融资担保基金将增长并保持适度规模，为处于成长期的科技型、创新性、创业型、吸纳就业型、节能环保型和战略新兴产业、现代服务业、“四新”和“三农”等领域的中小微企业提供融资性担保、再担保服务。

附 录
2015—2016 年度 上海科技创新与科技金融发展大事记

2015 年

1 月

1. 15 日 上海市科创中心举办第一场路演活动。本次活动由市科创中心与乔杰创创业服务公益平台联合举办，200 多名创业者和 40 多家投资机构参加活动。

2. 23 日 国家科技部火炬中心金融发展处在市科创中心召开座谈会，调研上海市科技信贷工作开展情况。中国银行、浦发银行、太平洋保险公司、创业接力担保公司等相关金融机构的负责人参加座谈。

2 月

1. 11 日 上海市科创中心、上海金融业联合会等联合举办上海天使投资生态圈发展趋势与政策建议研讨会。会议围绕天使投资的现状、趋势与天使投资中的法律问题、政策问题、文化差异等展开讨论和交流。

3 月

1. 11 日 在 ATSC3.0 标准的物理层方案中，将采用上海数字电视团队设计的 5 个技术模块，这是中国数字电视标准技术首次直接导入国际标准

体系。

2. 18 日　上海市科委召开“2015 年区县科技工作会议”。市科委主任寿子琪出席会议并做重要讲话。会上介绍了 2015 年市科委开展创新创业大赛、扶持众创空间，以及市委 1 号课题进展等情况。各区县聚焦上海科创中心建设和“十三五规划”制定，结合本区域创新基础和优势，交流讨论了区县科技创新想法和需求。

3. 23 日　中共上海市委举行区县、大口党委书记一季度工作会，全面部署今年市委“1 +8”重点调研课题、重点推进和督查工作。“大力实施创新驱动发展战略，加快建设具有全球影响力的科技创新中心”被列为今年市委唯一的重点调研课题，由市委书记韩正担任课题组组长，市委副书记、市长杨雄，市委副书记应勇担任副组长。

4. 24 日　根据《2014 亚太知识竞争力指数报告》，上海在亚太地区 33 个区域经济体中排名第六，比去年前进两位，居中国内地之首。自该报告诞生以来，上海的排名连续五年提升，从中游靠后的第 19 位稳步攀升到前列。

4 月

1. 10 日　上海市科技金融信息服务平台举行科技微贷通工作交流会。本次大会不仅介绍了科技微贷通二期的流程和内容，还对科技部门如何审核小微企业的贷款申请进行了探讨。12 家科技金融服务站、10 家银行、3 家担保公司、2 家保险经纪公司约 70 人出席。

2. 13 日　复旦大学与虹口区人民政府签署战略合作协议，共建上海大柏树科技创新中心，合力服务上海建设全球科技创新中心。

3. 13 日　上海市人民政府与腾讯公司在沪签署战略合作框架协议。双方将发挥各自资源优势，共同推动上海“互联网 +”产业发展、提升智慧城市服务水平、营造创新创业良好环境，为上海建设具有全球影响力的科技创新中心，实现创新驱动发展、经济转型升级增添助力。上海市委副书记、市长杨雄，腾讯公司董事会主席兼 CEO 马化腾出席签约仪式。上海市副市长周波与腾讯公司副总裁殷宇分别代表双方签约。

4. 14 日　上海交通大学携手闵行区政府和上海地产集团正式签署协议，将共建“零号湾——全球创新创业集聚区”。首批 6 个学生创新创业项目入

驻“零号湾”。该集聚区主要培育和孵化科技型创业企业，通过搭建完整的创业服务平台和成长培育生态体系，吸引和凝聚国内外高校在校生、校友以及青年教师落户创业。集聚区将借鉴国内外成熟创新创业平台建设经验，汇聚国内外著名创投和风投机构，为创业者提供适合初创业起步的生态园区，以及相应的创业加速器和接力园。

5. 20 日　上海科技创新券正式发放。科技创新券是专门用于购买科研机构创新服务的权益凭证，凡符合条件的企业和团队皆可申请，无竞争性评审环节。每个企业和团队可获得的科技创新券额度上限均为 10 万元。其发放对象包括：在本市注册并在本市纳税、企业规模符合工信部要求（从业人员 1000 人以下或上一年度营业收入 40000 万元以下）的中小微企业，以及不具备法人资格、还未注册企业，但已入住经认定的科技孵化器苗圃的创业团队。

6. 23 日　由上海市张江高新技术产业开发区管理委员会主办的 2015 中国（上海）国际技术进出口交易会——2015 上海科技金融创新创业论坛在上海科学会堂圆满落幕。300 多名来自全国各地的创业者、投资人出席本届科技金融论坛。

7. 27 日　2015 年度上交会开幕，当天论坛上，海内外专家围绕“发展技术贸易，助力全球科创中心建设”的主题，纷纷建言上海充分利用各方资源，加快建设具有全球影响力的科创中心。作为“上交会发布”重点内容，《2015 技术贸易发展报告》和《上交会知识产权保护服务指南》也在论坛上正式推出。《报告》显示，技术交易是全球科创资源流动的重要渠道。同时，来自商务部和科技部的统计显示，2013 年全国技术进出口总额比 2005 年增长了 312%，技术合同成交额从 2001 年的 782 亿元升至 2013 年的 7469 亿元。广东、上海、重庆成为全国技术进口最大城市，北京、上海、黑龙江成为全国技术出口最大城市。

5 月

1. 12 日　上海市欧美同学会·上海市留学人员联合会近日就“上海如何建设具有全球影响力的科技创新中心”问题召开两院院士座谈会。中国科学院院士陈凯先、褚君浩、丁奎岭、金东寒、沈文庆、赵国屏、郑时龄，中国工程院院士周翔，上海千人计划专家联谊会执行副会长、上海欧美同

学会副会长、创业分会会长武平博士等围绕上海推进科技创新中心建设展开热烈讨论，并提出了宝贵意见。全国人大常委会副委员长、欧美同学会·中国留学人员联谊会会长陈竺，上海市委常委、统战部部长沙海林等出席并讲话。上海市欧美同学会·上海市留学人员联合会会长吴启迪主持座谈会。

2. 5月8日　上海市科委主办的第二期上海科技金融高级研修班开班。各区县科委、科技园区和金融机构的85为分管领导及负责人参加了这期培训。学员普遍反映通过研修班的学习加深了对上海科技金融发展最新情况的了解，深刻理解了科技与金融的相互关系，有利于提高自身的工作水平和服务质量。

3. 25日　北京启迪控股股份有限公司、上海漕河泾开发区松江新兴产业园发展有限公司和松江中山工业园签订合作协议，联手在松江区打造国内首个“互联网+科技园”——启迪漕河泾科技园，力争使其成为“长三角创新走廊”上的示范项目。启迪控股公司建设和运营了世界上单体最大的大学科技园——清华科技园，是目前国内科技园区建设、运营、管理领域的行业标杆，该公司控参股的紫光股份、中文在线等上市及非上市企业有200多家。

4. 26日　上海公布《关于加快建设具有全球影响力的科技创新中心的意见》（简称“22条”）。意见指出，要推进科技与金融紧密结合，并明确提出了“2020年前形成科创中心基本框架体系，到2030年形成科创中心城市的核心功能”的规划目标。意见从“奋斗目标和总体要求”、“建立市场导向的创新型机制体制”、“建立创新创业人才高地”、“营造良好的创新创业环境”、“优化重大科技创新布局”五个方面共二十二条阐述了上海为适应全球科技竞争和经济发展新趋势，立足国家战略推进创新发展，加快建设全球有影响力的科创中心进行了布局。

5. 27日　2015年全国科技活动周暨上海科技节开幕，主题是“万众创新——向具有全球影响力的科技创新中心进军”。在“大众创业、万众创新”的背景下，本年度科技节的时间由原来的7天延长为9天，共有500多项活动在全市17个区县展开。

6. 30日　在“新常态下的金融改革与创新论坛”上，上海市金融服务办主任郑杨介绍，上海正采取五方面措施以进一步推动科技与金融的紧密配合：大力推进信贷服务的创新，支持商业银行设立全资控股的投资管理公司，支持实力雄厚的民营企业在沪发起民营科技银行；强化多层次资本市场的支持作用，在上海证交所设立“战略新兴板”独立板块，推动尚未盈利的科技创新企业上市；设立大型政策性融资担保机构，通过融资担保、再担保、股权投资等形式，为科技型中小企业提供信用增进服务；支持保险机构开展科技保险产品创新，支持保险机构与科创企业开展合作；推进科技金融服务创新示范园区建设，加强科技园区的信用体系建设，推进科技企业信用评级工作，为科技创新企业的发展构建科技金融服务链。

7. 31 日　截至 2015 年 5 月底，上海保险业为 531 家科技型中小企业提供 20. 2 亿元贷款支持，累计实现保费收入 4070. 06 万元，赔付支付 1480. 42 万元。上海保险局与市科委开发了“微贷通”产品，为更多的中小企业缓解融资难、融资贵问题。

7 月

1. 9 日　张江示范区科技融资与企业信用管理服务平台建设试点专题培训在上海大学科技楼报告厅举行。由市经信委与市张江高新区管委会共同推进的企业信用管理服务平台建设、重点领域人才实训基地建设的 7 家企业作为第二批试点单位接受了牌匾。

2. 13 日　科技部与上海市政府在沪举行 2015 年部市工作会商会议，专题研究进一步深化部市合作，推动上海加快建设具有全球影响力的科技创新中心。全国政协副主席、科技部部长万钢，上海市委副书记、市长杨雄出席并讲话。科技部与上海市将围绕“上海加快建设具有全球影响力的科技创新中心”进一步深化部市合作，建立相应工作推进机制，重点推进 7 方面工作：积极抢占全球科技制高点、培育更具活力的创新型经济、大力提升科技创新国际化水平、打造全球创新创业人才高地、深化区域间创新协同、营造良好创新生态环境、深化体制机制改革。

3. 24 日　上海自贸试验区“科创一号”项目启动暨成果创孵化器入驻仪式在浦东洋山国贸中心举行。这将是国内首个对接国际资源的离岸科创孵化平台。“科创一号”将对接欧美亚及中国顶尖科创机构，为各阶段创业企业提供咨询服务、专业服务支持及开放实验室等资源。具体包括与国内外顶尖专项服务平台直接对接、聘请 500 强企业高管、知名企业家、资深创业导师团队，为各阶段创业企业提供咨询服务等。“科创一号”面对的目标产业包括互联网＋、生物健康医药、跨境电商、工业4.0项目等。

4. 31日　全市科技金融服务站培训暨工作研讨会在市科创中心召开。会上，上海股交中心、徐汇慧谷孵化器和金山科技投资公司签约成为新的科技金融服务站，更好地为所在领域和地区提供科技信贷服务。市科创中心科技金融部介绍了今年上半年科技履约保的总体运行情况；上海银行市南管理总部小企业融资部总经理张永康深度剖析小微企业信贷业务风险的七宗罪；上海市银监局创新处处长王鑫泽分析了上半年上海信贷市场的运行状况并透露了有望出台的鼓励科技金融创新的政策内容；科技金融服务站的成员就当下的工作情况进行总结交流，并讨论了科技履约贷款的审核标准。

8月

1. 8日　上海市人民政府发布《关于本市发展众创空间推进大众创新创业的指导意见》。《意见》提出：创新科技信贷产品，鼓励发展商业银行科技支行，为轻资产、无抵押、高风险特征的创业企业提供金融服务；组建政策性融资担保机构或基金，为创业企业提供信用增进服务。继续完善科技企业信用贷、履约保、微贷通及个性化金融产品组成的信用产品体系，开展“创投贷”信贷服务，扩大科技信贷的规模和惠及面；完善本市科技型中小企业和小微企业信贷风险补偿办法，引导商业银行加大对科技型中小企业和小微企业信贷支持力度；开展符合科技创新技术创新、产品创新规律的核心人员在职保证保险等科技保险产品，运用科技保险补贴等方式降低科技企业创新风险，增强抗风险能力。

2. 19日　上海首家民营银行——华瑞银行紧随国内知名投资机构君联资本的投资，对创业型企业楼口公司完成了首笔5000万元贷款。投贷联动即股权投资与银行信贷的联动，这种方式在国际上很普遍，核心是以科技型中小企业高成长所带来的投资收益所带来的投资收益来抵补银行贷款投放可能产生的风险。

3. 20日　上海银监局发布了《关于上海银行业提高专业化经营和风险管理水平，进一步支持科技创新的指导意见》，鼓励上海银行业金融机构探索专业化经营的道路，以建设“专业、联动、全面”的科技金融服务体系

为目标，围绕创新链打造金融服务链，支持创新生态系统建设，促进科技产业全面可持续发展。

4. 21 日 上海市政府《关于促进金融服务创新，支持上海科技创新中心建设的实施意见》正式发布，主要内容包括：推进多元化信贷服务体系创新、发挥多层次资本市场的支持作用、增强保险服务科技创新的功能、推动股权投资创新试点、加大政策性融资担保支持力度、强化互联网金融创新支持功能、鼓励创新创业服务平台与金融机构加强合作、建立科技金融服务工作协调机制等八个方面、共 20 条政策措施。这份“含金量十足”的意见，将推进科技与金融的深层次融合，开启了金融支持科技创新的新篇章。

5. 27 日 上海银行推出成长型小企业“远期共赢利率”业务模式。该模式面向的客户群体是处在初创期至成长期的小微企业，尤其是科技类企业。这种利率模式是指：在贷款发放时先行收取相对较低的前期利息，待企业基于贷款支持得到成长发展并满足借款合同中双方约定的触发条件后，再收取延期支付的远期利息。

9 月

1. 22 日 市科创中心组织上海科技金融高级研修班学员及科技金融服务站工作人员赴北京学习支持科技创新创业金融扶持政策和经验。研修班一行分别考察了北京银行中关村分行、海淀区金融办与经信委、清华园启迪创业孵化器、中关村创业大街和中国中小企业股份转让系统，并与当地的同行进行了沟通交流。

10 月

1. 23 日 “张江高新区科技金融服务月”开幕仪式暨张江高新区企业投融资政策和操作方法培训会在上海证券交易所大厅隆重举行。此次开幕式特邀上海市张江高新区管委会有关领导、张江高新区相关园区、企业代表、天使、VC、PE 等投资机构代表，银行、证券、保险、小贷等金融机构代表、科创企业代表等 400 多位共聚一堂，就企业普遍关注的投融资政策等方面的问题展开积极的讨论。

2. 27 日 由科技部、上海市政府和浦发银行联合举办的“浦江创新论

坛”分论坛之一的“科技金融高峰论坛”在沪举行。论坛上，《中国科技金融生态年度观察（2015）》正式发布，该报告由中国科技技术发展战略研究院、中国科技金融促进会、上海市科学研究所与浦发银行共同发布，从生态视角对我国科技金融做了整体描述，首次推出“科技金融生态圈”理念。

3. 29日　中国人民银行商务部、银监会、证监会、保监会、外汇局和上海市人民政府联合印发《进一步推进中国（上海）自由贸易试验区金融开放创新试点，加快上海国际金融中心建设方案》的通知，加快推进资本项目可兑换、人民币跨境使用、金融服务业开放和建设面向国际的金融市场，不断完善金融监管，大力促进自贸试验区金融开放创新试点与上海国际金融中心建设的联动。

11月

1. 5日　上海市人民政府办公厅印发《关于进一步促进科技成果转移转化的实施意见》。内容涉及上海市高等院校、科研院所的科技成果转化、国有科技企业的技术人员和管理人员的股权奖励和股权出售、应用开发类科研院所、各类实验室和工程研究中心、实验平台、重大科研基础设施、技术市场、新型研发机构、科研人员共计19条实施意见。

2. 17日　中国民生银行启动“启明星计划”，为中小创新创业型科技企业提供金融支持。这个科技金融项目利用民生银行和合作伙伴的资源网络，积极发现和服务科技型企业，主要面向具备创新技术、新商业模式、新兴行业、新锐团队等特征的创新型企业。

3. 22日　上海股权托管交易中心发布《上海股权托管交易中心科技创新企业股份转让系统管理办法（试行）》等制度，创立了科技板的交易规则。

12月

1. 7日　上海自贸区首批科技金融创新案例正式发布。上海自贸试验区金融工作协调推进小组办公室、上海市金融办会同“一行三局”、上海市发改委和浦东新区政府（自贸试验区管委会），共同发布自贸区第五批金融创新案例暨首批科技金融创新案例。其中，张江高科为“895创业营”量身打造的保险“科创E保”，成功入选首批科技金融创新案例。

2. 28日　上海股权托管交易中心科技创新企业股份转让系统（简称“科技创新板”）开盘仪式在张江大厦隆重举行。“科技创新板”首批挂牌企业共27家，其中科技型企业21家，创新型企业6家；行业主要分布于互联网、生物医药、再生资源，3D打印等新兴领域；19家企业处于初创期，其余8家企业步入成长期。科技创新板是上海市专为科技型、创新型中小企业量身定做的股份交易市场模块，将试点进行一系列制度改革与创新，以提升市场的融资、交易、并购、投资退出等功能，从而帮助科技型、创新型中小企业与资本市场进行有效对接，全方位孵化培育科创企业。

3. 29日　上海市科学技术委员会、上海市财政局和上海发展与改革委员会制定发布《上海市天使投资风险补偿管理暂行办法》，对投资机构投资种子期、初创期科技型企业，最终回收的转让收入与退出前累计投入该企业的投资额之间的差额部分，给以一定比例的财务补偿：对投资机构投资种子期科技型企业项目所发生的投资损失，可按不超过实际投资损失的60%给予补偿；对投资机构投资初创期科技型企业项目所发生的投资损失，可按不超过实际投资损失的30%给予补偿。该办法自2016年2月1日起施行，有效期2年。

4. 31日　中行上海市分行于2015年推出短期融资产品“中银科技卡”，产品定位于注册在上海市内初创期科技型小微企业解决融资难题，在充分衡量企业第一还款能力的基础上，通过引入专业的政策性担保公司，结合相关政府部门和园区等第三方平台，为小微企业银行融资提供有效征信。截至2015年年末，“中银科技卡”在5个月产品推广期内授信产品累计批复46笔，户均批复金额约80万元，新增客户平均批复时间一周以内，真正实现了小额、快速、便捷地服务科技型小微企业。

2016年

1月

1. 8日　上海共有42项牵头及合作完成的重大成果荣获国家科学技术奖，占全国获奖总数14%，连续14年保持两位数占比的高水平。在高等级奖项中，全国共授予国家科学技术进步奖特等奖3项，上海均有参与；共授

予国家科学技术进步奖一等奖17项，上海牵头完成1项，参与完成5项。在专用项目（涉及国防、军事、安全）中，本市有6个项目获奖。这体现了上海科研单位在满足国家重大战略需求、提高军事装备水平和保证国防安全方面发挥着重要作用。

2. 29日　上海市人民政府举行记者招待会，市长杨雄表示上海即将推出“战略新兴板”。

2月

1. 1日　上海智能制造科技创业中心正式挂牌成立。挂牌仪式上，上海智能制造科技创业中心推出创新型孵化空间——创业苗圃，并聘任15位来自智能制造、风险投资、互联网+、市场营销等不同行业的专家和创业者成为创业导师。

2. 1日　上海市人民政府发布《上海市推进“互联网+”行动实施意见》。其中专项行动7互联网+金融指出，要规范发展互利金融，以丰富的业务形态、创新的服务形式、多样化的参与主体，促进形成完善的金融服务体系。发展新兴金融模式，在“风险可控、商业可持续”的原则下，发展新兴金融模式，鼓励符合规定的互联网支付、股权众筹、网络借贷、互联网基金销售、互联网保险、互联网信托和互联网消费金融等商业模式创新，为优秀产品、企业和消费者提供完整的金融解决方案。

3. 3日　举行的2015上海天使投资年会上，上海市大学生科技创业基金会与投中集团联合发布了《2015中国天使投资年度报告》。报告显示，去年前三季度，全国共披露天使投资案例985个，总投资金额95.58亿元；与2010年相比，投资案例数量增长7.2倍，金额增长17.8倍。在各省市中，北京排名第一，创业项目获得的天使投资金额占全国总投资额的41%；上海占比19%，比2014年增长两个百分点。

4. 23日　国家发展改革委、科技部同意上海以张江地区为核心承载区建设综合性国家科学中心，作为上海加快建设具有全球影响力的科技创新中心的关键举措和核心任务，构建代表世界先进水平的重大科技基础设施群，提升我国在交叉前沿领域的源头创新能力和科技综合实力，代表国家在更高层次上参与全球科技竞争与合作。

5. 24日　由上海市张江高新区管委会与国家发改委价格监督与反垄断

司合作成立的“上海张江竞争与反垄断研究咨询中心”正式揭牌成立。中心将依托于张江发展战略研究院，充分利用其创新资源、集聚优势以及实务资源优势，为引领、规范张江示范区产业发展，激发园区创新创业活力发挥重要作用。

6. 27 日　上海张江高新区在美国波士顿设立的企业园在美国马萨诸塞州州政府大厅举行开园仪式，标志着上海张江—波士顿企业园项目正式启动。该项目将为中国科技创新和新兴产业的“走出去”和“引进来”提供海外基地，探索中美科技创新合作的新模式。

3 月

1. 30 日　上海银行浦东科技支行正式开业，这是上海银行在上海地区设立的首家特色科技支行。上海银行浦东科技支行以为科技型企业、“四新”企业提供金融服务为特色定位，力争成为上海地区科技金融的“旗舰店”和创新的“试验田”。“四新”是指，新产业、新技术、新业态、新模式的企业和全市战略性新兴产业。

4 月

1. 15 日　经李克强总理签批，国务院日前印发《上海系统推进全面创新改革试验加快建设具有全球影响力的科技创新中心方案》。《方案》提出了分阶段的改革发展目标：到 2020 年，形成具有全球影响力的科技创新中心的基本框架体系。到 2030 年，着力形成具有全球影响力的科技创新中心的核心功能；部署建设上海张江综合性国家科学中心、建设关键共性技术研发和转化平台、实施引领产业发展的重大战略项目和基础工程、推进张江国家自主创新示范区建设等四方面重点任务；着眼突破制约创新发展的体制机制障碍，结合上海实际，从建立符合创新规律的政府管理制度、构建市场导向的科技成果转移转化机制、实施激发市场创新动力的收益分配制度、健全企业为主体的创新投入制度、建立积极灵活的创新人才发展制度、推动形成跨境融合的开放合作新局面等六个方面，对改革重点进行了系统安排和部署；基于上海现有基础和条件，提出了近期拟开展先行先试的 10 个改革主攻方向。同时，细化提出了 20 项具体改革试点举措。

2. 18 日　2015 年度上海市科学技术奖励大会在友谊会堂举行，隆重表

彰为上海科技创新事业和经济社会发展做出突出贡献的科技工作者。上海市委书记韩正向中国科学院院士、复旦大学电磁波信息科学教育部重点实验室主任金亚秋，中国工程院院士、上海交通大学轻合金精密成型国家工程研究中心主任丁文江颁发“科技功臣奖”。本年度上海市科学技术奖共授奖313项（人）：授予金亚秋、丁文江上海市科技功臣奖；授予31项成果上海市自然科学奖；授予32项成果上海市技术发明奖；授予243项成果上海市科技进步奖；授予简·埃蒙德·阿布瑞尔（法）、程正迪（美）等5位外籍专家上海市国际科技合作奖。

3. 21日　2015年度国家级科技计划项目跟踪调查工作顺利通过国家科技部验收。4月15日完成统计调查数据上报工作，4月21日顺利通过国家科技部审核验收。

4. 21日　中国银监会、科技部、中国人民银行等部委联合印发《关于支持银行业金融机构加大创新力度开展科创企业投贷联动试点的指导意见》，上海共有三家银行入选首批投贷联动试点银行，占全国总数的30%。

5. 上海数据交易中心在静安区市北高新园区挂牌成立。未来，这里将打造成为面向全国的大数据交易平台。

5月

1. 14日　2016年上海科技活动周启动仪式在上海科技馆举行。市委副书记应勇、市人大副主任钟燕群、市政协副主席方惠萍等市领导出席。

2. 24日　由联合国教育科学文化组织、中国科学技术发展战略研究院和上海市科学研究所共同举办，以“大数据与技术预见”为主题的浦江创新论坛——2016技术预见国际研讨会在上海举行，有3.1万名来自产学研各领域的专家参与了中国第五次技术预测，从2087个备选技术项中选出了包括信息、生物、交通、资源、城市化、遥感、海洋等14个领域中的280项技术，专家们认为这些技术有望成为今后发展的重点。

3. 以“新理念·新思想·新战略”为主题的第15届上海市社会科学普及活动周22日拉开帷幕。22日至28日，活动周将为市民奉上250余项社科普及大餐。

4. 31日　据上海银监局统计，截至2016年5月末，在沪主要银行共为5180户科技型中小企业提供表内外授信余额687.94亿元，以“区域版”投

贷联动模式共为 120 户初创型科技中小企业提供信贷余额达 12.06 亿元。已确定 11 家科技金融重点转型机构，共有 7 家科技支行、65 家科技特色支行，另有 11 家机构设立了专属的科技金融部门，科技金融从业人员 1507 人。

6 月

1. 12 日　上海市市长杨雄在 2016 年陆家嘴论坛开幕式致辞，强调上海要主动适应新一轮科技革命和产业变革的新趋势，加强与科技创新中心建设的联动，加快推进科技金融创新。当前，科技与金融的深度融合已成为金融中心发展的大趋势。上海围绕落实建设具有全球影响力的科技创新中心“22 条意见”，制定出台了金融支持科技创新的配套政策，在投贷联动、银行设立科技支行、科技创新板等方面，进行一系列探索。下一步将着力引导金融资源更加广泛、更加深入地融入创新链和产业链，参与科技投入、科技研发和科技成果产业化，尤其是要创新金融产品和业务，进一步满足中小型科技企业的融资需求，助推创新创业种子开花结果。

2. 近期，中国银监会、科技部、中国人民银行等部委联合印发了《关于支持银行业金融机构加大创新力度　开展科创企业投贷联动试点的指导意见》，上海共有 1 个示范区和 3 家银行入选第一批投贷联动试点地区和试点银行业金融机构名单。

3. 21 日　在上海市银行同业公会组织下，“上海银行业投贷联动业务试点”会上，三家试点银行围绕投贷联动业务战略规划与定位、业务试点机制建设、保障体系建设、业务模式研究等方面探索与初步方案等进行发布。据上海银监局有关部门负责人披露，三家投贷联动试点银行的方案已经完成，辖内银行业投贷联动试点具体实施方案即将上报银监会。

4. 30 日　由第一财经主办的“2016 陆家嘴金融科技投融资峰会”6 月 30 日在上海举办，峰会主题为“科技改变金融、金融改变生活”。会议聚集了众多权威机构、财经媒体及百余家国内金融企业，共同探讨中国金融商业模式的当下发展与未来创新、金融科技（FinTech）这一新物种怎样改变金融和生活、生态金融科技发展之优势与展望、大数据如何解决互联网金融风控等问题。

7月

1. 截至2016年7月31日，上海股交中心挂牌企业总数9394家，其中E版挂牌企业617家，N版挂牌企业42家，Q版挂牌企业8735家，股权托管企业170家，股权融资153.63亿元，债权融资28.4亿元。

8月

1. 11日　中国科协公布了2016年度创新驱动助力工程试点单位名单。本次共遴选出2016年创新驱动示范市（区）30个，上海的杨浦区榜上有名，成为全国30个创新驱动示范市（区）之一，创新驱动成为杨浦区引领发展的第一动力。

2. 22日　据中国科学技术发展战略研究院发布的《中国区域科技进步评价报告2015》显示，2015年上海超越北京排在综合科技进步水平第一位，2014年位居榜首的北京此次排名第二。在科技进步环境、科技活动投入、科技活动产出、高新技术产业化、科技促进经济社会发展等5个一级指标中，上海均处于全国前三。相对而言，在高新技术产业化指标上，上海排名还有提升空间。

3. 23日　第二届中德“工业4.0”发展论坛暨第二届中德高科技投资对接会在上海产业技术研究院举行，中德专家齐聚一堂，展示体现“工业4.0”理念的技术解决方案以及生物医疗、环境保护等领域的高技术产品，推进德国企业与上海企业的合作共赢。上海产研院副院长石谦表示，在德国技术产品中寻找适合在沪落地合作的项目，是本次会议的主要目的。

4. 24日　《上海市科技创新“十三五”规划》发布，对上海未来5年科技创新做了系统规划和前瞻布局。规划指出到2020年，全社会研发（R&D）经费支出占全市生产总值（GDP）的比例达到4.0%左右，基础研究经费支出占全社会R&D经费支出比例达到10%左右，每万人研发人员全时当量达到75人年，每万人口发明专利拥有量达到40件左右，全市通过《专利合作条约》（PCT）途径提交的国际专利年度申请量达到1300件，知识密集型服务业增加值占GDP比重达到37%，新设立企业数占比达到20%左右，向国内外输出技术合同成交金额占比达56%。

5. 24日　GE在上海启用GE数字创新坊（Digital Foundry），这是GE

在亚洲开设的首家数字创新中心，将进行数字工业创新和孵化，改善协作及推动生态系统的发展。GE 还宣布与华为达成合作伙伴关系，加速 Predix 应用的开发；在中国正式推出数字联盟项目，联合 20 多家合作伙伴，共同承诺开拓工业互联网新市场。

6. 24 日　全国首个“科经委”（科技与经济委员会）在浦东新区成立。新成立的科经委将着力体现科技创新和产业融合发展的大趋势、政府职能和管理方式转变的新方向、统一规范和精简高效运行的严要求，避免科技和经济两张皮，大幅提升科技创新效率。

9 月

1. 13 日　在上海发布的《2016 中国工程师创新指数研究报告》中显示，上海创新工程师创新指数从去年的第二位上升至首位，创新环境指数、创新能力指数、创新活动指数在国内均为最高。

2. 23 日　2016 浦江创新论坛在沪举行。围绕共建科技金融生态环境——众创、众包、众筹这一主题，从“工具角度”向“生态角度”转变，深入探讨科技和金融结合演化发展的各种问题，探究如何通过金融体系、业态、产品和服务的创新和优化，将政府“有形的手”和市场“无形的手”相结合，促进创新生态系统不断相互矫正、适应和再平衡的问题，并重点聚焦于众筹模式、互联网金融等新兴科技金融领域。

参考资料 | References

[1] 储敏伟:《2014 年上海科技金融发展报告》, 中国财政经济出版社 2015 年版。

[2] 玛格里特·米勒:《征信体系和国际经济》, 中国金融出版社 2004 年版。

[3] 李心丹、束兰根:《科技金融: 理论与实践》, 南京大学出版社 2013 年版。

[4] 邓智团:"科技金融服务产业与上海发展对策研究",《上海经济》2016 年第 3 期。

[5] 陆铭:"创新科技与金融结合方式完善科技中小企业投融资体系",《金融》2014 年第 8 期。

[6] 马鹏晴:"上海高技术产业发展的特征分析",《上海科技统计简讯》2016 年第 2 期。

[7] 石薇、王洪卫:"以科技金融创新打造上海科创中心软实力",《科学发展》2015 年第 82 期。

[8] 陈爱玮、周林:"金融产业集聚与区域经济增长——以上海市黄浦区为例",《新金融》2012 年第 9 期。

[9] 程子彦:"张江高科先行先试'投贷联动'",《中国经济周刊》2016 年第 5 期。

[10] 蔡青青:"科技保险支持科技型企业发展的路径与对策研究——以成宁为例",《经管空间》2015 年第 7 期。

[11] 杜金富:"社会信用体系建设的若干思考",《中国金融》2012 年第 8 期。

[12] 葛竞言、王喜："科技保险试点中存在的问题和对策分析——以浙江省为例"，《现代商业》2015 年第 3 期。

[13] "各地对上海股交中心挂牌企业补贴政策"，《上海股交中心双月刊》2015 年第 11 期。

[14] "科创板制度解读"，《上海股交中心双月刊》2016 年第 1 期。

[15] 李峰："在 2015 年上半年上海市财产保险市场形势分析会上的讲话"，《上海保险》2015 年第 9 期。

[16] 刘斌："我国高科技园区科技金融发展实施策略的比较研究"，《上海金融》2013 年第 4 期。

[17] 沈兵、裘中昊："张江高新区科技金融服务创'张江模式'"，《经济》2014 年第 10 期。

[18] 宋俊、谭中明："江苏科技金融供求的现状、适应程度与提升对策"，《科技与经济》2012 年第 6 期。

[19] 谭亚波："保险支持科技创新的问题与对策"，《中州学刊》2016 年第 3 期。

[20] 吴和雨："'十二五'时期上海国家级技术中心发展现状及面临的挑战"，《上海科技统计简讯》2015 年第 4 期。

[21] 王晓蕾："个人信息保护的相关法律问题"，《中国征信》2015 年第 5 期。

[22] 吴昊："从大数据征信看银行风险控制创新"，《银行家》2015 年第 10 期。

[23] 王蕾、顾孟迪："科技创新的保险支持模式——基于上海市的调研分析"，《科技进步与对策》2014 年第 1 期。

[24] 徐全勇、郭琳琳："自由贸易试验区条件下浦东新区区域创新体系建设"，《科学发展》。

[25] 谢颖昶："科技金融对企业创新的支持作用——以上海张江示范区为例"，《技术经济》2014 年第 2 期。

[26] 杨亚琴："自贸试验区与张江国家自主创新示范区联动发展研究"，《科学发展》2015 年第 5 期。

[27] 姚美丽："以信用保证保险拓展资本市场小额信贷业务"，《北方经贸》2015 年第 11 期。

［28］周海成：“推进浦东新区金融与科创核心功能区融合发展的思考”，《时代金融》2015 年第 11 期。

［29］张旸：“拓宽小微企业融资渠道促进贷款保证保险发展”，《财税》2014 年第 12 期。

［30］清科研究中心：“中国天使投资市场 2015 年全年回归于展望”，2016 年 6 月。

［31］上海市科技创业中心科技金融部：“科技贷款运行情况分析”，2015 年。

［32］上海市科技创业中心科技金融部：“科技贷款运行情况分析”，2016 年。

［33］上海市科委条件财务处、市科技创业中心：《上海科技金融工作简报》2015 年。

［34］上海市青联：《2016 年关于金融助力科创中心建设的建议书》，2016 年 1 月。

［35］上海市科学学研究所：《中国科技金融生态年度观察（2015）》，2015 年 11 月。

［36］程子彦：“上海 3 家银行投贷联动试点方案：均采用认股期权”，《中国经济周刊》2016 年 7 月 12 日。

［37］戴丽昕：“闵行区——绘就上海南部科技创新中心核心区蓝图”，《上海科技报》2016 年 4 月 20 日。

［38］董碧娟：“科技金融加速‘系统升级’”，《经济日报》2016 年 1 月 4 日。

［39］李治国：“上海黄浦区推出互联网金融发展意见”，《经济日报》2015 年 7 月 28 日，第 10 版。

［40］马翠莲：“上海自贸区第五批金融创新案例暨首批科技金融创新案例发布”，《上海金融报》2015 年 12 月 8 日。

［41］谢臻：“‘新金融’托起虹口未来”，《联合时报》2015 年 7 月 10 日，第 1 版。

［42］徐寿松等：“上海自贸区报告：将鼓励银行为科技企业融资”，《上海证券报》2016 年 9 月 29 日。

［43］中国银行业监督管理委员会上海监管局：《2015 年上海银行业创

新报告》。

[44] 张骏："徐汇滨江将建创新型金融集聚区"，《解放日报》2015 年 7 月 3 日，第 2 版。

[45] 张伟："中关村大数据金融服务平台启动"，《中国高新技术产业导报》2014 年 6 月 26 日。

[46] 江苏省科技金融信息服务平台 http：//www. sstf. org. cn/tic_ sstf_ site/Home_ jsIndex. action。

[47] 金兴明，争取在上海试点成立区域性小微证券公司 [DB/OL]，网易财经，2015 - 06 - 27http：//money. 163. com/。

[48] 上海市科技金融信息服务平台 http：//www. shkjjr. cn/index. php/Index/index。

[49] 上海科技 http：//www. stcsm. gov. cn/。

[50] 上海保险网 http：//www. shbxw. cn/。

[51] 上海市科委．2015 年上海科技进步报告 [DB/OL] http：//www. stcsm. gov. cn/newspecial/2015jb/ym1. html。

[52] "双创" 提升深圳创新质量，深圳特区报，2015. 12. 18 http：//sz. people. com. cn/n/2015/1218/c202846 - 27345946. html。

[53] 深圳市科技金融服务中心 http：//www. shipsc. org/。

[54] 武汉市金融工作局等，2015 年武汉科技金融改革创新发展情况，2016 - 06 - 12 http：//www. whjr. gov. cn/sinfo - 19 - 18801 - 0. html。

[55] 武汉科技金融信息服务平台 http：//stf. whst. gov. cn/。

[56] 中关村国家自主创新示范区 http：//www. zgc. gov. cn/。

[57] 张江在线 http：//www. zhangjiang. net/。

[58] 浙江科技网 http：//www. zjinfo. gov. cn/。

[59] Tullio Jappelli, Marco Pagano. Information sharing, lending and defaults: cross - country evidence. Journal of Banking & Finance, 26 (2002) 2017 - 2045.

[60] Nicola Jentzsch. An economic analysis of China's credit information monopoly. China Economic Review, 19 (2008) 537 - 55.